MW01155576

CAMBRIDGE
UNIVERSITY PRESS

Spanish Language

for Cambridge International AS Level

COURSEBOOK

Víctor González, Leonor Ruiz & Loridia Urquiza

CAMBRIDGE
UNIVERSITY PRESS

Shaftesbury Road, Cambridge CB2 8EA, United Kingdom

One Liberty Plaza, 20th Floor, New York, NY 10006, USA

477 Williamstown Road, Port Melbourne, VIC 3207, Australia

314–321, 3rd Floor, Plot 3, Splendor Forum, Jasola District Centre, New Delhi – 110025, India

103 Penang Road, #05–06/07, Visioncrest Commercial, Singapore 238467

Cambridge University Press is part of the University of Cambridge.

It furthers the University's mission by disseminating knowledge in the pursuit of education, learning and research at the highest international levels of excellence.

www.cambridge.org
Information on this title: www.cambridge.org/9781009262019 (Paperback)

© Cambridge University Press & Assessment 2023

First published 2023

20 19 18 17 16 15 14 13 12 11 10 9 8 7 6 5 4 3 2

Printed in Poland by Opolgraf

A catalogue record for this publication is available from the British Library

ISBN 978-1-009-26201-9 Coursebook with Digital Access (2 Years)
ISBN 978-1-009-26203-3 Digital Coursebook (2 Years)
ISBN 978-1-009-26204-0 Coursebook - eBook

Cambridge University Press has no responsibility for the persistence or accuracy of URLs for external or third-party internet websites referred to in this publication, and does not guarantee that any content on such websites is, or will remain, accurate or appropriate. Information regarding prices, travel timetables, and other factual information given in this work is correct at the time of first printing but Cambridge University Press does not guarantee the accuracy of such information thereafter.

All exam-style questions and sample answers have been written by the authors.

....

Endorsement statement

Endorsement indicates that a resource has passed Cambridge International's rigorous quality-assurance process and is suitable to support the delivery of a Cambridge International syllabus. However, endorsed resources are not the only suitable materials available to support teaching and learning, and are not essential to be used to achieve the qualification. Resource lists found on the Cambridge International website will include this resource and other endorsed resources.

Any example answers to questions taken from past question papers, practice questions, accompanying marks and mark schemes included in this resource have been written by the authors and are for guidance only. They do not replicate examination papers. In examinations the way marks are awarded may be different. Any references to assessment and/or assessment preparation are the publisher's interpretation of the syllabus requirements. Examiners will not use endorsed resources as a source of material for any assessment set by Cambridge International.

While the publishers have made every attempt to ensure that advice on the qualification and its assessment is accurate, the official syllabus, specimen assessment materials and any associated assessment guidance materials produced by the awarding body are the only authoritative source of information and should always be referred to for definitive guidance. Cambridge International recommends that teachers consider using a range of teaching and learning resources based on their own professional judgement of their students' needs.

Cambridge International has not paid for the production of this resource, nor does Cambridge International receive any royalties from its sale. For more information about the endorsement process, please visit www.cambridgeinternational.org/endorsed-resources

CAMBRIDGE DEDICATED TEACHER AWARDS

2022

Teachers play an important part in shaping futures. Our Dedicated Teacher Awards recognise the hard work that teachers put in every day.

Thank you to everyone who nominated this year; we have been inspired and moved by all of your stories. Well done to all of our nominees for your dedication to learning and for inspiring the next generation of thinkers, leaders and innovators.

Congratulations to our incredible winners!

WINNER

Regional Winner Australia, New Zealand & South-East Asia	Regional Winner Europe	Regional Winner North & South America	Regional Winner Central & Southern Africa	Regional Winner Middle East & North Africa	Regional Winner East & South Asia
Mohd Al Khalifa Bin Mohd Affnan Keningau Vocational College, Malaysia	Dr. Mary Shiny Ponparambil Paul Little Flower English School, Italy	Noemi Falcon Zora Neale Hurston Elementary School, United States	Temitope Adewuyi Fountain Heights Secondary School, Nigeria	Uroosa Imran Beaconhouse School System KG-1 branch, Pakistan	Jeenath Akther Chittagong Grammar School, Bangladesh

For more information about our dedicated teachers and their stories, go to
dedicatedteacher.cambridge.org

CAMBRIDGE
UNIVERSITY PRESS

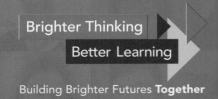

Brighter Thinking
Better Learning

Building Brighter Futures **Together**

> Índice

Cómo utilizar este curso				
Cómo utilizar este libro				
¿Para quién es este libro?				
Unidad	**Área temática**	**Tema**	**Gramática**	
1 Cultura	1.1 Entretenimiento	• Tipos de entretenimiento • El papel del entretenimiento y del mundo del espectáculo en nuestras vidas • Reglas de acentuación y la puntuación	• Conjunciones: y > e; o > u • La tilde o el acento ortográfico	
	1.2 Identidad y cultura	• Distintas formas de expresión cultural • Tradiciones y patrimonio cultural • Valores y culturas en peligro de extinción	• Los conectores o marcadores del discurso • Relatos en el pasado: el pretérito imperfecto y el pretérito indefinido	
	1.3 Las artes	• Las distintas expresiones artísticas • El acceso al arte y el apoyo a los artistas • La representación de la igualdad y la diversidad en el arte	• La expresión de finalidad con infinitivo • El futuro	
Preguntas para practicar 1				
2 Salud y bienestar	2.1 Salud y deporte	• Efectos del deporte, el sueño y otros factores en la salud • El papel del deporte en la sociedad • Cómo cuidar de la salud	• El pretérito indefinido y el pretérito imperfecto • El imperativo afirmativo y negativo	
	2.2 Nutrición	• Diferentes tipos de dieta y hábitos alimenticios • El impacto de la industria alimentaria en los recursos naturales y el medioambiente	El condicional (para proponer soluciones)	
	2.3 Gestionar el bienestar	• Los efectos del estrés sobre la salud física y mental • La importancia del ocio y el tiempo libre • El concepto de vida equilibrada	• Verbos modales (para dar consejos) • Oraciones condicionales tipo 1 (posibles o reales)	

				Página
				12
				13
				15
Lectura	**Comprensión oral**	**Escritura**	**Rincón cultural**	
• Palabras de la semana (blog) • Mundos enlazados (artículo) • El clamor de los Grammy Latinos (entrevista)	Monólogos	• Correo electrónico • Ensayo de opinión	Cervantes y el *Quijote*	20
• ¿A qué llamamos identidad? (artículo) • Mapuches y uros: pobladores milenarios (artículo) • Mil y un ritmos, mil y una melodías (artículo)	Programa de radio	• Cita literaria • Artículo informativo	El quechua: un idioma entre el ayer y el futuro	33
• Arte, arte y más arte (artículo) • Mujeres creadoras: la explosión del talento (artículo) • Revolución Rosalía (artículo)	Entrevista	• Perfil de un artista • Participación en un concurso de redacción	Monumentos emblemáticos y grandes museos	48
				60
• El deporte, ¿un hecho universal? (artículo) • Beneficios del deporte para la salud física y mental (artículo) • Suelen dormir a mitad del día (artículo)	Monólogos	• Entrada de blog • Lista de consejos	El juego del dominó	70
• Comer y beber sano (artículo) • Aceite de oliva virgen extra: el oro líquido (artículo) • Los alimentos y su valor nutricional (etiquetas de los alimentos) • ¿Comida basura, comida barata? (artículo) • Pobreza y obesidad (artículo)	Diálogo	Menú completo	Macrogranjas: una bomba de contaminación	83
• La importancia del balance entre vida laboral y personal (blog) • El estrés, un peligro en la sombra (artículo) • Mente y cuerpo sanos (programa de actividades) • Aprende a disfrutar (blog)	Diálogo	Entrada de blog	La salud mental en América Latina: alerta	97

Unidad	Área temática	Tema	Gramática	
Preguntas para practicar 2				
3 Educación y futuro	3.1 La vida escolar	• Los sistemas educativos en diferentes países hispanohablantes • Identificar preocupaciones y problemas que afectan a los estudiantes • Cómo la escuela te prepara para el futuro	Maneras de expresar el futuro (usos)	
	3.2 La educación superior	• El acceso a la enseñanza superior • Costes y beneficios de la enseñanza superior • Alternativas a la enseñanza universitaria	El estilo indirecto	
	3.3 El futuro laboral	• Opciones de carreras • El empleo y el desempleo • La satisfacción laboral y el trabajo voluntario	El artículo neutro *lo*	
Preguntas para practicar 3				
4 Comunidad y sociedad	4.1 Igualdad y diversidad	• La igualdad de género y la movilidad social • Diferentes tipos de prejuicios sociales • La integración en todos los estratos sociales • La diversidad social	El pretérito indefinido	
	4.2 Estilos de vida	• El concepto de calidad de vida • Las relaciones sociales y los valores • Los conceptos relacionados con diversos estilos de vida	Locuciones adverbiales	
	4.3 La organización social	• Entender el concepto de organizaciones sociales • La ciudadanía nacional y global • Los derechos y deberes de los individuos y los Gobiernos	Tiempos compuestos de indicativo	
Preguntas para practicar 4				

Lectura	Comprensión oral	Escritura	Rincón cultural	Página
				110
• El sistema educativo en México (artículo) • La indisciplina en el aula (artículo) • Estudiantes hispanohablantes en las aulas estadounidenses (artículo) • ¿Aula o jaula? (entrevista) • Cuatro días de clases: ¿sí o no? (blog)	Monólogos	Párrafo de opinión	Institutos Preuniveritarios Vocacionales de Ciencias Exactas (IPVCE) en Cuba	120
• Examen de selectividad: la pesadilla de los estudiantes españoles (artículo) • ¿Cuánto cuesta la universidad? (artículo) • Me he graduado el instituto, ¿ahora qué? (blog) • Un año sabático: ¿vale la pena? (artículo)	• Monólogos • Pódcast	• Ensayo expositivo • Correo electrónico	La Universidad Nacional Autónoma de México (UNAM)	132
• ¡Sí hay empleo! (blog) • ¿Cómo conseguir empleo en la era del teletrabajo? (artículo) • Job hopping: la tendencia laboral de cambiar de trabajo cada dos años (artículo) • España, el país del millón de «ninis» (artículo)	Entrevista	Carta al editor	Las ferias de trabajo en EE. UU.	145
				157
• Día de la Cero Discriminación (blog) • Movilidad reducida: soluciones (artículo) • Educación para la Igualdad (folleto)	Entrevista	Ensayo expositivo	Dos países hispanos lideran en leyes por la igualdad de género	164
• Perfiles de reporteros (artículo) • Y tú, ¿cómo te relacionas? (blog)	Pódcast	Ensayo de opinión	El mate	177
• Hacia una sociedad posindustrial más justa (artículo) • Escritora y ciudadana global (ficha literaria) • Propuestas sencillas (comentarios en redes sociales)	Diálogo	Párrafo de opinión	Criptomoneda en El Salvador	188
				199

Unidad	Área temática	Tema	Gramática	
5 Nuestro planeta	5.1 El medioambiente	• El calentamiento global, el cambio climático y la contaminación medioambiental • La conservación de la biodiversidad y los ecosistemas, y la protección de los animales • El crecimiento de la población	*Se* impersonal y pasivo	
	5.2 Estilos de vida sostenible	• Los tipos de energías y su impacto en el medioambiente • El modelo actual de producción y consumo • Estilos de vida sostenibles que reduzcan el impacto ambiental	Los pronombres relativos	
	5.3 Protejamos nuestro mundo	• Las características del turismo sostenible • Ventajas y desventajas de la actividad turística • La cooperación internacional a favor del medioambiente • El papel de los individuos, los Gobiernos y los movimientos medioambientales	El verbo *haber* (usos)	
Preguntas para practicar 5				
6 Ciencia y tecnología	6.1 Innovación científica y tecnológica	• El concepto de la inteligencia artificial • Nuevos avances médicos • La ética en la investigación científica • La tecnología inteligente • La privacidad y la seguridad tecnológica	El presente de subjuntivo (usos)	
	6.2 Medios de comunicación digitales	• Beneficios y peligros de las redes sociales • Las tecnologías de la comunicación • Las comunidades en línea	• El imperfecto de subjuntivo • Las preposiciones *por* y *para*	
	6.3 Tecnología	• La tecnología en el mundo laboral • La tecnología en la educación	• El pretérito perfecto de subjuntivo • El pretérito pluscuamperfecto de subjuntivo	
Preguntas para practicar 6				
Glosario				

Lectura	Comprensión oral	Escritura	Rincón cultural	Página
• Cambio climático: responsabilidad de todos (artículo) • Manatíes antillanos: SOS (artículo) • Donde caben dos, caben tres. ¿Será cierto?	Monólogos	Mensaje de convocatoria	El Fondo Mundial para la Naturaleza	208
• ¿De dónde proviene la energía? (artículo) • ¿Consumo o consumismo…? He aquí la cuestión. (artículo) • ¿Cómo alimentar a millones de personas protegiendo el medioambiente? (artículo) • Carne fabricada en laboratorios: la opción del futuro (artículo)	Diálogo	Resumen de grabación	Uruguay: tierra de ganado	220
• Decálogo del turista responsable (artículo) • Una pulsera por plástico (artículo) • Del bla, bla, bla a la acción (artículo) • El Hombre y la Biosfera (artículo)	Entrevista	Resumen de lectura	Agroturismo en España	233
				245
• Visita a la supercomputadora más fascinante del mundo (artículo) • ¿Y si el ADN tuviera alas? (entrevista)	Monólogos	Ensayo argumentativo	La América hispánica colonial	252
• Beneficios y riesgos de las redes sociales para los jóvenes (artículo) • Ventajas y beneficios en la educación de las comunidades virtuales (artículo)	Monólogos	Póster	Museos virtuales	265
• La presencia en línea para buscar empleo (artículo) • Más que tecnología, la educación necesita líderes de cambio (entrevista)	Monólogos	Carta formal	Educación universitaria en línea	277
				290
				296

> Cómo utilizar este curso

El libro del alumno está diseñado para usarse en clase con la guía del profesor. Ofrece una cobertura completa del plan de estudios Cambridge International AS Spanish Language (8022).

Cada una de las seis unidades del libro está basada en temas que involucran a los alumnos y ayudan a desarrollar la lectura, la escritura, las destrezas orales y auditivas. De igual manera, se fomenta la comunicación cotidiana en español. Cada unidad brinda oportunidades para verificar el progreso del alumno con actividades creativas, preguntas para practicar y una autoevaluación en la parte final.

La versión digital de este libro incluye el audio, así como las respuestas a las actividades y las preguntas para practicar para que los alumnos las usen en clase o para el autoaprendizaje.

El libro digital del profesor proporciona todo lo que los profesores necesitan para impartir el curso.

Contiene útiles notas didácticas e ideas para cada una de las unidades, con sugerencias para apoyar y desafiar a los estudiantes. También incluye ideas para la evaluación formativa y actividades extras.

El recurso digital para profesores contiene listas de palabras que se pueden descargar, respuestas del libro de texto y transcripciones de las actividades de comprensión auditiva, así como hojas de trabajo para practicar el idioma de forma adicional.

> Cómo utilizar este libro

En el libro del alumno encontrarás diferentes secciones que te permitirán expandir las destrezas comunicativas y la conciencia cultural adquiridas en niveles anteriores. Cada una ha sido diseñada con el objetivo de fomentar una participación más activa en el proceso de aprendizaje.

PARA EMPEZAR

Esta actividad al inicio de cada unidad plantea preguntas generales, las cuales introducen los temas principales que contiene.

INTENCIONES DE APRENDIZAJE

En cada unidad, esta lista destaca las intenciones de aprendizaje y te orienta en el contenido.

Las siguientes secciones aparecen estratégicamente ubicadas de tal manera que facilitan la comprensión de las actividades didácticas y una aplicación inmediata del conocimiento adquirido.

GRAMÁTICA

Esta sección ofrece explicaciones claras y concisas de los puntos gramaticales que suelen ocasionar dificultades de dominio a los estudiantes de nivel intermedio-avanzado. Las explicaciones constan de ejemplos sencillos y contextualizados sobre cómo utilizar las estructuras gramaticales que se presentan en cada unidad.

CONCEPTOS CLAVE

Esta sección vincula el contenido de la unidad con uno de los tres conceptos clave enumerados en el plan de estudios del nivel de lengua española de Cambridge International AS: comunicación, uso de la lengua o conciencia cultural.

RINCÓN CULTURAL

Esta sección revela aspectos únicos de la cultura hispana alrededor del mundo.

PALABRAS CLAVE

El vocabulario clave de los textos de lectura se resalta dentro del mismo texto y aparecen las definiciones de los términos en su contexto después de la lectura. Al final del libro también aparecen listas de vocabulario agrupadas por temas para su fácil consulta.

¡AHORA TE TOCA A TI!

Esta sección te propone poner los conocimientos adquiridos en la unidad al servicio de tu clase, tu escuela o tu comunidad mediante investigaciones y proyectos.

FRASES ÚTILES

Al final de cada unidad, esta sección te brinda ejemplos relevantes de frases útiles que puedes utilizar en tus escritos o presentaciones orales.

¡REFLEXIONEMOS!

Esta sección se enfoca en «cómo se aprende a aprender una lengua». Te llevará a reflexionar sobre el proceso de aprendizaje que has seguido y sobre cómo puedes ir perfeccionando el idioma.

CONSEJO

Estos consejos te guían en las destrezas que puedes utilizar para tener éxito en este curso, cubriendo tanto las partes de lectura y comprensión oral como las de expresión oral y escrita, además del desarrollo de un amplio vocabulario en español.

VERIFICACIÓN DE HABILIDADES

Como culminación, una serie de actividades de autoevaluación te permite verificar lo que has aprendido y medir tu nivel de confianza mediante la práctica de los objetivos propuestos al inicio de cada unidad.

Ahora puedo...	Nivel de seguridad (1–5)	Demuéstralo

> ¿Para quién es este libro?

Bienvenido al Cambridge International AS Level Spanish Language. El libro del alumno se ha elaborado para cubrir de manera integral el plan de estudios de Cambridge International AS Spanish Language de 2024. Este libro de texto es un recurso valioso para el profesor y el alumno, ya que cubre con precisión el contenido del plan de estudios, brindando ejemplos específicos sobre la lengua española y cada uno de los temas de la asignatura.

Como estudiante de este programa, este libro de texto te ayudará a adquirir conocimientos avanzados de la lengua española. En el mundo hay 21 países que tienen como lengua oficial el español y en otros, como Estados Unidos, Andorra, Belice o las Antillas Holandesas, hay un alto y creciente número de hablantes de español.

El español es, además, la segunda lengua materna del mundo según el número de hablantes, superado solo por el chino mandarín, con un aumento exponencial de estudiantes en el mundo que se interesan en estudiar y perfeccionar el idioma. Aprender español no solo brinda la oportunidad de conocer la cultura y las costumbres de los países donde se habla, sino que también permite ampliar las oportunidades laborales de los estudiantes.

Usar el libro del alumno de Cambridge International AS Spanish Language te brindará la oportunidad de adquirir las habilidades y el conocimiento para perfeccionar tu español, incluyendo conocimientos culturales y tradiciones generales del mundo hispano sin importar cuál sea tu carrera profesional.

Mientras vayas trabajando con el libro del alumno, completa las actividades y preguntas que se presentan en cada uno de los temas. La sección *Cómo utilizar este libro* explica con detalle sus enfoques pedagógicos.

¿Qué hace que este libro sea diferente?

La estructura de este libro, totalmente actualizado y escrito pensando en las necesidades del alumno, sigue el currículo de aprendizaje de la asignatura. Cada unidad está explicada en detalle e incluye actividades y textos auténticos que ayudan al alumno a desarrollar la expresión oral y escrita, así como la comprensión auditiva y lectora.

En el libro se incluyen preguntas para practicar, consejos, secciones para ampliar el conocimiento sobre la cultura hispana y espacios para practicar la gramática del español.

Otras partes clave que se incluyen en el libro son:

- una perspectiva internacional
- un diseño legible, con instrucciones de fácil seguimiento
- conceptos clave que abarcan todos los puntos requeridos del currículo de la asignatura
- una práctica balanceada de las destrezas lingüísticas: expresión oral, expresión escrita, comprensión auditiva y comprensión lectora
- oportunidades para desarrollar aspectos avanzados de la lengua española, incluyendo la parte gramatical y la parte cultural
- ejemplos y práctica para familiarizarse con el componente evaluativo de la asignatura en cada una de las áreas de estudio de la lengua

Esperamos que disfrutes del contenido del curso y que tengas la oportunidad de ampliar tus conocimientos del español y tu interés por la lengua.

Cultura

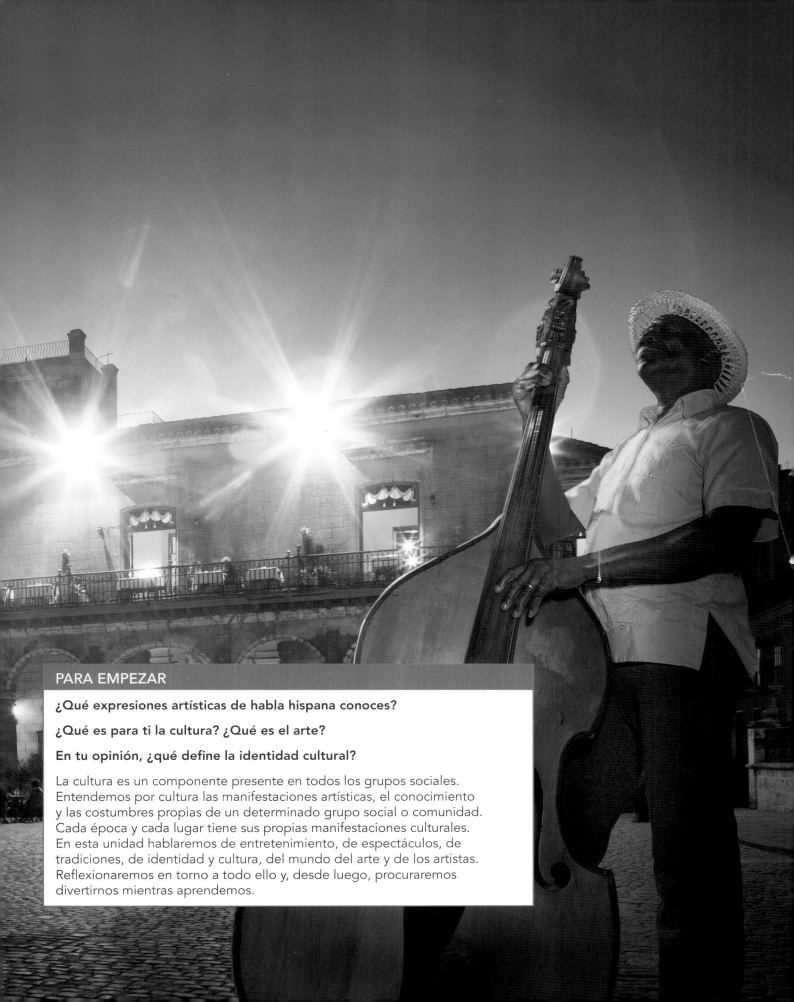

¿Qué expresiones artísticas de habla hispana conoces?

¿Qué es para ti la cultura? ¿Qué es el arte?

En tu opinión, ¿qué define la identidad cultural?

La cultura es un componente presente en todos los grupos sociales. Entendemos por cultura las manifestaciones artísticas, el conocimiento y las costumbres propias de un determinado grupo social o comunidad. Cada época y cada lugar tiene sus propias manifestaciones culturales. En esta unidad hablaremos de entretenimiento, de espectáculos, de tradiciones, de identidad y cultura, del mundo del arte y de los artistas. Reflexionaremos en torno a todo ello y, desde luego, procuraremos divertirnos mientras aprendemos.

1.1: Entretenimiento

INTENCIONES DE APRENDIZAJE

Al final de esta unidad podrás:

- Identificar y utilizar el vocabulario relacionado con las industrias del entretenimiento

- Diferenciar diversos tipos de entretenimiento existentes (cine, música, televisión, internet, videojuegos, redes sociales, entre otros)

- Evaluar el papel del entretenimiento y del mundo del espectáculo en nuestras vidas

- Conocer las reglas de acentuación y practicar la puntuación.

1   Junto con un compañero, observa la fotografía y responde a las siguientes preguntas.

a   ¿Qué aparato lleva esta chica en su mano derecha? ¿Y en la cabeza?

b   ¿Qué te parece que está haciendo?

c   ¿Cómo es la ropa que lleva puesta? Descríbela.

d   ¿Cómo describirías su estado de ánimo?

e   ¿Por qué crees que se siente así?

f   ¿Experimentas tú esta situación o una similar a menudo? ¿La reconoces como familiar?

Texto 1

En el siguiente texto, el blog llamado *El origen de las palabras* nos explica el origen de dos términos muy interesantes: *entretenimiento* y *espectáculo*.

Palabras de la semana: *entretenimiento, espectáculo*

10 de septiembre

¡Hola! Bienvenidos a esta nueva entrada de *El origen de las palabras*. Hoy vamos a hablaros de dos términos que seguro que os resultan conocidos: *entretenimiento* y *espectáculo*. Lo hacemos a petición de Marta Moreno, que nos dejó su propuesta la semana pasada en la sección de comentarios. ¡Va por ti, Marta!

Bien, empezamos por la palabra *entretenimiento*. Seguramente todos sabéis que *entretenimiento* viene del verbo *entretener*. Pero… ¿qué significa realmente *entretener*? Si consultamos el diccionario de la RAE (**acrónimo** de la Real Academia Española), muy útil para todas nuestras dudas de español, vemos que en su primera **acepción** dice lo siguiente: «Distraer a alguien impidiéndole hacer algo». ¡Vaya! Esto no suena demasiado positivo, ¿verdad? Sin embargo, si seguimos consultando, enseguida encontramos significados menos negativos: «Divertir, **recrear** el ánimo de alguien», o «divertirse jugando, leyendo…». *Entretener* proviene del latín y del francés del siglo XII, cuando significaba «mantener juntos», y Cervantes ya lo incluía en la primera parte de *El ingenioso hidalgo don Quijote de la Mancha*, allá por 1605.

Por otro lado, *espectáculo* procede del latín «mirar, contemplar, observar atentamente», y la primera acepción que nos da el diccionario es «función o diversión pública celebrada en un teatro, un circo o en cualquier otro edificio o lugar en que **se congrega** la gente para presenciarla». Comparte **raíz** con palabras como *espía* o *espejo*, dos curiosas maneras de investigar a los otros u observarse a uno mismo, ¿no os parece?

Bueno, aquí terminan las explicaciones de hoy. Dejadnos vuestras nuevas preguntas en la sección de comentarios. También podéis escribirnos al correo: elorigen@laspalabras.com.

Hasta la próxima.

¡Ya tenemos 10 000 **seguidores**!

2   Después de leer el texto, trabaja con un compañero y responde a estas preguntas.

a   ¿Te ha quedado claro el significado de *entretenimiento* y de *espectáculo*? Escribe tu propia definición de cada término.

b   Ahora usa cada palabra en una oración completa.

c   ¿Por qué crees que al final del primer párrafo señalan: «¡Va por ti, Marta!»?

d   ¿Qué lenguas se mencionan a lo largo del texto?

e   Por último: ¿qué tipos de entretenimiento conoces? ¿Y de espectáculos? Conversa con tu compañero y elaborad una lista con algunos ejemplos.

GRAMÁTICA

Conjunciones que cambian

Probablemente has observado que a veces se usa *e* como conjunción en lugar de *y* (hablo español **e** italiano), o que *u* sustituye a *o* (¿usas azul claro **u** oscuro?). Se trata de conjunciones (palabras que vinculan oraciones o términos) que modifican su sonido para facilitar la pronunciación. El Texto 1 proporciona un ejemplo del segundo caso, donde dice: «Dos curiosas maneras de investigar a los otros **u** observarse a uno mismo».

Si la palabra siguiente comienza por *i-* o por *hi-*, entonces *y* se convierte en *e*.
Yo me entretengo creando e imaginando historias.
En mis ratos libres, estudio cine e historia de la música pop.

Si la palabra siguiente comienza por *o-* o por *ho-*, entonces *o* se convierte en *u*.
¿Prefieres ver la serie recomendada u otra diferente?
Cuando viajas, ¿prefieres alojarte en apartamentos u hoteles?

3   Completa las siguientes oraciones con la conjunción correcta.

a   ¿Qué país te gusta más, Nicaragua ___ Honduras?

b   En nuestro viaje vimos cebras ___ hipopótamos.

c   Por favor, decide ya: esta película ___ otra.

d   Esa canción tiene influencias suecas ___ inglesas.

e   Es un grupo musical innovador ___ inteligente.

f   Volver a salir ___ ordenar mi habitación, esa es la cuestión.

PALABRAS CLAVE

(la) acepción: el significado de una palabra según su contexto

(el) acrónimo: letras que representan varias palabras y que a su vez forman juntas un término nuevo

congregarse: reunirse (personas)

(la) raíz: parte que comparten palabras de la misma familia léxica

recrear: divertir, entretener, alegrar

(los) seguidores: abonados, suscriptores

Texto 2

El texto a continuación trata del desarrollo de las diferentes formas del entretenimiento y del espectáculo.

Mundos enlazados

Existen tantos gustos como cantidad de personas en el mundo. Escuchar música puede representar para alguien la mayor diversión, mientras que para otra persona los videojuegos son sus mejores aliados.

El entretenimiento ha evolucionado junto con la humanidad. La llegada de las nuevas tecnologías ha redefinido el concepto, creando una nueva gama de opciones y posibilidades en este ámbito. En casa, muchas personas construyen su propio lugar como centro de entretenimiento gracias a la disponibilidad de dispositivos electrónicos. Sin embargo, a pesar de la evolución en las formas de entretenerse, la causa y la finalidad de dicha acción sigue siendo la misma: descansar y distraerse de las rutinas cotidianas.

Existe una gran variedad de formas de entretenimiento. Algunas de ellas son:

- Artes: danza, pintura, dibujo, música, escultura, cine, fotografía, literatura, teatro, circo, etc.

- Juegos: de mesa o virtuales, individuales, en parejas o en grupos, físicos o intelectuales, etc.

- Deportes: existen múltiples disciplinas, que pueden disfrutarse tanto participando directamente o como público espectador, etc.

- Celebraciones y vida social: estar con amigos, reunirse con familiares, ir a fiestas, desfiles, ceremonias, exposiciones, conciertos, etc.

- Gastronomía: cocinar y asistir a degustaciones, ir a cafés o restaurantes, etc.

- Turismo: visitar pueblos y ciudades, pasear, explorar la naturaleza, etc.

- Tecnología: es la categoría reina en la sociedad actual y canaliza una gran parte del entretenimiento. Destacan la televisión, la radio y, sobre todo, el internet, que añade las redes sociales y las formas de juego y comunicación a distancia.

Si bien en el pasado muchas formas de entretenimiento eran solo para disfrute de las clases altas y privilegiadas (porque contaban con tiempo libre y poder adquisitivo), hoy en día las fronteras se han difuminado. Como consecuencia, ha surgido la gran industria del entretenimiento, generadora de incontables empleos en la sociedad actual.

El desarrollo del mundo del espectáculo (conocido en inglés como *show business*) ha corrido paralelo al de la industria del entretenimiento. Incluye el conjunto de actividades profesionales ligadas a formas organizadas de diversión pública. Estadios deportivos, teatros, salas de conciertos o estudios de televisión son parte de esta red de recintos para la realización de espectáculos. Deportistas, cantantes, músicos, bailarines, presentadores…, pero también decoradores, diseñadores, maquilladores, peluqueros, cámaras y personal técnico, vendedores de entradas, periodistas, proveedores de servicios de restauración y hostelería… El número de personas que trabaja en la industria del espectáculo es inmenso.

PALABRAS CLAVE

(los) aliados: amigos

(el) ámbito: campo, disciplina

(las) degustaciones: ocasiones en que se prueban bebidas o alimentos diferentes

(los) desfiles: grupos de personas que caminan en fila o de manera organizada, generalmente con un propósito festivo

(el) disfrute: vivir positivamente una experiencia

(la) gama: rango o serie de cosas entre las que se puede elegir

(los) recintos: espacios donde tiene lugar algo

---

4   Para cada una de las siguientes afirmaciones **a–f**, elige la opción correcta de acuerdo al texto.

   a   El texto se titula *Mundos enlazados* porque…

      i   hay dos mundos.

      ii   el espectáculo y el entretenimiento se interrelacionan.

      iii   pasado, presente y futuro están unidos.

   b   Un opuesto de aliado es…

      i   enemigo.

      ii   compañero.

      iii   amigo.

   c   La llegada de las nuevas tecnologías…

      i   ha mejorado el ocio.

      ii   ha obligado a las personas a quedarse en casa.

      iii   ha diversificado las opciones de entretenimiento.

   d   Descansar y distraerse es el objetivo de…

      i   las formas de entretenimiento.

      ii   los dispositivos electrónicos.

      iii   la rutina cotidiana.

   e   Hoy en día…

      i   el entretenimiento es para casi todos.

      ii   solo las clases altas disfrutan del entretenimiento.

      iii   las fronteras no existen.

   f   El mundo del espectáculo se relaciona con…

      i   la educación pública.

      ii   los estudios de radio y televisión.

      iii   el mundo del entretenimiento.

   g   ¿Qué dos ejemplos ofrece el texto (párrafo 1) para explicar que los gustos son muy personales?

   h   Comenta con un compañero las formas de entretenimiento que menciona el texto. ¿Cuáles son tus favoritas? ¿Cuáles no te gustan nada? ¿Haces alguna de estas cosas de vez en cuando? ¿Con qué frecuencia?

   i   Observa las profesiones del mundo del espectáculo enumeradas en el último párrafo. ¿Te gustaría realizar alguno de esos trabajos? Conversa con un compañero sobre el tema.

RINCÓN CULTURAL

Cervantes y el *Quijote*

¿Sabías que las novelas de caballerías fueron una fuente de entretenimiento muy común en la España del siglo xvi? Contaban historias de caballeros que se lanzaban al amor y a la aventura en lugares misteriosos. Concebían el personaje como un gran héroe vencedor que, gracias a su ingenio, superaba múltiples peligros y se enfrentaba a seres fantásticos.

Uno de los autores más destacados de la lengua española, Miguel de Cervantes Saavedra, se inspiró en estos libros tan populares para escribir *El ingenioso hidalgo don Quijote de la Mancha*. La novela, publicada en dos partes (en 1605 y 1615, respectivamente), tiene como personaje principal a un caballero idealista y algo loco, un antihéroe al que todo le va saliendo mal. Tanto sus aventuras como el valor literario del *Quijote* han traspasado fronteras, y han convertido a este caballero en una figura universal. El *Quijote* supuso, curiosamente, el fin de esta moda caballeresca. La última palabra de esta genial novela es «Vale», una fórmula de despedida cortés en aquella época, equivalente a *adiós* en latín.

CONCEPTOS CLAVE

Conciencia cultural: piensa en lugares literarios de tu país o de tu comunidad. ¿Conoces algunos? ¿Cómo son? En tu opinión, ¿qué lugar ocupa la literatura o la fantasía en el mundo del entretenimiento actual? Piensa en la vida de tus abuelos. ¿Cómo se entretenían ellos? ¿Ha cambiado algo respecto a cómo te entretienes tú? Conversa con un compañero.

Texto 3

Vas a leer un texto sobre la entrega de los premios Grammy Latinos celebrada en Miami. En el texto, un periodista entrevista a los presentadores de la gala.

El clamor de los Grammy Latinos

Ayer tuvo lugar otra fantástica ceremonia de los premios Grammy Latinos, en reconocimiento a la excelencia musical producida en toda el área iberoamericana. Esta décima primera edición fue celebrada en Miami, Florida. La gala fue presentada por Manolo Fuentes y Carlota Sur. ¡Conectamos hoy con ellos para que nos resuman los principales momentos de la fiesta!

Querida Carlota, querido Manolo: buenas tardes. Les saluda aquí Álex Gómez, de la revista *Rumbo Latino*. Nos gustaría hacerles algunas preguntas para informar a nuestros lectores.

Manolo: ¡Sí, cómo no! Adelante.

Rumbo Latino: ¿Cuántos galardones se entregaron ayer?

Carlota: Pues como siempre, fueron casi veinticinco premios, una fiesta por todo lo alto.

RL: ¿Cuál fue el ambiente de la ceremonia?

M: Espectacular, todo el mundo estaba entusiasmado, un ambiente muy chévere.

C: Sí, estuvo genial. El público se portó de maravilla, nunca hubo tantos aplausos.

RL: ¿Y quién se llevó el premio al mejor artista?

M: Eso sí que fue sorpresa, ¡se lo llevó el grupo Nadie! Y es que, precisamente, «nadie» esperaba el triunfo de una formación tan nueva como ellos, con un único álbum en el mercado.

C: Pero es un álbum extraordinario. Todo el mundo va a hablar de este grupo, de los Nadie. ¡Ya verás!

RL: ¿Qué tipo de música tocan?

C: No podemos definirla, es una mezcla de pop urbano, *jazz* y música tradicional de toda América Latina. Son unos creadores totales que interpretan de lujo.

RL: ¿Qué más destacaríais de esta última gala?

M: La diversidad musical de los artistas participantes. Representan, en mi opinión, los contrastes de la geografía iberoamericana, tan rica en culturas y talentos.

RL: Como aclaración para nuestros lectores, ¿cuál es la diferencia entre Hispanoamérica e Iberoamérica?

C: Hispanoamérica la forman los países de América donde se habla español. Pero Iberoamérica incluye también a Brasil, donde se habla portugués.

RL: ¿Qué influencia pueden tener estos artistas en la vida de los jóvenes?

M: En general, son ejemplos inspiradores. Son personas que han trabajado duro para hacer lo que hacen y llegar a donde han llegado. Siempre y cuando no los devoren los peligros de la fama, claro. Que son muchos.

RL: ¿Qué van a hacer ahora que ya se entregaron los premios?

M y C (a la vez): ¡Irnos de vacaciones!

Aquí termina nuestra entrevista. Recuerden que pueden compartirla en redes sociales; y escuchar toda la música premiada y nominada en nuestra selección Grammy. ¡Hasta la próxima!

PALABRAS CLAVE

(el) ambiente: atmósfera emocional de un lugar

chévere: excelente, agradable (se usa en varios países de América Latina)

(el) clamor: grito o voz dada con entusiasmo

de lujo: muy bien, de maravilla

devorar: (en este contexto) sinónimo de romper, destruir

(los) galardones: premios

por todo lo alto: de forma espléndida

5   Trabaja con un compañero para responder a estas preguntas.

   a   ¿Por qué crees que el texto se titula *El clamor de los Grammy Latinos*?

   b   ¿Qué significa el nombre del grupo ganador? ¿Qué te parece que un grupo musical se llame Nadie?

   c   Según los presentadores, ¿qué es lo que mejor resume o define esta gala?

   d   ¿A qué peligros de la fama crees que se refieren los presentadores?

   e   ¿Por qué piensas que los presentadores quieren irse de vacaciones?

   f   ¿Qué solistas o grupos latinoamericanos conoces? ¿Te gusta su música? ¿Conoces alguna canción famosa?

6   Trabaja con un compañero para preparar una entrevista a un músico latino. Puedes inspirarte en alguien del mundo real o inventar a un artista ficticio. Si es real, investiga sobre su vida y su obra. Si es un personaje inventado, imagínatelas. La entrevista tiene que incluir lo siguiente:

   •   presentación del artista

   •   tipo de música que canta o compone

   •   ventajas e inconvenientes de la vida del artista

   •   qué va a hacer en el futuro

   •   su influencia en los jóvenes

   •   cierre de la entrevista.

7   Vas a escuchar a cuatro personas comentando qué formas de entretenimiento son parte de sus vidas. Antes de escuchar, lee bien las preguntas.
A continuación, responde:

   a   La primera persona del audio…

      i   ve la tele todo el día.

      ii   desayuna en el parque.

      iii   saca libros de la biblioteca.

      iv   es muy solitaria.

   b   La segunda persona…

      i   tiene bastante adicción a las redes sociales.

      ii   controla el tiempo que pasa en la red.

      iii   es adicta a la comunicación natural.

      iv   tiene la autoestima alta.

CONSEJO

Para preparar una entrevista se recomiendan dos cosas: la primera, elaborar conjuntamente tanto las preguntas como las respuestas; la segunda, intercambiar los roles de entrevistador y persona entrevistada a mitad del proceso. De esta manera, se participa de forma más equilibrada en la conversación y su preparación. El objetivo es que ambos participantes hablen y practiquen español.

c   La tercera persona…

  i   solo hace deporte.

  ii   solo hace deporte en verano.

  iii está cansada.

  iv   también tiene vida digital.

d   La cuarta persona…

  i   siempre usó tecnología.

  ii   usa el teléfono mucho.

  iii no usa videoconsolas.

  iv   tiene mala memoria.

e   ¿Cómo se entretienen los miembros de tu familia? ¿Se parecen en algo a los protagonistas del audio? ¿En qué se diferencian? Conversa con un compañero sobre el tema.

Texto 4

La siguiente tabla contiene vocabulario relevante para utilizar y navegar por internet en español. Lee y analiza el contenido.

Navegando por internet: vocabulario para no perderse	
General:	**Correo electrónico:**
• sitio web	• de…
• navegador	• para…
• página principal	• asunto
• iniciar / cerrar sesión	• arroba (@)
• captura de pantalla	• enviar
• suscribirse	• responder
• descargar	• adjuntar
• actualizar	• eliminar
Redes sociales:	**Otros:**
• compartir	• filtro
• me gusta	• perfil
• etiquetar	• directo
• solicitar amistad	• selfi
• muro	• favoritos
• bloquear, borrar / eliminar	• estados / historias
• tuit, tuitear	• seguidores
Nombres de usuarios según las redes: tuitero, *tiktoker* o tiktokero, *instagrammer* o instagramero, etc.	

8 A continuación, cambia la lengua de tu interfaz de usuario a español durante un rato: usa tus redes sociales, suscríbete a algún periódico o revista, visita páginas webs, escribe un correo electrónico, o realiza alguna otra actividad en internet. El objetivo es emplear activamente este vocabulario.

GRAMÁTICA

La tilde o el acento ortográfico

Áá Éé Íí Óó Úú

Te habrás fijado que en español algunas palabras llevan tilde o acento ortográfico. La tilde marca la sílaba fuerte, es decir, la que se pronuncia con más énfasis dentro de la palabra. Siempre se escribe sobre una vocal.

La colocación de la tilde se rige por unas claras normas. Vamos a verlas.

1 Las **palabras monosílabas** llevan tilde solo cuando se escriben igual pero tienen un significado diferente.

él / el, tú / tu, sí / si, mí / mi, té / te, sé / se, etc.

Cuando son palabras únicas, ningún monosílabo lleva tilde.

sol, sal, pan, fin, mar, seis, luz, tres

2 Si la sílaba fuerte es la última (palabras agudas), escribimos tilde cuando la palabra termina en –*n*, –*s* o **vocal**.

camión, compás, sofá

3 Si la sílaba fuerte es la penúltima (**palabras llanas o graves**, la mayoría en español), escribimos tilde cuando la palabra no termina en –*n*, –*s* o **vocal**.

lápiz, móvil, azúcar

4 Si la sílaba fuerte es la antepenúltima o una anterior (**palabras esdrújulas y sobreesdrújulas**), escribimos tilde siempre.

música, cálculo, frigorífico, devuélvemelo, cómetelo

5 Las vocales abiertas (*a, e, o*) pueden unirse a vocales cerradas (*i, u*). Cuando esto sucede y el sonido fuerte cae sobre la vocal cerrada, se rompe la sílaba y se escribe tilde sobre la vocal cerrada.

tío, río, tenía, volvía

6 Si dos vocales abiertas aparecen juntas, estas forman siempre sílabas separadas y, por tanto, solo se acentúan si la palabra es esdrújula.

trocear, Leonor, caótico

7 Por último, todos los adverbios interrogativos y exclamativos llevan siempre tilde. ¿Qué tal? ¿Cómo estás? ¡Cuánta gente! ¿Quién eres?

9   ¿Con tilde o sin tilde? Escribe las siguientes palabras en tu cuaderno y agrega la tilde a las que tienen que llevarla.

   a   feliz
   b   victima
   c   animal
   d   reloj
   e   bebia

   f   arbol
   g   portatil
   h   cafe
   i   perdi
   j   dormiriamos

CONSEJO

¿Recuerdas escribir los signos de apertura de interrogación y exclamación en español? Aunque vayas con prisa, no los olvides, son necesarios para escribir correctamente. Recuerda también el resto de signos de puntuación: el punto (para separar ideas), la coma (para separar oraciones o elementos dentro de las oraciones), el punto y coma (una pausa mayor que la de la coma pero menor que la del punto), los dos puntos (para llamar la atención sobre lo que sigue), los puntos suspensivos (para indicar la posible continuación del discurso), etc. La puntuación es útil para organizar las ideas y dar sentido y ritmo a la escritura. Observa cómo se usan estos signos cada vez que leas un texto. La lógica de su uso suele ser igual o muy parecida en todos los idiomas.

10   La revista de tu escuela ha pedido la opinión de los estudiantes sobre dos temas: 1) la influencia de las celebridades en la vida de los jóvenes; y 2) el impacto del entretenimiento en línea, sobre todo en las redes sociales. Escribe un texto de entre 150 y 200 palabras en el que comentes tus experiencias.

¡AHORA TE TOCA A TI!

Imagina que tienes la oportunidad de diseñar las actividades de ocio y entretenimiento del futuro. ¿Cómo serán esas formas de entretenimiento y espectáculo? Realiza una encuesta entre tus familiares y compañeros de la escuela. Con las respuestas obtenidas, elabora un póster para tu clase de español.

¡REFLEXIONEMOS!

Ahora que hemos terminado, ¿tienes una idea clara de los contenidos de la unidad? ¿Sientes que eres capaz de comunicarte de forma oral y escrita sobre los temas abordados? ¿Cómo explicarías a otras personas qué es el entretenimiento? ¿Crees que puedes acentuar correctamente al escribir en español? ¿Qué iniciativas puedes tomar para reafirmar tus nuevos conocimientos?

VERIFICACIÓN DE HABILIDADES

¿En qué nivel de seguridad te sientes en lo que has aprendido y practicado en esta lección?

Puntúa del 1 (nada seguro) al 5 (muy seguro) y después demuestra lo que has aprendido.

Ahora puedo...	Nivel de seguridad (1–5)	Demuéstralo
utilizar el vocabulario relacionado con las industrias del entretenimiento		Crea una nube de palabras relacionadas con el entretenimiento.
diferenciar los tipos de entretenimiento existentes (cine, música, televisión, internet, videojuegos, redes sociales, etc.)		Escribe una definición para cinco tipos de entretenimiento.
evaluar el papel del entretenimiento y el mundo del espectáculo en nuestras vidas		Haz una lista de influencias positivas y negativas del entretenimiento / mundo del espectáculo en nuestra vida.
conocer las reglas de acentuación y practicar la puntuación.		Intercambia un texto con un compañero y revisa la acentuación y la puntuación.

FRASES ÚTILES

El entretenimiento...

es divertirse, recrearse, pasar el rato, pero también poner la atención en otra cosa, distraerse.

cambia con los tiempos.

adopta múltiples formas: artes, juegos, deportes, celebraciones, turismo, música, gastronomía, medios de comunicación, tecnología, etc.

forma parte de nuestra vida cotidiana.

tiene una industria poderosa.

gana terreno en el mundo virtual.

genera empleo en muchos campos profesionales.

Los espectáculos...

son formas de diversión generalmente organizada.

se celebran ante un público o audiencia determinados.

suelen tener lugar en teatros, edificios, estadios o espacios acondicionados.

a menudo requieren del pago de una entrada.

también pueden ser gratuitos.

CONTINUACIÓN

El mundo digital…

ha irrumpido con enorme fuerza en las industrias del entretenimiento.

crece sin parar.

tiene millones de usuarios.

En los últimos años…

la industria del entretenimiento y el mundo del espectáculo se han expandido e internacionalizado muchísimo.

cada persona puede crear sus propios contenidos y subirlos a la red.

1.2: Identidad y cultura

1   Observa la fotografía y responde a las siguientes preguntas.

a   ¿De dónde podrían ser estas personas? ¿Te parece que tienen una identidad definida?

b   ¿Qué tipo de ropa llevan puesta?

c   ¿A qué se dedican?

d   ¿Qué relación crees que existe entre ellas?

e   ¿Cuáles pueden ser sus creencias y valores? ¿Qué crees que consideran importante en la vida?

f   ¿Qué es para ti la identidad?

Texto 1

Vas a leer un texto en torno al concepto de identidad. Se plantea qué es o cómo puede explicarse este concepto, en qué se basa y cómo se manifiesta. También incluye distintos tipos de identidad.

¿A qué llamamos identidad?

¿Podemos explicar de forma clara quiénes somos? ¿Sabemos qué nos define? A lo largo de la vida, o incluso en este mismo momento, solemos dar muchas vueltas al concepto de identidad. Para algunas personas resulta relativamente fácil entender quiénes son. Para otras, no tanto, porque la identidad va más allá de nacionalidades, familias, banderas, himnos o lenguas. Incluye paisajes, climas, hábitos, tradiciones, gustos, objetos, historias comunes, vestimentas, colores, sonidos, sabores, apariencias y otros elementos de una lista tal vez infinita.

La identidad, por ser tan compleja, se considera una construcción subjetiva, una definición personal de sí mismo. Se construye y cambia con el paso del tiempo en función de nuestras experiencias, y también, en gran medida, en relación con los otros. Es frecuente, por ejemplo, desarrollar un sentido de pertenencia a un grupo social o a una comunidad. Esta pertenencia proporciona un sentimiento de conexión y de seguridad muy valioso para muchas personas.

Existen muchos tipos de identidad: personal, cultural, profesional, nacional, de género, religiosa, política, generacional, musical, deportiva, y otras. Tener metas y objetivos comunes suele unir a las personas. Sin embargo, estos diferentes tipos de expresión se combinan en un solo individuo. Por ejemplo, podemos ser socios de un club de cine y de otro deportivo a un tiempo; podemos hablar más de una lengua y pertenecer a dos comunidades lingüísticas a la vez; o podemos sentirnos parte de nuestro vecindario al tiempo que participamos en un grupo internacional de amantes de las matemáticas que nunca oirá hablar de nuestro barrio.

Hay quienes se manifiestan en contra de definir su identidad, bien por su **rechazo** a etiquetas específicas, bien porque consideran imposible describir la identidad de forma completa. En realidad, todos somos **herederos** de múltiples identidades, a las que sumamos la propia. En los países hispanohablantes, la diversidad cultural es enorme, y su paisaje individual y social ofrece un mosaico muy variado. ¡Atrévete a descubrirlo!

2   Responde individualmente a las preguntas según la información del texto.

a   ¿Qué tipos de identidad se mencionan en el texto?

b   ¿En qué sentido es la identidad una construcción subjetiva?

c   ¿Qué aporta a los individuos la pertenencia a un grupo social o comunidad?

d   ¿Por qué es tan difícil definir la identidad?

e   ¿Verdadero (V), falso (F) o no se menciona en el texto (NM)? Anota tus respuestas en tu cuaderno.

   i   Las personas no piensan mucho en su identidad.

   ii   Las experiencias influyen en la identidad.

   iii   El sentido de pertenencia crea inseguridad.

   iv   En los clubs deportivos la identidad tiene un peso muy fuerte.

   v   No a todas las personas les gusta definir su identidad.

   vi   En el mundo hispanohablante hay un mosaico romano.

f   Explica con tus palabras los siguientes términos.

   i   nacionalidad

   ii   familia

   iii   bandera

   iv   himno

   v   hábito

   vi   actitud

   vii   apariencia

3   Conversa con un compañero.

a   ¿A qué comunidades y grupos sociales te sientes vinculado o crees pertenecer?

b   ¿Qué otros tipos de identidad puedes añadir a las mencionadas en el tercer párrafo del texto?

c   ¿Cómo definirías tu identidad? ¿En qué se parece a la de tus abuelos?, ¿En qué se diferencia?

PALABRAS CLAVE

darle vueltas a algo: pensar mucho sobre algo

(los) herederos: personas que reciben el legado de generaciones anteriores

(la) pertenencia: el hecho de ser parte de algo

(el) rechazo: negar algo, no incluirlo

(las) vestimentas: ropa, forma de vestir

4   Lee las siguientes citas de autores hispanohablantes sobre la identidad y responde a las preguntas.

«Nada más intenso que el terror de perder la identidad».

Alejandra Pizarnik, poeta argentina

«Se es de donde se quiere ser».

Ana María Matute, autora española

«Nunca somos lo que fuimos ayer, nunca seremos mañana los mismos de hoy… Y la vida se nos escapa tratando de solucionar el enigma de nuestra propia identidad».

Fernando del Paso, autor mexicano

«La cultura es el ejercicio profundo de la identidad».

Julio Cortázar, autor argentino

«Ignoro de qué sustancia extraordinaria está confeccionada la identidad, pero es un tejido discontinuo que zurcimos a fuerza de voluntad y de memoria».

Rosa Montero, autora española

a   ¿Qué cita te gusta más? Elige tu favorita y explica por qué te gusta.

b   A continuación, escribe tu propia cita literaria sobre la identidad.

Texto 2

Los artículos que vas a leer a continuación nos dan información sobre dos pueblos antiguos de América Latina, los mapuches y los uros. Ambos intentan preservar su patrimonio cultural e identidad, a veces oponiéndose a la modernidad.

Mapuches y uros: pobladores milenarios

En el mundo existen muchas lenguas y culturas ancestrales y los países hispanohablantes no son una excepción.

El pueblo mapuche

El pueblo mapuche es originario del Cono Sur americano. Tiene un gran peso demográfico (unos dos millones de personas actualmente) y un fuerte sentido de identidad cultural. La anexión de sus territorios por parte de Chile y Argentina confinó a los mapuches en territorios delimitados, obligándolos a convertirse en un pueblo campesino y a habitar tierras de mala calidad. Provocó también la emigración de las generaciones jóvenes a las grandes ciudades, lo que aceleró el **derrumbe** de toda su sociedad.

La población mapuche vive cierta discriminación en sus relaciones con el resto de la sociedad de Chile y Argentina. Se manifiesta en menores índices de educación, menores ingresos, mayor desempleo y mayor pobreza. Tanto en Argentina como en Chile, algunas iniciativas de recuperación de sus tierras se han encontrado con la negativa de Gobiernos, empresas y terratenientes.

Su cultura se basa en la tradición oral. Su idioma es el mapudungún, una lengua que hasta ahora no se ha relacionado de modo satisfactorio con ninguna otra. Dentro de su patrimonio, destacan el arte textil, la platería y la gastronomía. Su deporte tradicional, llamado palín o chueca, es similar al *hockey*. Los mapuches tienen muy presente la conexión del mundo espiritual con el mundo **tangible**. Sus aspectos principales son el culto a los antepasados y a los espíritus de la naturaleza, y la interrelación del pueblo mapuche con la tierra. La bandera mapuche representa el sol, la luna y las estrellas, símbolo del conocimiento del mundo.

El pueblo uro

Unas pequeñas plataformas, las islas flotantes de los uros, destacan entre el intenso azul de la parte peruana del lago navegable más alto del mundo, el Titicaca, situado a 3800 metros de altitud. Los islotes en los que levantan sus casas las pequeñas comunidades de los uros están construidos con un **junco** llamado totora, cuyas raíces crecen en el agua. En el periodo de lluvias, salen a la superficie y son recolectadas. Los uros cortan grandes bloques y los unen hasta formar una isla flotante que puede durar 23 años.

Cada isla es ocupada por unas cinco o siete familias. Las casas, de forma rectangular, son unos habitáculos de una sola pieza en los que duerme toda la familia. Sus modos de subsistencia son la caza y la pesca. Las piezas que no consumen las intercambian en el mercado de Puno. Además, realizan hermosas artesanías y bordados que venden a los turistas. Algunas de las **embarcaciones** que utilizan están fabricadas con totora, planta que también usan como medicina. Las embarcaciones pueden tener hasta dos pisos, tardan seis meses en construirse y pueden utilizarse unos siete años.

El lago en el que viven los uros está rodeado de misticismo. *Titicaca* significa «puma de piedra». Según la leyenda, es el lugar del que surgió el dios Sol, quien dio origen a la próspera cultura inca. Los uros fueron uno de los primeros pueblos del Altiplano. Según algunas teorías, procedían de Bolivia, pero emigraron a las zonas costeras después de una época de grandes sequías. Al principio habitaban tierra firme, pero decidieron construir islas flotantes para evitar ser conquistados. Su lengua primigenia, el pukina, se fue perdiendo con la adopción del aimara. Más tarde añadieron al aimara el español.

El modo de vida sigue siendo tradicional, pero junto a algunas casas pueden verse paneles solares que les proporcionan unas tres horas de electricidad nocturna. Para evitar **incendios**, cocinan al aire libre sobre totora húmeda. También cuentan con **hornillos** de gas, los utilizan en el interior de las cabañas cuando llueve. Los más pequeños juegan entre las faldas de sus madres mientras estas tejen o atienden a los turistas. También van al colegio, a media hora de distancia en barca. Las nuevas generaciones de uros están cambiando. Muchos se van a estudiar o a trabajar fuera, por lo que su forma de vida puede llegar a extinguirse.

5   De manera individual, completa las actividades a continuación.

   a   Busca en el texto sobre el pueblo mapuche las palabras o expresiones que signifiquen:

      i   incorporación

      ii   que trabaja la tierra

      iii   salida de la población de su lugar original

      iv   trato desigual

      v   proporción, porcentaje

      vi   no tener trabajo

      vii   dueños de la tierra

      viii bienes de un pueblo o una nación

   b   Busca en el texto sobre el pueblo uro las palabras o expresiones que signifiquen:

      i   que no se hunde

      ii   transitable por agua

      iii   isla pequeña

      iv   parte baja de árboles, flores y plantas, normalmente oculta en la tierra

      v   habitación no muy grande

      vi   trabajo manual

      vii   escasez de agua

      viii en el exterior

PALABRAS CLAVE

(el) derrumbe: caída, colapso, destrucción

(las) embarcaciones: medios de transporte acuático

(los) hornillos: aparato pequeño utilizado para cocinar, normalmente con gas

(los) incendios: fuegos descontrolados

(el) junco: planta de tallo largo que crece junto al agua o en zonas húmedas

tangible: terrenal, real, observable

6   Elige la opción correcta según los textos.

a   El pueblo mapuche…

   i   se anexó territorios de Chile y Argentina.

   ii   cultiva buenas tierras.

   iii colabora con el Gobierno.

   iv   sufre discriminación.

b   Las creencias mapuches…

   i   se basan en el culto divino.

   ii   se transmiten de forma escrita.

   iii unen el mundo espiritual y el terrenal.

   iv   se expresan solo en lengua mapudungún.

c   Los uros…

   i   cambian de isla cada 23 años.

   ii   viven sobre islas flotantes.

   iii ocupan todo el lago Titicaca.

   iv   recogen la totora de la tierra.

d   Los uros sobreviven gracias a…

   i   la caza, la pesca, la venta de artesanías y el turismo.

   ii   la venta de totora y de artesanías.

   iii la caza, la pesca y sus embarcaciones.

   iv   el uso medicinal de la totora.

e   Los uros hablan…

   i   aimara y español.

   ii   aimara, español y pukina.

   iii pukina y aimara.

   iv   varias lenguas del Altiplano.

f   Su modo de vida…

   i   ignora el turismo.

   ii   no incluye aparatos modernos.

   iii hace que haya incendios.

   iv   está cambiando.

g   ¿A qué problemas se enfrentan los mapuches y los uros?

¡AHORA TE TOCA A TI!

¿Con qué pueblos antiguos te sientes conectado? Investiga sobre tus orígenes y tu herencia cultural. Con los datos recogidos, prepara un póster. Puedes hablar con miembros de tu familia para informarte de manera más completa o detallada, y remontarte a varias generaciones atrás.

7   Prepara una presentación de una comunidad o pueblo de América Latina de unos 4–5 minutos de duración. Sigue estas recomendaciones:

- Investiga antes de tomar una decisión: hay muchos pueblos latinoamericanos.

- Piensa en la amplia geografía de América Latina: desde México en el hemisferio norte hasta Tierra del Fuego en el Cono Sur.

- Busca información directamente en español.

- Estructura bien tu presentación. ¿Qué vas a incluir? ¿Qué aspectos quieres destacar?

- Respeta el tiempo establecido para la presentación.

- Practica tu pronunciación y entonación. Las palabras largas no deben ser un obstáculo. Si tu presentación incluye fechas o números difíciles, puedes practicarlos con anticipación.

- Si vas a incluir visuales, estos deben relacionarse con el contenido y resultar significativos.

- Intenta que tu presentación resulte lo más clara y fluida posible. Ensáyala.

GRAMÁTICA

Conectores o marcadores textuales

Las palabras o expresiones que sirven para relacionar conceptos, enlazar unas frases con otras y dotar de un sentido lógico a los textos orales o escritos se llaman conectores o marcadores textuales. Podemos decir que otorgan sentido y coherencia a la información que se presenta. Tienen distintas funciones, tal y como muestra la tabla siguiente.

Función	Marcadores del discurso
ordenar	para empezar, comenzar / en primer lugar, en segundo lugar, en último lugar / por un lado, por otro / por una parte, por otra
añadir	también /además / incluso / asimismo / por otra parte / por otro lado
contrastar	pero / aunque / sin embargo / no obstante / en cambio / al contrario / por el contrario
indicar causa	porque / ya que / como / por eso / a causa de / dado que / debido a / puesto que
indicar consecuencia	por tanto / en consecuencia / por consiguiente / consecuentemente / de manera que / de modo que
opinar	para mí / desde, bajo mi punto de vista / en mi opinión / a mi juicio / a mi parecer / según mi opinión
explicar	por ejemplo / así / tal y como / en concreto / en particular / pongamos por caso / en realidad / en el fondo
reformular	es decir / en otras palabras / en resumen / dicho de otro modo, de otra manera / o sea
concluir	para terminar, concluir, finalizar / en conclusión / por último / en definitiva

8 Completa las oraciones con los conectores adecuados.

a Yo viajo porque me gusta conocer otras culturas; mi hermano, *en cambio /
en conclusión*, lo hace por trabajo.

b No tengo una identidad muy marcada; *por otro lado / por el contrario*,
me siento de muchos sitios.

c Nos equivocamos de camino y llegamos a otra parte; *en conclusión /
no obstante*, hemos descubierto un nuevo pueblo.

d Nada me ata a la ciudad; *a mi juicio / en otras palabras*, quiero marcharme.

e En la cordillera de los Andes hace mucho frío; *aun así / por eso* llevo bufanda.

f No podemos aceptar la situación; *por lo tanto / por el contrario*,
busquemos soluciones.

g Te estuve esperando dos largas horas, *pero / también* me dices que no
pasa nada.

h Siempre he sido un desastre recordando fechas históricas; tú, *por una parte /
sin embargo*, tienes una memoria privilegiada.

9 Vas a escuchar un programa de radio anunciando la celebración del Día
Internacional de los Pueblos Indígenas. Antes de escuchar el audio, lee bien las
preguntas. Elige la respuesta correcta.

a ¿En qué fecha se celebra el Día Internacional de los Pueblos Indígenas?

i en 1994

ii el 9 de agosto

iii en agosto

b La Asamblea General de Naciones Unidas decidió esta fecha para…

i percibir la realidad de las poblaciones indígenas.

ii ser conscientes de su importancia cultural.

iii percibir la realidad y ser conscientes de la gran importancia de
sus culturas.

c   Los pueblos indígenas…

    i   comparten características, experiencias y desafíos.

    ii   defienden la pluralidad.

    iii   han superado sus problemas.

d   La comunidad internacional…

    i   no hace nada por ayudarles.

    ii   solo quiere celebrar una fiesta.

    iii   es consciente de que es necesario protegerlos.

e   ¿Qué piensas de iniciativas como esta? ¿Son útiles? ¿Son necesarias? ¿Cuál es su impacto real? ¿Qué harías tú para proteger la identidad y la cultura de los pueblos indígenas?

RINCÓN CULTURAL

El quechua: un idioma entre el ayer y el futuro

¿Sabías que el quechua fue el idioma de la civilización inca? ¿Sabes cuántas personas lo hablan hoy en día, o en cuántos países? Se estima que la lengua quechua (también llamada *runa simi*, que significa «lengua de la gente») tiene más de diez millones de hablantes repartidos en seis países diferentes: Perú, Bolivia, Ecuador, Colombia, Chile y Argentina. Utilizada mayoritariamente de forma oral, ha tardado mucho en obtener reconocimiento académico, incluirse en planes escolares o llegar a las universidades. Cuando una lengua no forma parte del sistema oficial, corre mayor riesgo de desaparecer o de perderse.

En 2019, Roxana Quispe Collantes defendió la primera tesis doctoral en quechua de la historia. Lo hizo en la universidad peruana de San Marcos con una investigación sobre una obra lírica escrita en quechua. Roxana recalca que es importante que los quechuahablantes no tengan vergüenza de comunicarse en su lengua originaria. Para ella, el quechua es una lengua particularmente poética y acogedora: «La lengua quechua ya no debería ser objeto de vergüenza, y hablarse solo en la casa, en la cocina o entre amigos; uno de mis anhelos grandes ha sido que el quechua pueda entrar en la academia».

CONCEPTOS CLAVE

Comunicación: hay bastantes palabras de origen quechua que se usan habitualmente en español. Estas palabras reciben el nombre de quechuismos. Aquí tienes algunas. ¿Las has usado o escuchado alguna vez? Casi todas tienen que ver con la naturaleza y con tradiciones culturales, y expresan realidades que el idioma español no podía describir.

el mate	la carpa	la cancha	la llama	el gaucho
el cóndor	el puma	la quena	la alpaca	la palta

[*Fuente: www.easyespanol.org*]

Texto 3

La música es un fuerte identificador de la cultura hispana. El texto a continuación trata sobre cuatro géneros musicales de fama mundial. Profundiza tus conocimientos tomando en cuenta que hay muchos géneros más.

Mil y un ritmos, mil y una melodías

Se dice que la música es un lenguaje universal y muchas personas están de acuerdo. A pesar de ello, vayamos donde vayamos, busquemos donde busquemos, nos encontramos con un panorama musical en el que la variedad de estilos es enorme. Sucede lo mismo en el mundo hispano, lugar de mestizaje y legados culturales híbridos. Repasamos aquí algunas de estas manifestaciones musicales para conocer su origen y entenderlas mejor.

Los mariachis

Los mariachis son una de las expresiones artísticas y culturales más conocidas de México, resultado de un fascinante proceso de mezcla: influencias musicales indígenas, europeas y africanas. Se cree que su base rítmica nació en celebraciones religiosas en el pueblo de Cocula, Jalisco. La fusión de guitarras y violines con instrumentos indígenas fue la chispa que ocasionó el nacimiento del género. Con el paso del tiempo, fue echando raíces como banda sonora de fiestas y reuniones. A finales del siglo XIX, la música mariachi llegó a la Ciudad de México. A principios del siglo XX

se introdujo el **traje de charro** y en la década de 1930 se incluyó la trompeta. La fama de los mariachis es global en la actualidad. En lugares tan **dispares** como Japón y Sudáfrica hay conjuntos tocando esta alegre música y cantándola en el idioma local. El mariachi fue declarado Patrimonio Cultural Inmaterial de la Humanidad por la UNESCO en 2009.

El flamenco

Asociamos el flamenco con España, aunque en realidad es una expresión artística que nace de la mezcla de muchas culturas: gitana, árabe, judía, cristiana, india... Integra música, cante y baile, y su instrumento rey es la guitarra. El sur de España se considera su **cuna**. Conocido por su gran intensidad emocional y el **derroche** de sentimientos que los artistas imprimen en las interpretaciones, las letras flamencas están cargadas de dolor, alegría, pasión, angustia, amor o desesperación. El flamenco fue declarado Patrimonio Cultural Inmaterial de la Humanidad por la UNESCO en 2010. Hoy en día se aprecia y se practica en todo el mundo.

La salsa

La salsa es un género musical bailable resultante de la síntesis del son cubano, otros géneros de música caribeña (como el mambo, la guaracha, el chachachá) y ritmos estadounidenses como el *jazz* y el *blues*. Se consolidó como un éxito comercial por músicos de origen puertorriqueño en Nueva York en la década de 1960, si bien sus raíces se remontan a décadas anteriores en países del Caribe. La salsa se extendió rápido por América Latina, dando lugar a varios estilos y a distintas variantes regionales. Vista en origen como representación de la identidad hispana en Nueva York, la salsa se ha convertido en una de las formas más importantes de la música popular en el mundo.

El tango

El tango es un estilo musical originado en los suburbios y zonas desfavorecidas de ciudades **portuarias** como Buenos Aires y Montevideo. Surgió en la segunda mitad del siglo XIX, en ambientes donde se concentraban grandes masas de inmigrantes, llenos de nostalgia y melancolía por sus tierras perdidas. El bandoneón, su instrumento estrella, era considerado un órgano portátil (se llevaba en los barcos) y procede de Alemania. En sus inicios, el tango se bailaba en pareja en un abrazo cerrado, lo cual resultaba obsceno para las clases altas de la época. Carlos Gardel, una de sus voces más conocidas, empezó a narrar en sus letras los dramas de la gente común. Más adelante, el compositor Astor Piazzola separó el tango del baile, acercándolo a la experimentación instrumental y la vanguardia. El tango fue declarado Patrimonio Cultural Inmaterial de la Humanidad por la UNESCO en 2011.

10 Trabaja con un compañero y responde a las siguientes preguntas.

a ¿Qué crees que quiere decir el texto (primer párrafo) con las expresiones «vayamos donde vayamos, busquemos donde busquemos»?

b ¿Qué instrumentos musicales menciona la lectura?

c Según los textos, ¿qué tipo de música es más…?

    i dramática   ii alegre

    iii melancólica   iv festiva

d ¿Qué tienen en común los cuatro estilos musicales descritos? ¿En qué se diferencian?

e Identifica el lugar de origen de estos géneros musicales. ¿Los has escuchado alguna vez? ¿Cuál te gusta más?

GRAMÁTICA

Relatos en el pasado: el pretérito imperfecto y el pretérito indefinido

Los sucesos del pasado siguen la línea del tiempo. A la hora de relatarlos, combinamos tiempos verbales con el fin de ordenar los acontecimientos cronológicamente. Tener en cuenta estos dos pequeños trucos te ayudará a utilizar correctamente el pretérito indefinido y el pretérito imperfecto.

Usamos el **pretérito imperfecto** para **describir situaciones en el pasado** que sucedieron al mismo tiempo que otras; que tuvieron un tiempo largo de duración o que se repetía; o que continúan en el presente. Puede referirse a personas, objetos, lugares, acciones o estados de ánimo.

> Aquella casa **era** muy grande. (objeto)
> Antes yo **era** rubia, ahora soy morena. (persona)
> En mi ciudad **había** dos escuelas. (lugar)
> Cuando era pequeña **tocaba** el piano todos los días. (hábito)
> **Se encontraba** triste y melancólica. (estado de ánimo)
> No salí a la calle porque **estaba lloviendo**. (acción en marcha)
> El tango **se bailaba** en parejas.

Usamos el **pretérito indefinido** para **expresar acciones sucedidas en el pasado**. Se refiere siempre a acciones finalizadas. Puede ir acompañado o no de marcadores que señalan un tiempo transcurrido.

> Ayer **llegó** a clase un chico nuevo.
> La profesora nos **explicó** el pretérito indefinido.
> **Fue** un día excepcional.
> El año pasado **estuve** en Canarias.
> **Tuve** fiebre altísima durante toda una semana.
> Cuando estaba durmiendo, **llamaste** a la puerta.
> El flamenco **fue** declarado Patrimonio Cultural Inmaterial de la Humanidad en 2010.

PALABRAS CLAVE

(la) chispa: lo que enciende un fuego

(la) cuna: aquí, lugar de nacimiento (literalmente, cama de bebé)

(el) derroche: emplear algo en grandes cantidades

dispares: distintos, diferentes

(los) legados: algo que se hereda

(el) mestizaje: la mezcla

portuaria: cercana al puerto

(el) traje de charro: ropa típica de los mariachis, similar a la de un jinete (persona a caballo)

11 Completa las oraciones con las formas verbales correctas: pretérito indefinido o imperfecto.

    a   Anoche no _____ nada. (nosotros, descansar)

    b   _____ el autobús, por eso _____ tarde. (yo, perder / llegar)

    c   Antes nunca _____ tiempo libre. (ellos, tener)

    d   Mi abuela _____ cien años. (ella, vivir)

    e   En aquella época, poca gente _____ español. (estudiar)

    f   Mientras _____ por la ventana, _____ tu infancia. (tú, mirar / recordar)

12 Un medio digital especializado en cultura e identidades desea conocer qué importancia tiene la música en la vida de los jóvenes en la actualidad. Escribe un artículo informativo de unas 150–200 palabras en el que aportes tus opiniones. Usa estas pautas como guía:

- Piensa en tu audiencia o destinatario para decidir si tu registro será formal o informal.
- Usa vocabulario relacionado con el tema.
- Piensa en los tiempos verbales que necesitas usar.
- Tus oraciones deben resultar claras y fáciles de entender.
- Presenta el contenido de forma ordenada: introducción, cuerpo o desarrollo de las ideas, conclusiones.
- Utiliza conectores textuales y otras expresiones para unir tus ideas.
- No te olvides de incluir un título.

> **CONSEJO**
>
> Leer es siempre una buena oportunidad para aprender a escribir, pues cada texto, por breve que sea, está lleno de detalles gramaticales de los que podemos aprender. Aprovecha tus lecturas de español para observar el uso de los tiempos verbales, y acostúmbrate a utilizar lo aprendido cuando te toque hablar o escribir en español. ¡Notarás tu progreso!

¡REFLEXIONEMOS!

¿En qué condiciones aprendes mejor: trabajando individualmente, con un compañero, en grupos pequeños o en grupos grandes? ¿Qué puntos positivos tiene cada una de estas situaciones para ti?

VERIFICACIÓN DE HABILIDADES

¿En qué nivel de seguridad te sientes en lo que has aprendido y practicado en esta lección? Puntúa del 1 (nada seguro) al 5 (muy seguro) y después demuestra lo que has aprendido.

Ahora puedo...	Nivel de seguridad (1–5)	Demuéstralo
utilizar vocabulario relacionado con la cultura y la identidad		Prepara un cuestionario con 8–10 preguntas de opción múltiple sobre algún aspecto de la unidad. Incluye tantas palabras nuevas como puedas.
demostrar comprensión sobre distintas formas de expresión cultural		Prepara una lista de manifestaciones culturales que te gusten y escribe una breve explicación de cada una.

CONTINUACIÓN

Ahora puedo...	Nivel de seguridad (1–5)	Demuéstralo
conversar y escribir sobre tradiciones y patrimonio cultural		Explica las tradiciones y patrimonio cultural de tu país a un amigo imaginario extranjero mediante una carta o un correo electrónico.
reflexionar sobre valores y culturas en peligro de extinción		Piensa en lenguas y culturas desaparecidas. Busca información sobre una de ellas.
utilizar marcadores textuales		Elige al azar ocho marcadores aprendidos en esta unidad y úsalos en distintas oraciones.
combinar de forma correcta el indefinido y el imperfecto.		Escribe el relato de un suceso que te sirva para practicar estos dos tiempos.

FRASES ÚTILES

El mundo hispanohablante ofrece un mosaico rico en lenguas, identidades y patrimonio cultural.

La identidad...

es un concepto bastante subjetivo.

cambia a lo largo del tiempo y conforme vivimos.

está influida por muchos factores: climas, paisajes, lenguas, tradiciones, creencias, valores, vestimentas, gastronomía y festividades, entre otros.

adopta formas distintas, muchas veces simultáneas: personal, familiar, profesional, generacional, territorial, etc.

se define también en relación con los otros.

nos puede llevar a formar comunidades de pertenencia y a compartir experiencias con otras personas.

no puede reducirse a una sola etiqueta.

La cultura...

adopta múltiples manifestaciones.

refleja y expresa las creencias e identidades.

puede entrar en conflicto con nuevas realidades.

a veces requiere que tomemos conciencia de su valor ancestral y la protejamos.

aparece contenida en las lenguas antiguas que aún permanecen vivas en los territorios de América Latina.

se muestra también en la música diversa de los países latinoamericanos, cada una con su origen e historia particular.

1.3: Las artes

1   Observa la imagen y responde a las siguientes preguntas:

a   ¿Qué puedes observar? Trabaja con un compañero y describe la imagen con el mayor detalle posible.

b   ¿Te parece una imagen natural o artificial? Justifica tu respuesta.

c   ¿Qué crees que representa? ¿Qué quiere transmitir?

d   ¿De qué formas piensas que el arte influye en nuestras emociones?

Texto 1

Hasta donde sabemos, la creación artística existe desde los inicios de la humanidad. A lo largo de la historia, el arte ha adoptado múltiples manifestaciones: música, pintura, escultura, danza, literatura, teatro… El siguiente texto nos cuenta algo más sobre el origen del arte y sobre su sentido como forma de expresión.

Arte, arte y más arte

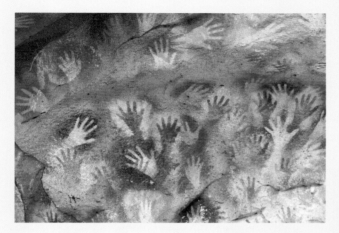

Quizá muchos piensen que no hay nada más alejado de la cotidianeidad que la creación artística. ¿Cuál es la utilidad de un poema, de un cuadro, de una partitura o de una escultura? ¿Para qué sirven la danza o el teatro? ¿Qué sentido tiene hacer una película? Si preguntamos a los artistas, seguramente su respuesta es que crean por amor al arte, porque buscan expresarse o comunicar un mensaje, porque escuchan lo que les dicta su instinto o su intuición.

Sabemos, sin embargo, que muchas obras de arte surgieron a raíz de un encargo: reyes y mecenas, por ejemplo, contrataban a artistas para retratarse, amenizar sus veladas o decorar sus palacios. Los artistas, por su parte, intentaban vender sus creaciones (teatrales, musicales, literarias, plásticas) para ganarse la vida con su talento. Todos necesitamos cubrir nuestras necesidades, nadie puede vivir del aire. Encontrar y ofrecer salidas profesionales a la vocación artística es un modo de estimular la creación y reconocer públicamente el papel de los artistas.

Las primeras muestras de expresión artística de las que tenemos noción fueron pinturas sobre roca (llamadas rupestres). Datan de hace miles de años y se han encontrado en cuevas repartidas por todo el mundo, donde se representan animales, seres humanos o escenas de caza. No conocemos el propósito exacto de estas representaciones, si trataban simplemente de imitar la naturaleza o si tenían una intención sagrada más allá de lo visible. Lo único que podemos constatar es la universalidad de estas manifestaciones, es decir, la tendencia humana a representar o interpretar la realidad.

Independientemente de su función, el arte continuará siendo un cauce inagotable de expresión humana. Allá donde haya vida, surgirá la necesidad de inventar historias y de representar emociones. De envolver nuestras experiencias con las vestiduras de la imaginación humana. El arte es el motor de transmisión cultural más poderoso que tenemos. ¡Apreciémoslo!

2 ¿Verdadero (V) o falso (F)? Responde según la información del texto y justifica tus respuestas.

   a El arte no tiene sentido.
   b Los artistas crean pensando en lo funcional.
   c Los artistas han sido siempre económicamente independientes.
   d Todo el mundo necesita medios para vivir.
   e Las pinturas rupestres son el arte más antiguo que conocemos.
   f El arte rupestre se encontró en interiores y exteriores.
   g No sabemos qué función tenían las pinturas rupestres.
   h La creación artística obedece a una necesidad humana.
   i El arte y los artistas son importantes en la sociedad.

3 Elige la opción correcta.

   a Los reyes y mecenas contrataban a los artistas…
      i   para entretenerse.
      ii   sin pagarles.
      iii porque querían aprender a pintar.
   b El arte rupestre…
      i   representaba dioses.
      ii   se realizaba sobre superficies poco duraderas.
      iii tiene milenios de antigüedad.
   c El arte…
      i   es una falsedad.
      ii   es una herramienta de transmisión cultural.
      iii controla las emociones humanas.
   d Los artistas…
      i   deben trabajar en otra cosa.
      ii   son importantes en la sociedad.
      iii no existían en tiempos remotos.

4 Responde a estas preguntas junto con un compañero.

   a ¿Qué otras formas de expresión artística conoces, aparte de las que menciona el texto?
   b ¿Estás de acuerdo con que hay que apoyar y ofrecer salidas profesionales a los artistas? ¿Cómo protegerías el valor del arte en la sociedad?
   c ¿Por qué crees que existe la creación artística? ¿Para qué sirve bailar, escribir, componer, pintar, esculpir, fotografiar, dibujar, hacer cine o hacer teatro? Escribe una lista lo más completa posible con los usos o utilidades del arte. Después, preséntala oralmente a tus compañeros de clase.

PALABRAS CLAVE

amenizar (las veladas): divertir, entretener la tarde noche

(el) cauce: vía o canal por el que avanza un río (u otra cosa)

(el) encargo: trabajo pedido a otra persona a cambio de una retribución

envolver: cubrir algo con otra cosa (papel, tela…)

ganarse la vida: trabajar, ganarse el pan

inagotable: que no se acaba nunca

(el) mecenas: persona que apoya económicamente a los artistas

(la) partitura: hoja de escritura musical

por amor al arte: hacer algo por vocación, desinteresadamente

vivir del aire: vivir sin recursos, sin alimento

GRAMÁTICA

La expresión de la finalidad con infinitivo

Hay varias formas de expresar la finalidad en español. Sin duda, la fórmula más sencilla es utilizar el infinitivo. Puede aparecer unido a distintas expresiones:

El arte sirve *para* **expresar** sentimientos.

Vamos al cine *con el objeto de* **disfrutar** de una película.

Con motivo de **celebrar** juntos el Día del Libro, habrá feria en el parque del Retiro.

A fin de **comer** a fin de mes, vendo mis cuadros.

Con el fin de **reducir** algunos costes, la obra de teatro apenas tendrá atrezo.

Futuro simple

En la actividad 5, necesitas referirte a una acción próxima o futura. Para componer bien tus frases, necesitas saber el uso del **futuro simple**.

Tanto para los verbos regulares como para los irregulares, independientemente de su grupo (-ar, -er, -ir), se añaden las siguientes terminaciones:

yo	-é
tú	-ás
él/ella usted	-á
nosotros/as	-emos
vosotros/as	-éis
ellos/as, ustedes	-án

En los **verbos regulares**, las terminaciones se añaden al infinitivo completo:

crearé, **crear**ás, **crear**á, **crear**emos, **crear**éis, **crear**án

leeré, **leer**ás, **leer**á, **leer**emos, **leer**éis, **leer**án

esculpiré, **esculpir**ás, **esculpir**á, **esculpir**emos, **esculpir**éis, **esculpir**án

En los **verbos irregulares**, las terminaciones cambian dependiendo del tipo de verbo.

Infinitivo	Raíz del verbo
poner	pondré
salir	saldré
tener	tendré
valer	valdrá
venir	vendrá
caber	cabrá
haber	habrá
poder	podrán
querer	querrán
saber	sabrán
decir	dirán
hacer	harán

5   Imagina que vas a organizar una semana cultural en tu escuela. Quieres que la mayoría de las artes estén representadas. Justifica por escrito las actividades que piensas incluir en el programa. Agrega tus ideas a las oraciones que te proponemos a continuación:

Para romper el hielo, el primer día habrá una mesa redonda con varios artistas.

Con el objeto de hablar de poesía, tendremos un recital.

A fin de ver teatro en vivo, representaremos una obra de...

Texto 2

El siguiente texto destaca lo difícil que ha sido para las mujeres ser partícipes de la vida artística y obtener reconocimiento como creadoras, y nos presenta una tabla con varias artistas que quizá no conozcas.

Mujeres creadoras: la explosión del talento

A lo largo de la historia, ha sido muy difícil para las mujeres obtener reconocimiento y presencia. Con frecuencia, su talento ha levantado sospechas y su trabajo ha sido mal visto y silenciado. Para evitar el rechazo, muchas mujeres talentosas se ocultaban tras un seudónimo masculino. De este modo lograban dos cosas: esquivar el escándalo y conseguir que sus creaciones llegaran al público. Los libros de texto se olvidan de incluir la aportación de las mujeres en los distintos campos del saber. El mundo del arte no ha sido una excepción. Te presentamos, por ello, los nombres de algunas creadoras actuales de las que quizá no has oído hablar a pesar de la excelencia de su obra. Hay muchas más.

Disciplina artística	Información	Artista
Pintura	Artista multidisciplinar de origen humilde, a los trece años fue adoptada por una familia catalana. Vive en los Países Bajos. Reconocida sobre todo por su pintura, trabaja con lienzos de gran formato y pinceladas de trazos desgarrados.	Lita Cabellut
Escultura	Escultora colombiana aclamada y reconocida internacionalmente. Gran parte de su trabajo se inspira en la situación política de Colombia. Sus obras se exponen en museos e instituciones de todo el mundo.	Doris Salcedo
Teatro	Escritora, poeta, directora de escena y actriz dramática española. Ha recibido numerosos premios internacionales. Su teatro destaca aspectos oscuros de la existencia y huye de la dramaturgia convencional. La crítica la reconoce como una de las mayores artistas escénicas del mundo.	Angélica Liddell
Literatura	Poeta, narradora y ensayista uruguaya exiliada en Barcelona. En noviembre de 2021 recibió el Premio Cervantes, máximo galardón literario en lengua española. Su obra reflexiona sobre el exilio, el amor y la condición de las mujeres.	Cristina Peri Rossi

6 Después de leer el texto, responde a las siguientes preguntas junto con un compañero.

  a Busca en el primer párrafo del texto sinónimos para los siguientes términos:

    i complicado

    ii capacidad

    iii callado

    iv sobrenombre

    v disputa

    vi audiencia

    vii contribución

    viii anomalía

    ix de hoy

    x gran calidad

  b Consulta la información en la tabla. ¿A qué artista corresponde cada dato? Atención: algunas tienen respuestas múltiples.

    i No vive en su país de origen.

    ii Se aleja de lo típico y esperable.

    iii La realidad de su país influye en su trabajo.

    iv Huyó de su país.

    v Ha recibido premios y reconocimiento.

  c ¿Qué piensas de estas mujeres? ¿Cómo te imaginas sus vidas? ¿Qué obstáculos han afrontado? ¿Crees que pueden servir de inspiración a otras mujeres? Conversa del tema con un compañero.

  d ¿Qué pueden hacer los Gobiernos y la sociedad para que los artistas, y en particular las mujeres artistas, desarrollen su talento? Escribe una pequeña lista con cuatro o cinco propuestas.

7 Entender una obra de arte en profundidad no es tarea simple. Analizar un libro, una película, una pintura, una escultura, una obra de teatro, un edificio, una fotografía, una coreografía o una pieza musical nos exige hacernos muchas preguntas y mirar esa composición artística en detalle desde planos diferentes. Junto con un compañero, elige una obra de arte del mundo hispanohablante y prepara una presentación. Recuerda:

- Investiga primero, dedica algo de tiempo a tomar tu decisión.
- Considera las distintas épocas históricas, países y disciplinas artísticas que puedes elegir.
- Busca datos e información directamente en español.
- Estructura tu presentación. ¿Qué vas a mencionar? ¿Qué partes quieres destacar? Artista, época, tipo de obra, estilo y características, mensaje, significación social, etc.
- Respeta el tiempo establecido para la presentación. En este caso, será de tres a cinco minutos.
- Practica tu pronunciación y entonación. Las palabras complicadas no deben ser una barrera.
- Intenta que tu presentación resulte clara y fluida.
- Usa medios visuales representativos.
- Si incluyes fechas o números largos, practícalos con anticipación.

CONCEPTOS CLAVE

Uso de la lengua: aunque resulte extraño en otras lenguas, en español el masculino tiene un uso genérico. Esto quiere decir que, utilizado de manera abstracta, incluye en realidad todos los géneros. Así, podemos referirnos a *el artista*, al hablar de alguien de quien no conocemos su género, o a *los artistas*, cuando hablamos de varias personas, independientemente de su sexo. Y lo vemos igualmente en el lenguaje de este libro: *habla con un compañero*. Actualmente existe un amplio debate en torno a lo adecuado de este uso. ¿Qué hacer, por ejemplo, ante audiencias con mayoría femenina? ¿No debería la lengua, en lo posible, ser inclusiva? La *Real Academia Española* de la lengua argumenta a favor del masculino genérico basándose en la tradición y la economía lingüística. La discusión sigue abierta. El futuro mostrará qué caminos adoptan los hablantes, constructores al fin y al cabo de toda lengua.

RINCÓN CULTURAL

Monumentos emblemáticos y grandes museos

Una forma de vivir el arte es acercándose a monumentos emblemáticos y grandes museos. Algunas construcciones arquitectónicas resultan experiencias culturales fascinantes. Y lo mismo podemos decir de algunos museos. Compartimos contigo dos pequeñas rutas que pueden resultarte de interés.

En la Ciudad de México, el Museo Nacional de Antropología alberga una gigantesca cantidad de colecciones arqueológicas y etnográficas. Es el museo más grande del país y uno de los más visitados de América Latina. Hacia el noreste, a menos de una hora en coche, se encuentra el complejo arqueológico de Teotihuacán, antigua ciudad mexica donde se pueden observar las impresionantes pirámides del Sol y de la Luna. Para terminar, a veinte minutos al sur, en Coyoacán, puedes visitar la Casa Azul, antigua residencia y hoy museo de la pintora Frida Kahlo.

Por otra parte, en Madrid (España), no puedes perderte el llamado Triángulo del Arte», compuesto por el Museo del Prado, el Museo Reina Sofía y el Thyssen-Bornemisza. A una hora aproximada de distancia, se encuentran la bonita ciudad de Segovia y su famoso acueducto (construcción romana del siglo I), las murallas medievales de Ávila o la ciudad de Toledo, con una de las catedrales más hermosas del país.

8   Vas a escuchar una entrevista con la crítica de
    literatura Marcela Gil. En ella nos habla de
    Irene Vallejo, autora de *El infinito en un junco*,
    uno de los libros más exitosos de los últimos
    tiempos. Antes de escuchar el audio, lee bien las
    preguntas. Elige la respuesta correcta según el
    audio y completa el resto de las actividades.

   a   ¿Qué estudió Irene Vallejo?

      i   Historia Griega

      ii   Filología Clásica

      iii El Mundo de Roma

   b   ¿Bajo qué circunstancias escribió *El infinito
    en un junco*?

      i   Estaba bajo mucha presión académica

      ii   Ella estaba enferma y un poco deprimida

      iii Estaba con su hijo en el hospital

   c   ¿Cómo ha reaccionado la autora al éxito
    de su ensayo?

      i   Con calma

      ii   Con sorpresa

      iii Con sorpresa y alegría

   d   ¿Cuál es el tema de *El infinito en un junco*?

      i   La historia de los libros, desde la antigüedad
        hasta la actualidad

      ii   La historia de las civilizaciones clásicas

      iii Un viaje personal de la autora

   e   ¿Desde cuándo existen los libros? ¿Cuál piensas
    que pudo ser su origen?

   f   ¿Has visitado alguna vez una biblioteca?
    ¿Dónde tienes la más cercana?

   g   ¿Te gusta leer? ¿Qué libros lees?
    ¿Cuáles te gustaría leer en el futuro?

   h   ¿Crees que continuaremos leyendo libros en el futuro?

Texto 3

Cada día surgen nuevos artistas, y el mundo de la música, con millones de seguidores, es uno de los más abiertos a las novedades. En el siguiente texto puedes leer sobre el fenómeno Rosalía.

Revolución Rosalía

Con tres discos en el mercado (*Los ángeles*, *El mal querer*, *Motomami*) y numerosos premios en el bolsillo, Rosalía Vila, conocida artísticamente simplemente como Rosalía, es una de las artistas más versátiles y prometedoras del momento. Nacida en 1992 en la provincia de Barcelona, comenzó su carrera musical siendo niña, iniciándose en el *blues* y en el *jazz*, y completó estudios superiores en Interpretación del Flamenco (modalidad **cante**) en la Escuela Superior de Música de Cataluña.

Dotada de un **afán** infinito por aprender y experimentar, trabajadora incansable y sobre todo dueña de sus propias ideas, señaló desde el principio un territorio nuevo. A las buenas críticas **cosechadas** por su disco *Los ángeles* (2017) le siguió el **estallido** de *El mal querer* (2018). Este álbum rompió todos los esquemas: **desató** la furia de los **puristas** y la admiración de los vanguardistas, **estremeció** a públicos de todas las edades, revolucionó la escena musical española e internacional.

Las composiciones de Rosalía se caracterizan por un claro deseo de juego y experimentación conceptual. No olvidan las fuentes clásicas y beben a la vez de las tendencias más nuevas. El resultado: la metamorfosis,

la transformación. *Motomami* (2022), último trabajo de la artista, habla precisamente de esto.

Acompañados de videoclips de insólito carácter, los temas de Rosalía son reflejo de su propia valía y libertad. Autoconfianza, trabajo **a mares**, creatividad sin límites, esta artista rompedora **revienta** todos los moldes.

[*Fuente: generada por autor. Nombres de discos, fechas de estrenos y nombre de escuela de música verificados en www.wikipedia.com*]

PALABRAS CLAVE

a mares: mucho, en abundancia

(el) afán: la voluntad

(el) cante: se le llama así al estilo vocal en la música flamenca

cosechadas: recogidas, recolectadas

desatar: provocar

(el) estallido: la explosión

estremecer: hacer vibrar, emocionar

(los) puristas: defensores de la tradición, en este caso de la música flamenca

reventar: romper, hacer estallar

9   Trabaja con un compañero o individualmente para responder a las siguientes preguntas.

a   ¿Qué estilos musicales formaron parte de la formación de Rosalía?

b   ¿Cómo describe el texto el carácter de Rosalía? Exprésalo con tus palabras.

c   ¿Qué sucedió con el álbum *El mal querer*? Usa tus propias palabras.

d   ¿Cuál es la idea central de *Motomami*?

e   Escribe tu propio perfil de Rosalía en unas cuatro o cinco líneas.

10 Tu escuela quiere organizar un concurso de escritura entre los estudiantes en el que se responda a la siguiente pregunta: ¿cómo será el arte en el futuro? Las bases del concurso dicen que valorarán la creatividad, la originalidad y la imaginación de los escritos. Escribe un texto de unas 200 palabras con el que participarás en dicho concurso.

CONSEJO

Pensar y organizar el texto antes de escribir es muy importante. Revisar lo escrito, también. Aquí tienes algunos consejos que pueden ayudarte:

• concordancia: masculino-femenino, singular-plural, sujeto-verbo

• *ser / estar*: ¿están correctamente utilizados?

• tiempos verbales: ¿son los adecuados?

• verbos irregulares: dales un repaso extra

• preposiciones: ¿usas las correctas?

• repasa la acentuación y la puntuación. Evita las frases excesivamente largas

• el sentido del texto: ¿está claro?

¡AHORA TE TOCA A TI!

¿Qué artistas son importantes en tu cultura? Busca una figura relacionada con cada campo artístico expuesto en esta unidad y prepara un pequeño póster en el que expliques quiénes son y qué hacen (o, si ya fallecieron, quiénes fueron y qué hicieron). Presenta esta información ante tus compañeros de clase.

¡REFLEXIONEMOS!

¿De qué maneras influye la creatividad a la hora de aprender una lengua? ¿Te parece que las tareas creativas ayudan a aprender? ¿De qué formas lo hacen? ¿Cómo podemos favorecer la creatividad cuando aprendemos una lengua?

VERIFICACIÓN DE HABILIDADES

¿En qué nivel de seguridad te sientes en lo que has aprendido y practicado en esta lección?

Puntúa del 1 (nada seguro) al 5 (muy seguro) y después demuestra lo que has aprendido.

Ahora puedo...	Nivel de seguridad (1–5)	Demuéstralo
identificar y utilizar vocabulario relacionado con el mundo de las artes		Explica a un compañero tres ideas relevantes acerca del mundo de las artes (escoge entre las que estudiaste en esta unidad).
clasificar y describir distintas expresiones artísticas: literatura, cine, teatro, danza, pintura, escultura, arquitectura, música		Tu compañero menciona una obra de arte y tú la describes. Luego cambia de rol.
reflexionar sobre el acceso al arte y el apoyo a los artistas		¿Qué becas, premios o apoyo directo a los artistas existen en tu ciudad? Anótalas en español en tu cuaderno. Añade tu opinión. ¿Te parecen suficientes?
valorar cuestiones como la representación de la equidad y la diversidad en el arte		Analiza tus películas o series de televisión favoritas desde el punto de vista de la equidad y la diversidad. ¿Hasta qué punto son respetuosas e inclusivas? ¿Qué se puede mejorar?
expresar la finalidad con infinitivo.		¿Para qué estudias español? Escribe tres razones usando *para + infinitivo*.

FRASES ÚTILES

La creación artística...

busca la expresión y la comunicación por encima de la funcionalidad.

va unida al talento, a la intuición, a la inspiración, a la sensibilidad, a la imaginación; además de al trabajo.

suele ser el modo en que los artistas quieren vivir y ganarse el sustento.

a menudo estuvo apoyada económicamente por mecenas que encargaban obras a los artistas.

necesita el reconocimiento y el apoyo de la sociedad.

comenzó con los inicios de la humanidad, hace miles de años; por ejemplo, la vemos plasmada en el arte rupestre.

parece una tendencia universal de la humanidad.

es un poderoso instrumento de transmisión cultural.

Las artes...

adoptan múltiples formas: pintura, escultura, arquitectura, literatura, música, teatro, fotografía, cine, danza, entre otras.

CONTINUACIÓN

Las mujeres artistas...

no lo han tenido fácil a lo largo de la historia.

a menudo han visto su trabajo silenciado.

apenas se nombran en las enciclopedias y los libros de texto.

trabajan activamente en casi todos los campos artísticos.

comienzan a brillar por sí mismas y a ser reconocidas en la sociedad.

Los museos y los monumentos...

constituyen buenas oportunidades para conocer el arte y a los artistas al visitar un determinado lugar.

nos hablan de creación artística, de cultura y de historia.

suelen estar ahí, donde nos encontramos viviendo o viajando.

requieren de inversiones y mantenimiento.

> Unidad 1: Preguntas para practicar

Comprensión oral

Preguntas de opción múltiple (textos cortos)

Vas a escuchar **cuatro** grabaciones. Vas a escuchar cada grabación **dos** veces. Hay una pausa después de cada grabación.

Para cada pregunta escoge la respuesta correcta (**A**, **B**, **C** o **D**).

Grabación 1: Mensaje de voz de Iván

Ahora tienes unos segundos para leer las preguntas.

1   ¿Qué opina Iván del concierto?
    A   que duró demasiadas horas
    B   que estuvo bastante bien
    C   que no volverá otra vez
    D   que tuvo calidad musical   [1]

2   Iván quiere…
    A   ver series.
    B   estar libre.
    C   ver a sus amigos.
    D   salir con Sergio.   [1]

Grabación 2: Claudia presenta un proyecto en la escuela

Ahora tienes unos segundos para leer las preguntas.

3   El título del proyecto, *Y tú, ¿qué haces?*, se refiere a…
    A   la vida social.
    B   la vida digital.
    C   la vida social y el entretenimiento.
    D   el entretenimiento.   [1]

4   Los datos del cuestionario servirán para…
    A   desarrollar un plan de acción.
    B   favorecer la vida digital.
    C   participar en debates.
    D   unirse al grupo de festejos.   [1]

Grabación 3: Una noticia sobre una nueva serie en español

Ahora tienes unos segundos para leer las preguntas.

5   ¿Qué hace especial a esta serie?
    A   Participan actores de diez nacionalidades.
    B   Es una serie en español.
    C   Los actores son extranjeros.
    D   Es joven y multicultural.   [1]

6   ¿Cómo definirías este proyecto?
    A   arriesgado
    B   novedoso
    C   independiente
    D   costoso   [1]

Grabación 4: Entrevista con una *influencer*

Ahora tienes unos segundos para leer las preguntas.

7   Clara tiene un canal…
    A   musical.
    B   académico.
    C   educativo.
    D   muy antiguo.   [1]

8   Según ella, su éxito se debe a…
    A   el tema.
    B   la sencillez.
    C   las recomendaciones.
    D   la brevedad de sus comentarios.   [1]

[Puntos: 8]

Emparejar las personas con enunciados

Vas a escuchar a **seis** personas hablando sobre la lectura de libros hoy en día. Vas a escuchar la grabación **dos** veces.

Para cada **persona**, elige de la lista **(A–H)** la idea que corresponde a lo que cada una de ellas dice. Indica tu respuesta con la letra correcta **(A–H)**. Utiliza cada letra solo una vez. De las ocho letras hay **dos** que no necesitarás.

Ahora tienes unos segundos para leer las frases.

1	**Jaime**	**A**	Su trabajo se relaciona con los libros.	[1]
2	**Marian**	**B**	Cree que las bibliotecas no ayudan a leer.	[1]
3	**Carlos**	**C**	Solo lee libros digitales.	[1]
		D	Dejó de leer después de la adolescencia.	[1]
4	**Luz**	**E**	Lee a menudo y le gusta mucho.	
5	**Daniel**	**F**	Cree que el libro en papel es para los jóvenes.	[1]
6	**Victoria**	**G**	Su forma de ser dificulta la lectura.	[1]
		H	Usa el lector electrónico cuando sale de viaje.	

[Puntos: 6]

Comprensión lectora

Preguntas de opción múltiple (textos cortos)

Lee los siguientes textos. Para cada pregunta indica cuál es la respuesta correcta (**A**, **B**, **C** o **D**).
Escoge solo **una** letra para cada pregunta.

1

Normas para visitar las pirámides

- Camine por las zonas señalizadas.
- Respete las indicaciones de cada sector.
- No tire basura al piso.
- Respete el silencio del recinto.

- No toque objetos decorativos.
- Vigile sus pertenencias.
- Si necesita descansar, hágalo brevemente.

¿Qué **no** está permitido hacer?

A respetar las reglas del lugar
B hablar fuerte
C acceder a las zonas indicadas
D mantener limpio el suelo

[1]

2

La universidad más antigua

La universidad más antigua de España (siglo XIII) está en Salamanca, una de las ciudades más bonitas del país. Muchas de las facultades académicas conservan su prestigio. En las últimas décadas, se han abierto numerosas escuelas de español, lo que ha convertido a Salamanca en un lugar ideal para estudiar el idioma.

Según este texto, Salamanca...

A se fundó en el siglo XIII.
B es un buen sitio para estudiar idiomas.
C tiene una universidad muy antigua.
D tiene pocas escuelas de español.

[1]

3

¡Bienvenidos a Ecuador!

Se llama Ecuador porque esta línea que separa los hemisferios atraviesa el país. Cerca de su capital, Quito, se encuentra el monumento llamado *La mitad del mundo*, donde se puede colocar un pie en el hemisferio norte y otro en el sur. Ecuador es un país relativamente pequeño dentro de Sudamérica, rico en cultura, paisajes, volcanes, comunidades indígenas y naturaleza.

Según este texto, Ecuador...

A es un país no muy grande.

B tiene dos hemisferios.

C divide el mundo por la mitad.

D tiene poca variedad cultural. [1]

4

Compra de entradas

Las entradas para la última película de Alejandro Amenábar se venderán solo en taquillas tres horas antes del inicio de la sesión. Se ruega por favor abonar el pago con tarjeta. El precio de la entrada incluye un consumo en la cafetería del cine, ubicada en la planta baja.

¿Cómo se compran las entradas?

A por teléfono

B por internet

C en la planta baja

D en el propio cine [1]

5

Los frijoles

Los frijoles, también llamados alubias o judías en algunos países, son un alimento básico y popular en casi toda América Latina. Existen muchos tipos, de diversos tamaños y colores, y forman parte de distintos platillos. Se comen tanto solos como triturados y condimentados. Los latinos que emigran a lugares donde no los comen suelen echarlos mucho de menos.

Según el texto, los frijoles...

A se comen acompañados.

B se los llevan los emigrantes.

C se llaman así en todas partes.

D son parte del patrimonio de América Latina. [1]

6

La tarea

Hola, Javier. Habíamos quedado en ir al cine, pero no voy a poder, todavía no he acabado el trabajo para la asignatura de Geografía. ¡No te puedes imaginar cuánta información he encontrado sobre Honduras! Voy a tener que seleccionar estrictamente mi tema central, de otro modo no termino en tres días. ¡Hablamos pronto!

Según el mensaje, esta persona...

A no quiere ir al cine.

B está muy ocupada.

C adora la geografía.

D acabará el trabajo en tres días.

[1]

[Puntos: 6]

Unir las dos partes de los enunciados

Lee el texto.

Para cada frase (**1–6**) indica el final correspondiente (**A–H**). Cada letra debe ser utilizada solo una vez. De las ocho letras hay **dos** que no necesitarás.

¿Por qué es importante la lengua natal?

Independientemente de las lenguas que se hablen fuera de casa, hacer todo lo posible por conservar los idiomas natales es fundamental. Te lo vamos a explicar.

Aunque a simple vista no lo parezca, una gran parte de la población mundial vive inmersa en más de una lengua de forma cotidiana. En muchas regiones del mundo pueden hablarse dos lenguas en casa (por ejemplo, una por cada progenitor) y combinarse con una tercera o hasta una cuarta lengua oficial en el exterior. Sería la situación de una familia, pongamos por caso, residente en Cataluña (con el catalán y el castellano como idiomas oficiales fuera) que en casa hablase otras dos lenguas (imaginemos: chino e inglés).

Pues bien, contrariamente a lo que en otros tiempos pudo decirse, ahora sabemos que los beneficios que aportan las lenguas natales en comunidades multilingües son inmensos:

- Por una parte, son un poderoso vehículo de comunicación social y emocional, definen el primer contacto de una criatura con el mundo.

- En segundo lugar, amplían el vocabulario, favorecen la elasticidad fonética y facilitan el aprendizaje de posteriores lenguas.

- En tercer lugar, mantener viva una lengua natal permite conectarse con las culturas de origen y cultivar lazos familiares que de otro modo se perderían.

Se está analizando si el cerebro de las personas bilingües es más resistente a enfermedades degenerativas como el alzhéimer y la demencia: es posible que hablar más de un idioma aumente la agilidad mental. Y hay estudios que constatan mayores logros académicos a largo plazo entre la población multilingüe. No te olvides, por tanto, de tu(s) idioma(s) natal(es).

1	Las lenguas natales comienzan a hablarse...	**A**	es bilingüe o multilingüe.	**[1]**
2	Una gran parte de la población del planeta...	**B**	sobrelleva mejor el paso del tiempo.	**[1]**
3	El texto da un ejemplo de familia...	**C**	son nuestra primera conexión con la realidad.	**[1]**
4	Las lenguas natales...	**D**	obtiene mejores resultados en la escuela primaria.	**[1]**
5	Es más fácil aprender futuras lenguas...	**E**	en casa.	**[1]**
6	El cerebro multilingüe...	**F**	facilita las relaciones familiares y el legado cultural.	**[1]**
		G	si ya se habla otra lengua.	
		H	cuatrilingüe.	

[Puntos: 6]

Redacción

Carta informal

Escribe **en español** de 100 a 150 palabras **(como máximo)** sobre el siguiente tema.

1 Has visitado varias comunidades indígenas de un país hispanohablante.

Escribe una carta informal a tus amigos contándoles tu experiencia. Debes incluir los siguientes puntos:
- una descripción de algún aspecto de sus culturas
- una descripción de tus experiencias
- una reflexión sobre la situación de estas comunidades desde el punto de vista de la diversidad cultural
- tus propias ideas sobre cómo contribuir a la preservación de los pueblos indígenas **[16]**

La puntuación total es de 16 puntos: un máximo de 8 puntos por el contenido y un máximo de 8 puntos por el uso de la lengua.

Expresión oral

Tarjeta 1

Vas a participar en una **conversación** con un compañero. Estudia la situación presentada en la tarjeta durante cinco minutos. Puedes escribir unos apuntes breves.

Debes discutir tus ideas y sugerencias y justificar tus opiniones. **[Total posible: 9–10 puntos]**

Situación

En tu escuela hay un debate sobre la representación de los estereotipos en las películas y series de televisión. Conversa con tu amigo sobre este tema.

Junto con tu compañero, elige quién de los dos iniciará la conversación.

Tarea

En tu conversación tienes que dar tus opiniones y sugerencias sobre:

- los beneficios de una representación respetuosa de todas las personas

- las dificultades de erradicar estereotipos

- las posibles soluciones para conseguirlo en los medios audiovisuales

- cómo esperas que la sociedad trate la diversidad en el futuro

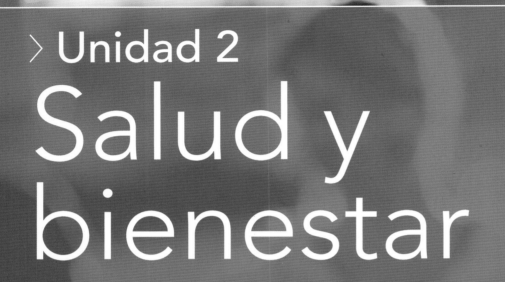

> Unidad 2
Salud y bienestar

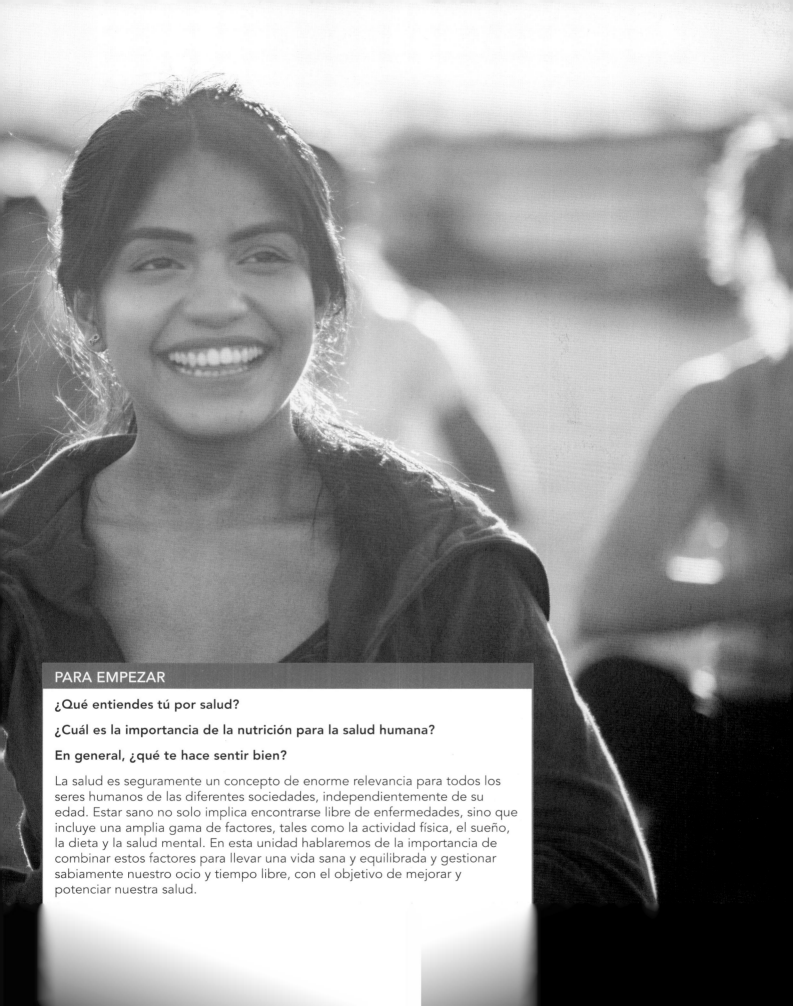

¿Qué entiendes tú por salud?

¿Cuál es la importancia de la nutrición para la salud humana?

En general, ¿qué te hace sentir bien?

La salud es seguramente un concepto de enorme relevancia para todos los seres humanos de las diferentes sociedades, independientemente de su edad. Estar sano no solo implica encontrarse libre de enfermedades, sino que incluye una amplia gama de factores, tales como la actividad física, el sueño, la dieta y la salud mental. En esta unidad hablaremos de la importancia de combinar estos factores para llevar una vida sana y equilibrada y gestionar sabiamente nuestro ocio y tiempo libre, con el objetivo de mejorar y potenciar nuestra salud.

2.1: Salud y deporte

INTENCIONES DE APRENDIZAJE

Al final de esta unidad podrás:

- Identificar y utilizar el vocabulario relacionado con el deporte y la salud

- Reflexionar sobre el efecto del deporte, del sueño y de otros factores en la salud

- Expresar puntos de vista sobre el papel del deporte en la sociedad

- Contrastar información de fuentes orales y escritas sobre el cuidado de la salud

- Emplear el imperativo afirmativo

- Utilizar el presente de subjuntivo en el imperativo negativo.

1   El juego y el deporte han existido desde la antigüedad en casi todas las sociedades. Junto con un compañero, observa las siguientes imágenes. A continuación, responde a las preguntas.

Figura 2.1: Anillo de piedra tallada en las ruinas mayas de Uxmal (Yucatán, México)

   a   ¿De dónde proceden estas imágenes?
   b   ¿Qué representan?
   c   ¿Quiénes fueron los mayas?
   d   ¿Conoces otros juegos de pelota existentes en la actualidad? ¿Cuáles?
   e   ¿Puedes explicar cómo se juegan los juegos de pelota que conoces?

Figura 2.2: Campo de juego de pelota, ruinas mayas de Uxmal (Yucatán, México)

2   Antes de leer el texto, discute las siguientes preguntas junto con un compañero:

a   ¿Por qué existen los juegos y los deportes en la sociedad?

b   En tu opinión, ¿qué diferencias hay entre juego y deporte?

c   ¿Te parece que el concepto de deporte ha cambiado a lo largo del tiempo? ¿De qué manera?

d   En comparación con las sociedades antiguas, ¿crees que hoy en día se hace más o menos deporte?

e   ¿Te gusta hacer deporte? Explica a tu compañero qué deportes practicas y con qué frecuencia. ¿Por qué haces o no haces deporte?

Texto 1

Vas a leer un artículo acerca de cómo, a lo largo de la historia, el deporte ha estado presente en casi todas las sociedades conocidas. Algunas de esas formas aún sobreviven en la actualidad.

El deporte, ¿un hecho universal?

Parece que el cuidado del cuerpo ha sido un **asunto** importante a lo largo de la historia de la humanidad. Ya los antiguos egipcios, por ejemplo, practicaban numerosas actividades deportivas como la <u>lucha</u>, el levantamiento de pesas, la natación, el remo, el atletismo y el boxeo. También se preocupaban mucho por la higiene: usaban perfumes, utilizaban cosméticos, **se depilaban** y se lavaban al menos dos veces al día. El <u>hallazgo</u> de restos arqueológicos en China sugiere que las prácticas deportivas existían desde al año 4000 antes de nuestra era.

Por otro lado, en la Grecia clásica el deporte era un componente esencial de la educación espiritual. Platón decía que la música era para el alma lo que la gimnasia para el cuerpo, destacando el valor de la actividad física en el desarrollo completo de los individuos. Sabemos que los jóvenes griegos acudían al «gimnasio», un tipo de escuela o instituto para la educación moral y física. Allí se formaban los futuros competidores de los juegos públicos, los llamados atletas. Quien resultaba <u>vencedor</u> de las **pruebas** obtenía el reconocimiento y el respeto de sus **conciudadanos**.

Hasta cierto punto, esta idea griega la recogieron también los romanos en la famosa cita «una mente sana en un cuerpo sano». Sin embargo, en Roma los juegos atléticos se separaron al cabo de un tiempo del público general y adquirieron carácter de espectáculo. El deporte y los juegos perdieron su valor como actividad <u>placentera</u> o educativa durante el tiempo libre.

Las civilizaciones **precolombinas** tuvieron <u>igualmente</u> sus juegos y deportes. Para los aztecas, las competiciones y actividades físicas poseían un marcado sentido ritual y cultural. Algunas prácticas estaban ligadas a festividades religiosas. Celebraban carreras y torneos de **caza**, **pesca**, lucha o acrobacias. *El rito de los voladores*, proclamado por la UNESCO en 2009 Patrimonio Inmaterial de la Humanidad, es un ejemplo de este tipo de manifestación cultural. Los incas tenían una práctica similar al *hockey*, llamada *chiukos*. Y los mayas practicaban un juego de pelota concebido también como ritual, pues representaba los orígenes del universo.

Como aficionados o de modo profesional, hoy en día seguimos practicando el deporte. Y cada cuatro años, los Juegos Olímpicos abren su participación a deportistas de todos los países del mundo.

PALABRAS CLAVE

(el) asunto: el tema, el aspecto

(la) caza: captura de animales terrestres

(los) conciudadanos: habitantes de la misma ciudad

depilarse: eliminar el vello (pelo del cuerpo)

(la) pesca: captura de animales marinos

precolombina: anterior a la llegada de Colón al continente americano

(las) pruebas: los ejercicios

3   Responde a estas preguntas junto con un compañero.

   a   ¿Qué pueblos antiguos menciona el texto?

   b   ¿Dónde se formaban los atletas griegos?

   c   ¿En qué convirtieron los romanos los juegos deportivos?

   d   ¿Qué pueblos precolombinos daban a sus juegos deportivos un carácter ritual?

   e   Observa las palabras subrayadas en el texto y busca sus sinónimos:

      i   combate

      ii   *amateurs*

      iii   agradable

      iv   también

      v   ganador

      vi   descubrimiento

GRAMÁTICA

Tiempos pasados

¿Recuerdas los tiempos verbales más comunes de la narración en el pasado? Exacto: hablamos del pretérito **indefinido** y del pretérito **imperfecto**. Usamos el indefinido para relatar las *acciones o hechos* de la historia (es decir, para contar qué sucedió). Y empleamos el imperfecto para *describir* (situaciones, personas, objetos, sensaciones… que forman parte del contexto en el que sucede la historia). Observa el uso de estos tiempos en dos oraciones tomadas del texto anterior:

Las civilizaciones precolombinas **tuvieron** igualmente sus juegos y deportes. (indefinido)

Para los aztecas, las competiciones y actividades físicas **poseían** un marcado sentido ritual y cultural. (imperfecto)

4   El Texto 2 habla de los beneficios del deporte para la salud física y mental, así como de qué podemos hacer para establecer el hábito deportivo. Antes de leer el texto, conversa con un compañero y responde a estas preguntas.

   a   ¿Cuáles son las ventajas o beneficios de practicar deporte?

   b   ¿Existe algún motivo para no hacer deporte?

   c   ¿Cuál sería tu plan deportivo ideal? Intercambia información con tu compañero.

Texto 2

Beneficios del deporte para la salud física y mental

El deporte no solo sirve para **mejorar** nuestra condición física, sino que tiene un gran impacto en nuestra salud mental, pues libera endorfinas, una sustancia que fomenta las emociones placenteras y reduce el **dolor**. Nuestro cuerpo no ha sido diseñado para la vida sedentaria y requiere movimiento para mantenerse sano. Muchas enfermedades pueden prevenirse con una rutina deportiva. Independientemente de nuestras circunstancias y de nuestra edad, una vida activa **potencia** la salud.

Beneficios del deporte para la salud física:

Mejora la fuerza y la resistencia

Mejora la flexibilidad

Fortalece el corazón y el sistema cardiovascular

Refuerza el sistema inmunológico

Controla la presión arterial

Mejora la digestión y el ritmo intestinal

Ayuda a dormir bien

Ayuda a controlar el colesterol

Reduce el **riesgo** de sufrir diabetes tipo 2

Combate la obesidad

Fortalece los huesos

Aumenta la esperanza de vida

Beneficios del deporte para la salud mental:

Disminuye el estrés

Refuerza la concentración y la memoria

Incrementa la relajación

Favorece el sueño

Reduce la ansiedad y los **pensamientos** negativos

Mejora la autoestima

Combate la depresión

Aumenta la agilidad mental

Ayuda a ser más productivo

Ayuda a controlar y combatir las adicciones

¿Tenemos un problema?

Con tantos beneficios, ¿por qué nos cuesta tanto integrar el deporte en nuestra vida diaria? Justificaciones frecuentes son la falta de tiempo, de energía, de motivación, no saber cómo empezar… En realidad, todas estas excusas son una protección de nuestra mente para evitarnos el dolor. El deporte nos hace sentir cansados y doloridos al **comienzo**. Produce **calambres**, dolores musculares y **agujetas**. Si no nos preparamos mentalmente, tarde o temprano acabamos abandonándolo.

Pero hay una solución. Según los expertos, necesitamos veintiún días para establecer un hábito. Hay que empezar a entrenar con suavidad, sin **sobresfuerzos**, y progresar poco a poco. Elige una actividad que realmente te guste y proyéctala **a largo plazo**. El movimiento debe formar parte de nuestro **día a día**. Será un nuevo estilo de vida con el que te sentirás mejor.

PALABRAS CLAVE

a largo plazo: dentro de un periodo relativamente largo

(las) agujetas: dolor muscular tras un esfuerzo físico

(los) calambres: contracciones musculares breves y dolorosas

(el) comienzo: el principio, el origen

(el) día a día: la vida cotidiana

(el) dolor: sensación molesta, física o emocional

mejorar: pasar a un estado más positivo

(los) pensamientos: ideas propias

potenciar: estimular, reforzar

(el) riesgo: peligro, posible consecuencia negativa

(el) sobresfuerzo: esfuerzo excesivo

5 Después de leer, contesta a estas preguntas.

    a   Según el texto…

        i   nuestro cuerpo está preparado para una vida sedentaria.

        ii   necesitamos estar en movimiento.

        iii   al practicar deporte, sufrimos enfermedades.

        iv   el deporte es solo para gente joven.

    b   No hacemos deporte porque…

        i   no nos interesa.

        ii   cuesta mucho dinero.

        iii   nos duele la cabeza.

        iv   nuestra mente pone excusas para impedir el dolor.

    c   Dicen los expertos que…

        i   hay que empezar sin cometer excesos.

        ii   debemos practicar deporte solo durante tres semanas.

        iii   los beneficios de la práctica llegan a corto plazo.

        iv   puedes elegir cualquier actividad deportiva.

    d   El objetivo del texto es…

        i   promocionar una escuela deportiva.

        ii   contrastar las ventajas e inconvenientes del deporte.

        iii   informar sobre aspectos positivos de la actividad física.

        iv   obligar a hacer deporte.

    e   ¿Cuáles te parecen los beneficios más importantes del deporte sobre la salud según el texto? ¿Por qué? ¿Añadirías otros? Coméntalo con un compañero.

    f   Crea una imagen que represente en cuerpo y mente a la sociedad actual y compártela con tus compañeros de clase.

CONSEJO

Ante preguntas de opción múltiple, lee muy bien las preguntas… ¡y las respuestas! En muchos casos, la clave se encuentra en los detalles. Es importante reconocer la información correcta y aprender a excluir con seguridad lo que no corresponde.

6   Cuatro personas con discapacidades mentales o físicas hablan de sus experiencias deportivas. Escucha sus declaraciones y responde a las siguientes preguntas.

a   ¿Quién está hablando? Relaciona las fotos con las cuatro personas que hablan.

b   ¿De qué personas sabemos que con seguridad tuvieron un accidente?

c   ¿Cuáles de ellos compiten o se dedican al deporte profesionalmente?

d   ¿Verdadero (V) o falso (F)? Responde según lo que escuchaste en el audio.

   i   Pedro no lleva una vida sana.

   ii   Para Valeria fue difícil recuperar el optimismo.

   iii   A Carmen, de niña, le gustaba mucho competir.

   iv   Luis toma el baloncesto como su profesión.

7   ¿Qué piensas tú de estas personas y qué entiendes por discapacidad física o mental? ¿Conoces a otras personas en situaciones así? ¿Cómo puede facilitar la sociedad la vida de las personas con limitaciones físicas? Escribe un artículo con tus ideas para el blog de tu escuela de entre 140 y 160 palabras.

¡REFLEXIONEMOS!

¿Pueden afectar las discapacidades a los modos en que aprendemos? ¿Has experimentado alguna vez una limitación física, mental o emocional como estudiante? ¿Qué pueden hacer las escuelas para favorecer un aprendizaje inclusivo?

El siguiente artículo te presenta los muchos beneficios que aporta dormir la siesta. Lee el texto y responde a las preguntas a continuación.

Texto 3

Suelen dormir a mitad del día

El sueño diario es una actividad **imprescindible** y esencial. Se sabe que no dormir lo suficiente o dormir mal tiene consecuencias **nefastas** para la salud: cansancio, agotamiento, problemas para concentrarnos o tomar decisiones, ansiedad, irritabilidad… Aumenta el riesgo de **padecer trastornos** cardiovasculares, diabetes, presión alta u obesidad, e interfiere negativamente con el funcionamiento de nuestro sistema inmunológico. Se dice, incluso, que dormir poco podría acortar nuestra **esperanza de vida**.

Los expertos recomiendan unas ocho horas de sueño para la población adulta, aunque esto no siempre se cumple. En años recientes, la ciencia está mostrando un gran interés por investigar un hábito de sueño muy particular y no del todo desconocido en los países hispanohablantes. ¿Sabes cuál es? Se trata de la siesta, efectivamente.

La costumbre de dormir a mitad del día se originó en realidad en el siglo VI en Italia, en concreto entre los **monjes** benedictinos. Famosos por su laboriosidad, estructuraron el día de un modo tan eficiente que incluyeron la obligación de un descanso profundo a las seis horas después de la salida del sol, es decir, en la hora sexta. Parece que esta práctica se exportó a España y a otros territorios con el paso del tiempo.

Muchos beneficios de dormir la siesta son comparables a los del deporte y la meditación. Reduce el estrés y ayuda a liberar la tensión, permite recargar energía, aumenta la concentración y la memoria, incrementa la productividad laboral, mejora la digestión y el estado de ánimo, **previene** la somnolencia y reduce el riesgo cardiovascular, en otras cosas.

Durante años, la siesta se ha considerado un acto **improductivo**, asociado al deseo de querer descansar más de lo normal o no trabajar. Sin embargo, esa concepción negativa está cambiando. Los investigadores no se ponen de acuerdo respecto a cuánto debe durar la siesta (depende de cada persona), pero sí coinciden en afirmar que es una rutina saludable y natural. Dormir es tan importante como comer. Para **rendir** y ser productivos es necesario descansar.

PALABRAS CLAVE

(la) esperanza de vida: tiempo medio de vida de una población o una persona

imprescindible: necesario

improductivo: que no produce, sin beneficios materiales

(el) monje: hombre religioso que vive en un monasterio

nefasta: muy negativa

padecer: sufrir

prevenir: evitar

rendir: producir, tener utilidad

(el) trastorno: problema, alteración de la salud

---

8   Responde a las siguientes preguntas.

   a   ¿Qué es la siesta? Defínela con tus palabras.

   b   Según el texto, ¿cuál es el origen de la palabra *siesta*?

   c   Enumera los beneficios psicológicos de la siesta.

   d   Enumera los beneficios fisiológicos de la siesta.

   e   Y tú, ¿qué opinas de la siesta? ¿Se podría integrar la siesta en las escuelas o centros de trabajo donde vives? ¿Duermes la siesta alguna vez? Conversa con un compañero al respecto.

9 Junto con un compañero, prepara una breve exposición oral de alrededor de tres minutos en la que expliques qué factores explican, en tu opinión, las diferencias en la esperanza de vida. Piensa en aspectos como el nivel económico, el nivel educativo o el estilo de vida. Puedes consultar internet para actualizar o ampliar la información que se da a continuación, y sin olvidarte de citar las fuentes consultadas.

Expresión oral: La esperanza de vida en América Latina

La esperanza de vida es el número de años que se prevé que viva una persona. Se basa en un promedio estadístico a partir de las cifras de mortalidad.

La tabla siguiente muestra datos de la esperanza de vida en algunos países de América Latina.

Esperanza de vida en América Latina		
Posición	País	Edad promedio (en años)
1	Costa Rica	80,5
2	Chile	79,6
3	Panamá	78,3
4	Uruguay	77,5
5	México	77,3
6	Argentina	76,7
7	Ecuador	76,6
8	Nicaragua	75,6
9	Perú	75,2

[*Fuentes: www.ekonegocios.com / www.datosmundial.com. Estadísticas de 2017*]

CONCEPTOS CLAVE

Conciencia cultural: ¿es la práctica deportiva un hecho universal? ¿Hay sociedades más orientadas que otras hacia las actividades deportivas? ¿Cómo influyen los valores de la época o el lugar en que vivimos en nuestra actividad física? Piensa en si las siguientes categorías tienen algún efecto en qué tipo de deporte practicamos y cuánto tiempo le dedicamos: género, edad, clase social, entorno urbano o rural.

RINCÓN CULTURAL

El juego del dominó

El dominó es un juego de mesa muy popular en el Caribe, México, Centroamérica y ciertas zonas del sur de España. Generalmente, se juega con veintiocho fichas rectangulares, de color blanco y negro, divididas por una línea en dos espacios iguales. Cada espacio está punteado con pequeños círculos que van del uno al seis (el cero queda en blanco). El juego consiste en conectar las fichas con puntos iguales siguiendo el orden de los jugadores y siguiendo una estrategia para liberarse de las fichas y lograr una puntuación. Las mesas sobre las que se juega deben ser resistentes, porque las fichas se arrojan con mucha pasión.

CONTINUACIÓN

Se cree que el dominó surgió en China hace unos mil años, y que los comerciantes italianos lo llevaron a Europa, desde donde finalmente llegó a América. La gente del Caribe lo practica de forma recreativa, generalmente por la tarde, conversando alrededor de familiares y amigos. A pesar de ello, el dominó es un juego que demanda estrategia, cálculo y concentración.

GRAMÁTICA

El imperativo

¿Recuerdas el imperativo? Lo utilizamos para dar instrucciones, órdenes, consejos, en fórmulas de cortesía y para hacer peticiones y sugerencias a otras personas de forma directa. Lo peculiar del imperativo es que no se utiliza en las formas yo, él/ella o ellos/as.

Esta es la conjugación del **imperativo afirmativo** de los **verbos regulares**:

	Respirar	Correr	Competir
tú	respir-**a**	corr-**e**	compit-**e**
usted	respir-**e**	corr-**a**	compit-**a**
nosotros/as	respir-**emos**	corr-**amos**	compit-**amos**
vosotros/as	respir-**ad**	corr-**ed**	compit-**id**
ustedes	respir-**en**	corr-**an**	compit-**an**

Algunos **verbos irregulares** frecuentes son:

	Decir	Hacer	Ir	Poner	Salir	Ser	Tener	Venir
tú	di	haz	ve	pon	sal	sé	ten	ven
usted	diga	haga	vaya	ponga	salga	sea	tenga	venga
nosotros/as	digamos	hagamos	vayamos	pongamos	salgamos	seamos	tengamos	vengamos
vosotros/as	decid	haced	id	poned	salid	sed	tened	venid
ustedes	diga	hagan	vayan	pongan	salgan	sean	tengan	vengan

En el **imperativo negativo**, esta es la conjugación de los **verbos regulares**:

	Respirar	Correr	Competir
tú	no respir-**es**	no corr-**as**	no compit-**as**
usted	no respir-**e**	no corr-**a**	no compit-**a**
nosotros/as	no respir-**emos**	no corr-**amos**	no compit-**amos**
vosotros/as	no respir-**éis**	no corr-**áis**	no compit-**áis**
ustedes	no respir-**en**	no corr-**an**	no compit-**an**

CONTINUACIÓN

Para los **verbos irregulares** citados arriba, el **imperativo negativo** es:

	Decir	Hacer	Ir	Poner	Salir	Ser	Tener	Venir
tú	no digas	no hagas	no vayas	no pongas	no salgas	no seas	no tengas	no vengas
usted	no diga	no haga	no vaya	no ponga	no salga	no sea	no tenga	no venga
nosotros/as	no digamos	no hagamos	no vayamos	no pongamos	no salgamos	no seamos	no tengamos	no vengamos
vosotros/as	no digáis	no hagáis	no vayáis	no pongáis	no salgáis	no seáis	no tengáis	no vengáis
ustedes	no digan	no hagan	no vayan	no pongan	no salgan	no sean	no tengan	no vengan

Observaciones:

En el imperativo afirmativo…

tú se conjuga como la tercera persona del singular del presente de indicativo.

vosotros/as se conjuga reemplazando la r final del infinitivo por la letra d.

usted, nosotros/as y **ustedes** se conjugan tomando sus formas del presente del subjuntivo.

En el imperativo negativo…

todas las formas personales se toman del presente de subjuntivo.
Aquí tienes la conjugación de los verbos regulares.

	Respirar	Correr	Competir
yo	respire	corra	compita
tú	respires	corras	compitas
él/ella, usted	respire	corra	compita
nosotros/as	respiremos	corramos	compitamos
vosotros/as	respiréis	corráis	compitáis
ellos/as, ustedes	respiren	corran	compitan

10 Completa las oraciones con la forma adecuada del **imperativo**.

a ¡Por favor, _____ (ustedes/escuchar) con atención!

b Una vez que llegue a la plaza, _____ (usted/girar) a la derecha.

c Cuando estés listo, _____ (tú/recoger) los balones.

d _____ (vosotros/hacer) mucho deporte.

e ¡Se ha lesionado! _____ (ustedes/llamar) a una ambulancia.

f No _____ (vosotros/saltar) todos al mismo tiempo.

g Por favor, no _____ (tú/ir) a esa competición.

h No _____ (nosotros/ser) tan pesimistas.

11 Tu colegio quiere promover el deporte en la comunidad escolar. Para ello, pide a los estudiantes contribuciones para un número especial de la revista de la escuela. Escribe tu propia lista de consejos para empezar a hacer deporte. Usa el imperativo y el vocabulario de la unidad. Escribe entre 100 y 150 palabras.

CONSEJO

A la hora de escribir, son importantes tanto **la precisión** (utilizar la terminología y la gramática correctas) como **la concisión** (expresarse con brevedad y economía de medios). Para ello, conviene pensar antes de lanzarse a escribir. Ten esto en cuenta cuando escribas en español y en cualquier lengua.

¡AHORA TE TOCA A TI!

¿Sabes qué actividades deportivas se practican en tu comunidad? Investiga las actividades deportivas que ofrece tu barrio o vecindario. Con ellas, prepara una lista lo más completa posible. ¿Con cuáles te quedas? ¿Sugerirías alguna otra?

VERIFICACIÓN DE HABILIDADES

¿En qué nivel de seguridad te sientes en lo que has aprendido y practicado en esta lección?

Puntúa del 1 (nada seguro) al 5 (muy seguro) y después demuestra lo que has aprendido.

Ahora puedo...	Nivel de seguridad (1–5)	Demuéstralo
utilizar vocabulario relacionado con el deporte y la salud		¿Qué palabras necesitarías para una presentación oral sobre el deporte y la salud? Escribe una lista.
reflexionar sobre el efecto del deporte, el sueño y otros factores en la salud		Elabora un plan realista para que los adolescentes vivan con salud. ¿Qué incluye ese plan?
expresar puntos de vista sobre el papel del deporte en la sociedad		Menciona cinco funciones del deporte en la sociedad.
contrastar información de fuentes orales y escritas sobre el cuidado de la salud		Busca tres fuentes confiables de información sobre la salud en tu país o comunidad.
emplear el imperativo afirmativo y utilizar el presente de subjuntivo en el imperativo negativo.		Escribe diez normas (cinco en imperativo afirmativo, cinco en negativo) para vivir muchos años con salud.

FRASES ÚTILES

El deporte...

tiene una larga tradición e historia.

surgió de muchas actividades cotidianas, como la caza o las carreras.

es parte de casi todas las sociedades.

es una forma de cuidar el cuerpo.

tiene también efectos muy positivos en el estado mental.

contribuye positivamente a conservar la salud en general.

implica con frecuencia la interrelación y conexión con otras personas.

se organiza en juegos y competiciones.

es parte de la educación, de las celebraciones y del encuentro social.

no siempre se hace de forma natural: practicarlo requiere de cierta disciplina.

se practica como pasatiempo o de modo profesional.

debe estar abierto a todas las edades y condiciones.

Dormir...

es un aspecto fundamental de una vida sana.

resulta imprescindible para mantener la salud mental y física.

no solo se hace de noche, también es beneficioso hacerlo de día.

debe ser parte de una rutina saludable.

La salud...

se ve afectada por múltiples factores.

depende en cierta medida de nuestros hábitos.

está influida también por aspectos externos, como la educación, los sistemas médicos, los niveles económicos, etc.

puede medirse, entre otros factores, por la esperanza de vida.

La sociedad...

puede hacer bastante para favorecer la práctica deportiva y los hábitos saludables.

cambia siempre: los deportes van cambiando con el tiempo y la población deportista también.

determina muchas veces el tipo de deporte que practicamos.

2.2: Nutrición

1   Junto con un compañero, observa la imagen siguiente. A continuación, responde a las preguntas.

a   ¿Qué alimentos de la imagen sabes nombrar en español?

b   ¿Cuáles forman parte de tu dieta habitual?

c   En tu opinión, ¿cuáles son los más sanos? ¿Y los menos sanos? ¿Por qué?

d   ¿Qué tres alimentos de la imagen no comerías o comprarías nunca? Compara tus razones con las de tu compañero.

Texto 1

Vas a leer un artículo sobre la importancia de beber agua y alimentarse adecuadamente, dos elementos clave para llevar una vida sana. Después de la lectura, completa las actividades. Puedes trabajar individualmente o con un compañero.

Comer y beber sano

No podemos vivir sin <u>alimento</u>. Nuestro cuerpo necesita energía para conservar sus funciones y llevar a cabo nuestras actividades diarias (trabajar, movernos, pensar, comunicarnos, etc.). Esta energía la obtenemos principalmente a través de la comida. Los seres humanos somos <u>omnívoros</u>, lo que significa que podemos comer de todo, sin estar limitados a seguir una dieta vegetal o carnívora en específico.

Nuestro <u>organismo</u> también necesita **hidratarse** e ingerir líquidos. De todos los líquidos, el agua es el elemento fundamental para la **supervivencia**. Una gran parte de nuestro peso total es, en realidad, agua. Tomarla hidrata la piel, regula la temperatura corporal, facilita la digestión, limpia los riñones y ayuda al transporte de **nutrientes**. Se recomienda beber unos dos litros de agua al día, en función de la temperatura ambiental y de la actividad física.

El **cerebro** también se beneficia de la ingesta de agua. Entre otras funciones, hidratarnos ayuda a que las neuronas se comuniquen adecuadamente. Parece que nuestra memoria y atención mejoran con un cerebro bien hidratado, que estará más alerta y concentrado. A veces, no beber suficiente agua provoca <u>mareos</u> y dolores de cabeza. La solución es fácil: evitar la sed y tomar agua.

Hay diversidad de opiniones respecto a lo que incluye con precisión una dieta sana, pues cada cultura tiene formas distintas de preparar alimentos. Sí hay acuerdo, sin embargo, en algunas líneas generales: las frutas, las verduras, los cereales integrales, los aceites ricos en grasas esenciales y los productos frescos en general son preferibles al azúcar refinado, a las grasas saturadas y a los <u>platos</u> **procesados** que normalmente consumimos como <u>comida rápida</u>.

Beber agua, elegir buenos alimentos y comer con moderación (es decir, sin <u>sobrepasar</u> nuestra necesidad calórica), pueden ser, junto con el buen sueño y la actividad física, una garantía de vida sana.

2 Relaciona las palabras subrayadas en el texto con sus definiciones.

a   alimento

b   omnívoros

c   organismo

d   comida rápida

e   mareos

f   platos

g   sobrepasar

    i   rebasar, superar un límite

    ii   comida preparada o cocinada

    iii   sustancia que los seres vivos toman o reciben para su nutrición

    iv   sentir malestar, a veces perdiendo la estabilidad

    v   que se alimenta de toda clase de sustancias

    vi   cuerpo animal o vegetal

    vii   alimentación de baja calidad nutricional

3 Responde a las preguntas de acuerdo a la información del texto.

a   ¿Qué necesitamos para sobrevivir?

b   ¿De dónde obtiene el cuerpo humano la energía?

c   ¿Cuáles son los beneficios de beber agua?

d   ¿Qué productos **no** se consideran adecuados para una dieta sana?

e   ¿Qué hábitos garantizan una vida sana?

4 Entrevista a un compañero. Puedes utilizar estas preguntas: ¿tienes un estilo de vida sano? ¿Qué alimentos y bebidas forman parte de tu dieta habitual? ¿Con qué frecuencia consumes alimentos poco sanos? ¿Cómo puedes mejorar tu dieta actual? Cambia de rol y haz que ahora te entreviste él a ti.

PALABRAS CLAVE

(el) cerebro: órgano situado en el interior de la cabeza

hidratar, hidratarse: proporcionar agua (a un cuerpo, a una planta…)

(los) nutrientes: sustancias que alimentan y ayudan a mantener la vida

procesados: comida poco natural, lo opuesto a la comida fresca

(la) supervivencia: capacidad de mantenerse con vida

Texto 2

¿Has oído hablar del aceite de oliva? ¿Sabes de dónde viene? ¿Conoces sus propiedades? Tal vez te resulte familiar o lo hayas probado alguna vez, pero aquí vamos a explicarte algunas cosas sobre este particular aceite al que llaman «oro líquido». Observa las imágenes que acompañan al texto y descríbelas a un compañero.

Aceite de oliva virgen extra: el oro líquido

El aceite de oliva es, en esencia, el zumo (o jugo) de la oliva o aceituna. La aceituna es el fruto de un árbol muy antiguo originario de las orillas del mar Mediterráneo: el olivo. Este árbol se ha considerado históricamente símbolo de la paz y de la victoria. La paloma de la paz, por ejemplo, suele llevar una pequeña rama de olivo en su pico.

El aceite se obtiene a partir del fruto por procedimientos exclusivamente mecánicos. Es decir, sin aditivos químicos que lo purifiquen. El proceso es laborioso porque exige separar perfectamente el aceite del agua que las aceitunas contienen. También debe separarse el hueso. El líquido final es de un color verdoso muy intenso. Tiene apariencia turbia y es muy aromático. Su sabor es delicioso e inconfundible, y dota a los platos que acompaña de un gusto sensacional. ¡Puro deleite!

Si se calienta, pierde sus propiedades nutricionales, por lo que es preferible consumirlo crudo: en ensaladas, sopas, sobre pan tostado o como condimento final para los platos. Su riqueza en vitamina E, grasas monoinsaturadas y antioxidantes naturales es enorme, por lo que se recomienda para prevenir todo tipo de enfermedades cardiovasculares.

En el mundo, España es el productor número uno de aceite de oliva, con unos mil trescientos millones de toneladas anuales (el número dos, Italia, produce unas trescientas mil toneladas al año). Eso sí, ¡muy importante!: solo la categoría de «**aceite de oliva virgen extra**» garantiza la calidad superior del aceite. Cuando esta denominación no figura en la etiqueta, debes saber que se trata de aceite de oliva refinado químicamente y, por lo tanto, con menores propiedades beneficiosas para la salud.

PALABRAS CLAVE

(el) aceite: jugo extraído del fruto del olivo

(la) aceituna / (la) oliva: los frutos del olivo

crudo: sin cocinar ni procesar

(la) denominación: nombre especial que reconoce la calidad de un alimento

(el) sabor: sensación que provoca una sustancia en la boca, el gusto

5   Busca en el texto las palabras o expresiones equivalentes a las siguientes.

   a   quizá (párrafo 1)

   b   fundamentalmente (párrafo 2)

   c   viejo (párrafo 2)

   d   dar, otorgar (párrafo 3)

   e   goce, delicia (párrafo 3)

   f   abundancia (párrafo 4)

   g   mil kilos (párrafo 5)

   h   más pequeñas (párrafo 5)

6   Habla con un compañero y responde a estas preguntas:

   a   ¿Qué es el aceite de oliva?

   b   ¿Por qué se le llama oro líquido?

   c   ¿Qué país lidera la producción mundial de aceite de oliva?

   d   ¿Cuál es la diferencia entre aceite de oliva virgen extra y aceite de
       oliva normal?

   e   Describe el aspecto y las características del aceite de oliva.

   f   ¿Por qué razón recomiendan consumir crudo este tipo de aceite?

7   Además del aceite de oliva, ¿conoces otros tipos de aceite? Piensa en el aceite de
    coco, de palma, de girasol, de soya, de sésamo, etc. Junto con un compañero, y
    tomando como modelo las frases del ejemplo, explica el origen de estos aceites
    y menciona productos donde se encuentran con frecuencia (comida, bebida,
    cosmética, u otros).

   Ejemplo: *El aceite de coco viene del fruto de la palmera cocotera. Se usa para
   preparar jugos / zumos y también en productos de cosmética (cremas, lociones,
   champús, geles de baño, perfumes, etc.).*

8   Escucha la conversación de estos dos jóvenes. A continuación, responde a
    estas preguntas:

   a   ¿Qué relación tienen estos jóvenes entre sí?

   b   ¿Por qué es este un fin de semana especial para ellos?

   c   ¿Qué condiciones han puesto sus padres?

   d   ¿Qué deciden preparar para cenar?

   e   Menciona cinco alimentos que añaden a su plato.

   f   ¿Qué tres ingredientes incluye el aliño?

   g   ¿Qué expresión final indica si el plato
       ha quedado bien?

CONCEPTOS CLAVE

Uso de la lengua: una de las riquezas del español es su diverso vocabulario. En función de la zona geográfica, las palabras utilizadas para denominar alimentos pueden diferir. Ejemplos: *frutilla-fresa*; *maní-cacahuete*; *melocotón-durazno*; *vaca-res*; *aguacate-palta*, etc. Esto puede causar a veces cierta confusión tanto entre hablantes nativos como entre estudiantes del idioma, pero es parte del proceso de aprendizaje de una lengua tan amplia y variada como el español. Que no te desanime. ¡Aprenderás muchas palabras!

GRAMÁTICA

El condicional

En el audio se utiliza el condicional para realizar sugerencias o recomendaciones, por ejemplo:

«Yo echaría también un poco de maíz».

«Yo le pondría algo de sal».

Se trata de una fórmula educada, válida tanto para situaciones formales como informales. Su uso es muy común en español. Aquí te presentamos la conjugación del condicional:

Verbos regulares: infinitivo + terminación idéntica para los tres grupos de verbos.

	Cocinar	Comer	Servir
yo	cocinar-ía	comer-ía	servir-ía
tú	cocinar-ías	comer-ías	servir-ías
él/ella, usted	cocinar-ía	comer-ía	servir-ía
nosotros/as	cocinar-íamos	comer-íamos	servir-íamos
vosotros/as	cocinar-íais	comer-íais	servir-íais
ellos/as, ustedes	cocinar-ían	comer-ían	servir-ían

CONTINUACIÓN

Verbos irregulares: el infinitivo de la raíz sufre alteraciones + mismas terminaciones que los verbos regulares.

	Infinitivo	Raíz
La vocal final del infinitivo se reemplaza por una *d*	poner	pondr-
	tener	tendr-
	valer	valdr-
	salir	saldr-
	venir	vendr-
El infinitivo pierde la *e* de su sílaba final	caber	cabr-
	haber	habr-
	poder	podr-
	querer	querr-
	saber	sabr-
Verbos con raíz irregular	decir	dir-
	hacer	har-

* Recuerda: los verbos irregulares en condicional son también irregulares en futuro.

9   ¿Puedes construir oraciones formulando sugerencias con el condicional? Imagina que estás preparando recetas junto con un compañero. Completa las oraciones.

a   Yo _____ algo más de sal. (echar)

b   A mi parecer, la ensalada _____ otra lata de aceitunas. (necesitar)

c   ¿Cuánto queso le _____ a la lasaña? (poner)

d   _____ meterlo en el horno en vez de freírlo. (poder, nosotros)

e   ¿Tú _____ la lechuga? (lavar)

f   ¿_____ la mayonesa nosotros o la _____ hecha? (hacer, comprar)

g   ¿Cómo _____ tú este postre? ¿Frío o caliente? (servir)

Texto 3

¿Te has fijado en que los alimentos suelen ir etiquetados? ¿Prestas atención al contenido de estas etiquetas? En el siguiente texto, te ayudamos a interpretar la información nutricional de los alimentos.

Los alimentos y su valor nutricional

Información nutricional por 100 g / 100 ml	
Valor energético	337 kcal / 1420 kj
Grasas	9.9 g
– De las cuales, saturadas	3.7 g
Hidratos de carbono	52 g
– De los cuales, azúcares	22 g
Proteínas	8.6 g
Fibra alimentaria	3.7 g
Sal	1.1 g

A la hora de elegir qué alimentos consumimos, es importante conocer su información nutricional. Es obligatoria en muchos países desde hace unos años y normalmente aparece contenida en una tabla o etiqueta en un punto visible del envase del producto. Informa de la cantidad de energía que nos aportará consumir el alimento seleccionado (expresado en número de kilocalorías o kilojulios), así como de la distribución de nutrientes por cada cierta cantidad de gramos.

Los nutrientes que deben especificarse son las grasas (indicando, dentro de estas, la cantidad de grasas saturadas, pues su consumo excesivo puede resultar dañino para la salud), los carbohidratos (especificando cuántos de ellos son azúcares), las proteínas, la fibra alimentaria (importante para el tránsito intestinal) y la sal. Las vitaminas y minerales aparecerán si su presencia en el alimento es significativa.

Además de las grasas saturadas, relacionadas con mayores tasas de enfermedades cardiovasculares y colesterol alto, el consumo excesivo de azúcar está asociado con la diabetes y el sobrepeso, especialmente si se trata de azúcares nutricionalmente nulos, como el azúcar blanco. Se dice que este azúcar blanco, presente en tantos productos procesados (y no solo en dulces y bebidas), produce una gran adicción, por lo que debería ingerirse con sumo cuidado, y evitarse en lo posible en niños y personas con problemas de salud.

La recomendación, por consiguiente, es leer atentamente las etiquetas de composición de los alimentos, moderar el consumo tanto de grasas saturadas como de azúcares simples, aumentar el de verduras y frutas (fuente de fibra y vitaminas esenciales) y evitar el exceso de sal (nos protegerá de sufrir una presión arterial alta).

10 Responde a estas preguntas. Puedes trabajar junto con un compañero.
- a ¿Dónde aparece la información nutricional de un producto?
- b ¿Qué datos contiene la información nutricional?
- c Indica si las siguientes afirmaciones son verdaderas (V) o falsas (F):
  - i Las grasas saturadas son beneficiosas.
  - ii El azúcar es un hidrato de carbono.
  - iii La fibra no influye en el proceso digestivo.
  - iv Las vitaminas aparecen siempre en la etiqueta.
  - v Tomar poca sal protege nuestra presión arterial.
- d ¿Con qué enfermedades se relaciona la ingesta de grasas saturadas?
- e ¿Qué riesgos tiene un consumo excesivo de azúcar?
- f ¿Qué productos son parte de tu dieta habitual y qué valores nutricionales tienen?

  Investiga y comenta tus hallazgos con tu compañero.

PALABRAS CLAVE

(el) envase: el recipiente

nulos: carentes de valor nutritivo

significativa: relevante

(el) sobrepeso: exceso de peso

(las) tasas: ratios, proporciones

Texto 4

La comida barata no siempre es la más sana ni la más respetuosa con la dignidad de los animales o el medioambiente. El siguiente texto te invita a reflexionar sobre ello.

¿Comida basura, comida barata?

En el transcurso de las últimas décadas, los precios de los alimentos se han ido abaratando en proporción a otros gastos. Esto significa que, comparado con hace veinte, treinta o cincuenta años, en general destinamos un menor porcentaje de nuestro salario a la adquisición de comida. La carne, por ejemplo, era un producto costoso para las familias, y por ello considerado a menudo un lujo reservado para días especiales.

Hoy, sin embargo, encontramos en cualquier supermercado no solo carnes baratas, sino todo tipo de alimentos relativamente asequibles para nuestro bolsillo. Bollería, lácteos, refrescos, cereales, dulces y chocolates, embutidos, *pizzas*, conservas, platos congelados e incluso frutas y verduras cuestan a veces una cantidad impensable en el pasado (demasiado baja). También muchos restaurantes ofrecen en la actualidad comida rápida y barata. Y no son solo hamburgueserías.

Junto a estas opciones cada vez más presentes en nuestras sociedades, se levantan sin embargo voces críticas. Si en un principio cuestionaban la calidad de los productos empleados (por ejemplo, la carne o el exceso de azúcares) y su impacto en la salud, ahora también se preguntan por la huella ambiental que dejan la producción y el consumo de esta comida rápida, llamada —no sin razones— comida basura o comida chatarra.

Frente a modos de producción que no tienen en cuenta ni los derechos humanos ni el respeto a los animales o a la naturaleza, existen, desde hace años, movimientos de concienciación ecológica portadores de nuevos principios y propuestas. Más salud, menos consumo vacío, respeto a los animales, protección de los recursos naturales, reducción de la contaminación y los residuos.

La agricultura ecológica forma parte de este paradigma alternativo. Sus métodos, más cuidadosos, colocan en el mercado productos libres de manipulación genética, pesticidas contaminantes o aditivos poco recomendables para la salud. El consumo de carne ecológica, respetuosa con la vida de los animales y la sostenibilidad del planeta, también gana terreno entre los consumidores. Los productos ecológicos cuestan algo más, pero su consumo protege nuestra salud y daña menos el medioambiente.

11 Responde individualmente a estas preguntas.

    a   Define con tus palabras la comida basura o comida chatarra.

    b   ¿Con qué frecuencia consumes este tipo de comida y qué comida es? ¿De dónde procede y qué valor nutricional tiene?

    c   ¿Cuáles son los opuestos de los siguientes adjetivos?

        i   barata

        ii   menor

        iii   asequible

        iv   impensable

        v   rápida

        vi   vacío

    d   Completa las oraciones según la información del texto:

        i   En el pasado pagábamos más por…

        ii   Además de en los supermercados, la comida rápida se compra en…

        iii   Se critica la comida basura por…

        iv   Los productos ecológicos…

    e   ¿Cuál es la idea central del texto? Explícala con tus palabras de forma completa en dos o tres oraciones.

Texto 5

El siguiente artículo expone algunos datos que relacionan alimentación, pobreza y sobrepeso, reflejando una realidad sobre la que quizá vale la pena pararse a pensar.

> ## PALABRAS CLAVE
>
> **abaratar:** disminuir el precio
>
> **asequibles:** dentro de nuestras posibilidades económicas
>
> **(la) bollería:** dulces de panadería
>
> **costoso:** sinónimo de caro
>
> **(la) huella:** el impacto, la consecuencia, el efecto
>
> **(el) paradigma:** el marco o planteamiento teórico, el enfoque de algo

Pobreza y obesidad

La **epidemia** de obesidad sigue expandiéndose por todo el mundo. La comida es cada vez más abundante y más barata en la mayoría de los países, pero los alimentos más asequibles son con frecuencia los que tienen más contenido en calorías, sal y azúcar, y menos valor nutritivo; los peores para la salud y los que más engordan. Según cifras de la Organización Mundial de la Salud (OMS), la **incidencia** de la obesidad se ha triplicado desde 1975 en todo el mundo. Uno de cada ocho adultos es hoy obeso, y más del 39% de la población adulta tiene sobrepeso.

La obesidad es, ante todo, un problema de salud, pues contribuye a aumentar los casos de diabetes tipo 2, los **infartos de miocardio** y algunos tipos de cáncer, entre otras enfermedades. Cada año que pasa, los costos de la obesidad y el sobrepeso para los sistemas sanitarios **se acrecientan**. Las personas obesas acuden más a los médicos de atención primaria, a los especialistas y a los servicios de urgencias, requieren más ingresos hospitalarios y necesitan más medicamentos para tratar las enfermedades asociadas a su situación. Con los índices de obesidad infantil **al alza** en buena parte del mundo, es previsible que los costos sanitarios sigan aumentando por el deterioro de la salud de los futuros adultos.

En América Latina se reflejan más las desigualdades y las paradojas de la alimentación. Al mismo tiempo que el hambre aumenta en algunas zonas del subcontinente, la obesidad se ha convertido en la principal **amenaza** nutricional. Los más **perjudicados** por esta «**espantosa**» situación son las personas con menos **ingresos**, las residentes en zonas rurales, las mujeres, los niños, los indígenas y los afrodescendientes. Uno de cada cuatro adultos latinoamericanos es obeso y 250 millones viven con sobrepeso, lo que resulta en el 60% de la población. Está **surgiendo** una nueva figura: la de una persona obesa y malnutrida al mismo tiempo.

Al analizar las causas del fenómeno, se apunta al cambio experimentado en las últimas décadas por los sistemas alimentarios. A medida que el crecimiento económico **se ralentiza** en los países ricos y sus Gobiernos promueven una alimentación sana, las grandes empresas están expandiéndose rápidamente en los países en desarrollo, contribuyendo a aumentar la obesidad y otros problemas de salud con la venta de comida procesada y bebidas azucaradas al estilo occidental. Una investigación llevada a cabo por *The New York Times* en 2017 reveló que estas empresas están transformando la agricultura de muchas naciones, forzando a los agricultores a sustituir cultivos tradicionales de subsistencia por caña de azúcar, maíz y soya, que sirven de base para gran número de alimentos industriales. Para muchos expertos en nutrición, la epidemia de obesidad está vinculada a la venta de alimentos procesados, que creció un 25% en todo el mundo entre 2011 y 2016, comparado con solo el 10% en los Estados Unidos. Las ventas de refrescos carbonatados han crecido aún más: en América Latina se han duplicado desde el 2000 y ya **superan** las cifras de consumo de los Estados Unidos.

PALABRAS CLAVE

acrecentarse: aumentar, incrementar

al alza: subiendo, en proceso de incremento

(la) amenaza: el peligro

(la) epidemia: enfermedad que se extiende y afecta a un gran número de personas

espantoso: horrible

(la) incidencia: número de casos

(el) infarto de miocardio: ataque al corazón

(los) ingresos: salarios

perjudicados: quienes sufren las consecuencias negativas de algo

ralentizarse: disminuir el ritmo o la velocidad

superar: exceder, sobrepasar

surgir: aparecer o manifestarse

12 Trabaja con un compañero. Investiguen acerca de la cesta o canasta básica de alimentos en un país hispanohablante. Observa los precios y los cambios de esta a lo largo del tiempo. ¿Qué alimentos son los más consumidos? ¿Están cambiando las dietas? Prepara una presentación de entre dos y tres minutos para tu clase.

CONSEJO

Cuando consultes internet u otras fuentes para tus investigaciones, intenta obtener la información directamente en español. Recuerda: es un truco para maximizar tu aprendizaje. Por supuesto, siempre puedes hacer uso de diccionarios para buscar el significado de términos que no conozcas, pero tu cerebro se habituará a trabajar en español y practicarás la comprensión lectora en paralelo.

RINCÓN CULTURAL

Macrogranjas: una bomba de contaminación

Las macrogranjas son instalaciones de ganadería intensiva con miles de cabezas de ganado o aves en una única instalación. Generan grandes cantidades de carne con pocos costos, lo que les permite bajar muchísimo los precios, dañando a los productores locales. Los animales de las macrogranjas no salen al campo en ningún momento, se alimentan de pienso, viven apiñados en naves industriales y tienen una vida mucho más corta que sus compañeros de granjas más pequeñas.

Además del maltrato animal, los principales efectos negativos de las macrogranjas son la contaminación del suelo y las aguas. La contaminación se produce por la generación de purines, es decir, excrementos mezclados con agua. Estos reducen los terrenos agrícolas y contaminan el agua de los acuíferos, llegando a no poder beber agua del grifo en zonas cercanas a las macrogranjas. A esto hay que sumar los malos olores.

En los países hispanohablantes, la presencia de macrogranjas ha crecido en los últimos años desmesuradamente. Algunos Gobiernos trabajan para limitar su tamaño, exigir medidas ambientales y bloquear nuevos proyectos de este tipo, pero la creciente demanda de carne a nivel mundial hace difícil abolir este sistema.

[*Fuente: adaptado de www.elpais.com*]

13 ¿Dónde hace la compra tu familia? ¿Qué productos venden en las tiendas más cercanas a tu casa? ¿Sabes qué origen tienen o cuáles son sus precios? Piensa en un menú completo para tu familia y prepara una lista de la compra. Clasifica los alimentos de acuerdo a su valor nutricional, su precio y su impacto ambiental. Escribe un informe de alrededor de 150 palabras.

¡AHORA TE TOCA A TI!

¿Qué alimentos tienen un mayor impacto negativo en el medioambiente? Investiga y presenta a tus compañeros de clase los datos de tres de ellos.

¡REFLEXIONEMOS!

En tu opinión, ¿puede la dieta sana influir positivamente o negativamente en el proceso de aprendizaje? ¿Cómo? Piensa en factores específicos de la nutrición que pueden tener efectos sobre el aprendizaje.

VERIFICACIÓN DE HABILIDADES

¿En qué nivel de seguridad te sientes en lo que has aprendido y practicado en esta lección?

Puntúa del 1 (nada seguro) al 5 (muy seguro) y después demuestra lo que has aprendido.

Ahora puedo...	Nivel de seguridad (1–5)	Demuéstralo
utilizar vocabulario relacionado con la alimentación, la dieta y la producción de alimentos		Elige un alimento, explica de dónde viene o cómo se produce y comenta su valor nutricional.
contrastar diferentes tipos de dieta y hábitos alimenticios		Piensa en dos personas con estilos de vida muy diferentes. Elabora un plan de comidas adecuado para ellas.
evaluar el impacto de la industria alimentaria en los recursos naturales y el medioambiente		Elabora un mapa visual de tus comidas favoritas en relación con su impacto (negativo en rojo, positivo en verde) en el medioambiente.
utilizar el condicional para proponer soluciones.		¿Qué deberían hacer las compañías productoras de alimentos para no dañar el medioambiente? ¿Y los Gobiernos? Escribe una lista con cuatro o cinco propuestas.

FRASES ÚTILES

Los buenos alimentos...

nos ayudan a estar sanos y vivir más años.

evitan enfermedades.

son ricos en nutrientes.

aportan a nuestro organismo la energía y los nutrientes necesarios para la supervivencia.

por lo general incluyen frutas, verduras, cereales integrales, aceites ricos en grasas esenciales y productos frescos en general.

no incluyen el azúcar refinado, las grasas saturadas ni los productos procesados.

CONTINUACIÓN

El agua…

es una gran parte de nuestro peso total.

la necesitamos para hidratar nuestro cuerpo y mantener sus funciones.

ayuda también al funcionamiento adecuado de nuestro cerebro.

mantiene sana nuestra piel.

El aceite de oliva…

tiene tantas propiedades beneficiosas que se le llama «el oro líquido».

es preferible a otros tipos de aceites.

conviene consumirlo crudo.

es el jugo de la oliva o aceituna, fruto del árbol llamado olivo.

en su categoría superior recibe la denominación de «aceite de oliva virgen extra».

La información nutricional…

nos presenta el valor energético y los valores nutricionales de los alimentos.

se incluye en etiquetas que acompañan a los alimentos.

incluye número de calorías, grasas, hidratos de carbono, proteínas, cantidad de fibra y sal, vitaminas presentes en los alimentos, etc.

debe leerse con atención para saber lo que comemos.

La comida basura o chatarra…

suele ser más barata que la comida sana.

ha conquistado grandes sectores del mercado alimentario.

a menudo incluye alimentos procesados, con gran cantidad de azúcares y grasas saturadas.

se ha expandido con el consumo de la llamada comida rápida.

suele producirse de formas poco respetuosas con el medioambiente, la vida animal o la salud humana.

es un factor en el sobrepeso de la población.

2.3: Gestionar el bienestar

1   Observa con atención la nube de palabras y responde a estas preguntas.

   a   ¿Cuántas palabras de la nube conoces? ¿Cuántas desconoces completamente? ¿Cómo se dicen en tu(s) lengua(s)?

   b   En tu opinión, ¿cuál es la conexión entre esta nube de palabras y el título de la subunidad?

   c   Elige tres términos de la nube de palabras que consideras importantes para llevar una buena vida y compáralos con los de un compañero. ¿Coinciden? ¿Son diferentes? Descubre por qué sus prioridades son o no son las mismas.

2   Junto con un compañero, define los siguientes términos:

   a   salud física

   b   salud mental

   c   bienestar

3   En tu opinión, ¿de qué manera se relacionan la salud física y la salud mental? ¿Es más importante una que la otra? Intenta acompañar tus respuestas de argumentos o ejemplos.

Texto 1

El siguiente texto destaca la importancia de mantener un equilibrio entre la vida laboral y la vida personal, y presenta varias estrategias para lograrlo.

La importancia del balance entre vida laboral y personal

A <u>menudo</u>, nuestro trabajo puede llegar a ocupar un lugar tan importante en nuestras vidas que solemos olvidar todo lo demás. Nuestro deseo de **triunfar** profesionalmente es tan grande que incluso llegamos a olvidarnos de nosotros mismos e ignoramos por completo el balance personal y laboral.

Las nuevas tecnologías que permiten nuestra **disponibilidad** las 24 horas del día, el <u>miedo</u> a perder el <u>empleo</u> y la cultura **nociva** del trabajo han convertido las jornadas laborales en interminables periodos de estrés. Sin embargo, todos los expertos están de acuerdo en una cosa: tener un equilibrio personal y profesional genera efectos positivos en la salud física, <u>mental</u> e incluso profesional.

Las ventajas del equilibrio laboral y personal no solo <u>benefician</u> a los empleados, que pueden ver reducidos sus niveles de estrés. Además, aquellos empleadores que garantizan un equilibrio personal y profesional en sus centros de trabajo obtienen a cambio trabajadores más <u>leales</u>, más productivos y menor **ausentismo**.

Aunque el balance personal y laboral puede significar cosas distintas para cada individuo, los especialistas en salud y trabajo coinciden en seguir ciertas estrategias para lograr el equilibrio entre trabajo y vida personal.

1 **Desconéctate.** La mensajería instantánea y el correo electrónico han creado expectativas de disponibilidad a todas horas y la jornada de trabajo parece no tener fin. Pero para el balance personal y laboral es necesario apagar el teléfono y disfrutar el momento. Al no reaccionar ante las notificaciones del celular **forjarás** un hábito que te hará más tolerante al estrés, el primer paso para alcanzar el equilibrio personal y laboral.

2 **Dile adiós al perfeccionismo.** Muchos trabajadores **sobresalientes** desarrollan desde edades muy tempranas tendencias perfeccionistas. Cuando jóvenes, son sencillas de mantener, pero a medida que crecen y el trabajo se vuelve más complicado, la perfección se vuelve imposible. El secreto para el equilibrio laboral es **dejar atrás** el perfeccionismo y **darle la bienvenida** a la excelencia, que no es «perfecta», pero es suficiente.

3   **Ejercicio y meditación.** Diariamente encontramos tiempo para las cosas más importantes de la vida, como comer, asearnos y relajarnos, pero, cuando buscamos equilibrio personal y laboral, a veces olvidamos dos actividades cruciales: ejercitarnos y meditar. Basta con tomarse todos los días unos cuantos minutos para ejercitar el cuerpo y apaciguar la mente. Puede ser en las mañanas o en las noches, el objetivo es poner en marcha tu cuerpo mientras te liberas del estrés.

4   **No pierdas el tiempo.** Una gran forma para conseguir equilibrio laboral y personal es priorizar tus actividades y distinguir entre las necesarias y las prescindibles. Así podrás identificar cuáles son las tareas verdaderamente importantes y a cuáles no deberás dedicarles más que unos minutos de tu tiempo.

5   **Empieza con pequeñas acciones.** Los nuevos hábitos parecen desmesurados cuando estamos iniciándolos, pero ello se debe a que visualizamos la tarea completa en lugar de dividirla por partes. Para lograr el equilibrio entre trabajo y vida personal solo hace falta dividir nuestra meta en pequeñas tareas que podamos cumplir todos los días.

6   **No existe el equilibrio laboral y personal perfecto.** Cuando hablamos de balance personal y profesional podemos imaginarnos teniendo un día de trabajo extremadamente productivo,

salir temprano y pasar el resto de la tarde con la familia y los amigos. Desafortunadamente, esto no siempre será posible, el trabajo y el tiempo libre podrán variar de una semana a otra, por eso es importante que identifiques tus tiempos y te puedas adaptar a los cambios constantes para lograr tus metas.

Es importante recordar que, aunque no siempre podremos tener equilibrio personal y profesional, al final del día somos nosotros los que tenemos la responsabilidad más grande: nuestras propias vidas.

[*Fuente: Red de Universidades Anáhuac (México) www.anahuac.mx*]

PALABRAS CLAVE

apaciguar: calmar

(el) ausentismo: (o absentismo) no ir a trabajar

dar la bienvenida: recibir, saludar por vez primera

dejar atrás: despedirse, decir adiós a algo

desmesurados: gigantes, exagerados

(la) disponibilidad: la libertad para realizar una actividad determinada

forjar: construir, crear

(las) metas: objetivos finales

nociva: dañina, negativa por abusiva o excesiva

prescindibles: secundarias, no necesarias

sobresalientes: destacados, excelentes

triunfar: obtener éxito o reconocimiento

4   Busca los sinónimos de las palabras subrayadas en la primera parte del texto.

   a   psíquica

   b   con frecuencia

   c   fieles

   d   trabajo

   e   temor

   f   favorecen

5   Indica si las siguientes oraciones son verdaderas (V) o falsas (F) según el texto.

   a   La vida profesional no afecta la vida personal.

   b   Estar disponible laboralmente todo el día reduce el estrés.

   c   Balancear la vida laboral y personal tiene ventajas de muchos tipos.

   d   No ser perfeccionista es más eficiente.

   e   Priorizar permite ahorrar tiempo.

   f   Una meta grande se logra más fácilmente que varias pequeñas tareas.

6   Vuelve a leer las seis estrategias ofrecidas para lograr el equilibrio entre el trabajo y la vida personal.

   a   Junto con un compañero, añade una estrategia más.

   b   Numera los consejos del texto según su orden de importancia para ti (1 es el más importante, 6 es el menos importante).

   c   Piensa en la vida de estudiante. ¿Qué consideras importante para disfrutar de un equilibrio entre tu vida personal y tu vida escolar? Escribe cinco frases breves usando el infinitivo. Ejemplo: *Para tener un equilibrio entre mi vida personal y mi vida escolar, considero importante regresar a casa a tiempo.*

RINCÓN CULTURAL

La salud mental en América Latina: alerta

Salir antes que el sol para ir a trabajar con temor a ser asaltado, trabajar hasta tarde por miedo a perder el empleo, adquirir deudas debido a los bajos ingresos y al creciente costo de mantener a la familia… Estas son situaciones que forman parte del día a día para miles de latinoamericanos. Los niveles de estrés que carga una gran parte de la población llevan a la depresión y la ansiedad.

Durante la pandemia del COVID-19, las preocupaciones por cubrir las necesidades básicas aumentaron en América Latina. A menor nivel de ingresos, se constata además una menor cobertura sanitaria. La mayoría de los países latinoamericanos dedica menos del 2% de su presupuesto total de salud a la salud mental, con menos de dos psiquiatras y tres psicólogos por cada cien mil habitantes, la mayoría concentrados en zonas urbanas. Regionalmente, esto se hace notar con particular intensidad en Centroamérica y el Caribe.

Muchas iniciativas civiles e institucionales intentan ofrecer ayuda y soluciones. En Colombia, por ejemplo, la organización Mutante recoge un directorio muy completo de proyectos, programas, iniciativas y líneas de atención en salud mental, disponible en su página web para todos los ciudadanos.

CONTINUACIÓN

Se ha sentido ansioso en la última semana

4% 5% 6% 7% 8% 9% 10% 11%

[*Fuente: www.elpais.com*]

7 Copia la siguiente tabla en tu cuaderno y responde a la encuesta individualmente.
Luego busca a personas con respuestas similares a las tuyas. ¿En qué coincidisteis?
¿Qué pueden significar vuestros resultados?

		Nunca	A veces	A menudo	Casi siempre
a	Me siento tranquilo…				
b	Disfruto de lo que hago…				
c	Puedo concentrarme…				
d	Controlo mis emociones…				
e	Tengo problemas de sueño…				
f	Siento cansancio o fatiga…				
g	Tengo miedo del futuro…				
h	Necesito pedir consejo…				

Interpretación de las respuestas: un «a menudo» o «casi siempre» en a, b, c y d se
asocia con **niveles de estrés bajo**. Un «a menudo» o «casi siempre» en e, f, g y h se
asocia con **niveles de estrés alto**.

Texto 2

A partir de determinado nivel, el estrés tiene consecuencias muy negativas para la
salud. El siguiente texto te ayudará a distinguir los distintos tipos de estrés y te explica
qué sucede en nuestro organismo cuando estamos estresados.

El estrés, un peligro en la sombra

¿Experimentas dificultad para concentrarte? ¿Te sientes fatigado y sin energía? ¿Tienes la sensación de no disponer de tiempo para ti mismo? ¿Terminas el día pensando «hoy solo trabajé y estudié»? Bienvenido al siglo XXI. Un siglo en el que la humanidad parece haberse vuelto hiperactiva, sin momentos para la pausa, la calma o el aburrimiento. Un siglo en el que nuestros días están llenos de cosas por hacer y en el que más y más personas se sienten devoradas por el estrés y dicen sentirse quemadas.

Pero ¿qué es el estrés? El estrés es una respuesta natural del organismo ante situaciones que percibimos como amenazantes o desagradables. Puede tratarse de un verdadero peligro (por ejemplo, un examen para el que hay que estudiar mucho) o de una percepción subjetiva de la situación (por ejemplo, pensar que no seremos capaces de superar ese examen… aunque ese pensamiento no sea en absoluto realista).

A pesar de que cada persona experimenta el estrés de manera distinta, se considera que existen tres tipos de estrés: agudo, agudo episódico y crónico. El estrés agudo suele producirse en situaciones específicas de conflicto o exigencia. En una pequeña proporción, este tipo de estrés puede ser positivo porque alienta la motivación y puede servir como mecanismo de defensa. Sin embargo, cuando sobrepasa cierta línea puede llevar al agotamiento y tener consecuencias graves para la salud. Por su lado, el agudo episódico se caracteriza por la preocupación incesante, una angustia continua y una persistente sensación de descontrol ante las (auto)exigencias. Por último, el estrés crónico es el más grave de todos. Lo padecen las personas en situaciones límite, de guerra, de pobreza, sometidas a circunstancias que demandan una alerta continua. A largo plazo causa terribles estragos, manifestándose en múltiples enfermedades y un marcado desgaste físico, anímico y mental.

Cuando sientes estrés, tu cuerpo crea una hormona llamada cortisol, que ingresa en el flujo sanguíneo. Por breves periodos, el cortisol puede ayudar a regular muchas de las funciones naturales del cuerpo. Sin embargo, cuando sufres estrés a largo plazo, los elevados niveles de cortisol generan inflamación y un recuento más bajo de glóbulos blancos, dos problemas que pueden debilitar el sistema inmunológico. El impacto en la salud sucede tanto en el aspecto físico como en el emocional. Depresión, fatiga, ansiedad, dolores de cabeza, problemas cardíacos, insomnio, irritabilidad, excesos alimenticios, problemas gastrointestinales, uso de sustancias o problemas de concentración son solo algunas de las manifestaciones negativas del estrés.

Los expertos recomiendan hacer ejercicio, conversar sobre el tema, poner en práctica técnicas de relajación y desconexión como el yoga o la meditación, salir a la naturaleza, dormir suficiente, comer equilibradamente, limitar el consumo de cafeína y alcohol o realizar actividades divertidas. Todo ello puede ayudarte a regular tus niveles de estrés y reducir su impacto en tu salud para evitar estar quemado.

PALABRAS CLAVE

agudo: muy intenso

amenazantes: peligrosas

(el) desgaste: proceso de erosión física o psicológica

devoradas: destruidas o dominadas por algo

fatigado: muy cansado, agotado

(el) flujo sanguíneo: circulación de la sangre en el interior de nuestro cuerpo

(la) preocupación: algo que produce intranquilidad o angustia

quemadas: gastadas, exhaustas, agotadas

sobrepasar: superar un nivel o límite

8   Elige la frase adecuada para cada una de las afirmaciones. A continuación, busca la frase del texto que justifique la opción que has escogido. Puedes escribirla en tu cuaderno.

a   En el siglo XXI…

   i   hay trabajo para todo el mundo.

   ii   todas las personas son hiperactivas.

   iii   un número creciente de la población sufre estrés.

   iv   a la gente no le gusta aburrirse.

b   El estrés…

   i   es un peligro que no se puede prevenir.

   ii   es una percepción subjetiva.

   iii   es inevitable.

   iv   es una reacción natural ante el peligro percibido.

c   En dosis bajas, puede influir positivamente…

   i   el estrés agudo episódico.

   ii   el estrés agudo.

   iii   el estrés crónico.

   iv   cualquier forma de estrés.

d   El cortisol es una hormona que…

   i   se libera con el estrés.

   ii   genera inflamación.

   iii   desencadena depresión.

   iv   debilita el sistema inmunitario.

e   Estar quemado es otra forma de decir que…

   i   te has hecho daño.

   ii   estás estresado.

   iii   tienes mucho calor.

   iv   no tienes tiempo libre.

9   Conversa con un compañero. ¿Has experimentado alguna vez alguno de los tipos de estrés que menciona el texto?

Texto 3

Te mostramos el programa de talleres de bienestar físico y emocional que ofrece una escuela para su nuevo año académico.

Indica qué te parece lo más interesante de este texto. Puedes escribirlo en una frase o comentarlo con un compañero.

Talleres de bienestar físico y emocional para el nuevo curso académico: mente y cuerpo sanos

Yoga

Lunes y miércoles de 15:00 a 16:00 h.
En el salón de actos.
Profesora: Laura Rufo.

Taichí

Martes y jueves de 15:00 a 16:00 h.
En el gimnasio.
Profesora: Rosa Martínez.

Conciencia plena

Todos los días de 8:30 a 8:55 h.
En el gimnasio.
Profesor: Javier López.

Educación emocional

Viernes de 14:00 a 15:00 h.
En el salón de actos.
Profesora: Alicia Flores.

Los talleres están abiertos a la participación de todos los grupos escolares, duran todo el curso y son gratuitos.

A las clases de conciencia plena se puede asistir desde un día a la semana hasta todos los días.

Inscripciones a través del siguiente correo electrónico:
extraescolares@gabrielamistral.cl

---

10 Responde a las siguientes preguntas junto con un compañero.

a ¿Qué tipo de talleres ofrece la escuela?

b ¿Cuántos días por semana es cada taller y cuál es el horario?

c ¿Quiénes imparten los talleres?

d ¿Dónde se llevan a cabo?

e ¿Cómo puedes inscribirte?

f Basándote en la información del texto, indica si estas frases son verdaderas (V) o falsas (F)

    i Los talleres duran todo el año académico.

    ii A la clase de conciencia plena tengo que ir cinco veces por semana.

    iii A la clase de conciencia plena puedo ir cinco veces por semana.

    iv Los talleres los pagan las familias.

    v Los estudiantes de primer año no pueden asistir a los talleres.

g ¿Por qué crees que la escuela ofrece estos talleres?

11 Escucha a dos estudiantes observando las actividades extraescolares del apartado anterior y decidiendo a cuál van a apuntarse. Luego, responde a las preguntas siguientes.

a ¿Dónde se han anunciado las actividades extraescolares?

b ¿Desde qué dispositivo electrónico las ven?

c ¿Qué dos actividades desconoce el chico?

d ¿A quién le ha cambiado la vida practicar este tipo de actividades?

e ¿Cuál es la impresión general de las chicas sobre esta oferta extraescolar?

f ¿A qué actividades deciden apuntarse estas amigas?

CONCEPTOS CLAVE

Comunicación: la comunicación va mucho más allá de las palabras con que nos expresamos. Independientemente de la lengua que hablemos, la mayor parte de la comunicación humana es no verbal (gestos, postura, tono de voz…). ¡Dicen que puede llegar hasta a un 90%! Recuerda, por tanto, prestar atención a cómo usas el español cuando hablas. ¿Cómo usas tu cuerpo? ¿Se te ve relajado? ¿Cómo suena tu voz?

GRAMÁTICA

Oraciones condicionales tipo 1 (posibles o reales)

Las oraciones condicionales son oraciones compuestas, es decir, formadas por al menos dos verbos, cada uno con una función diferente. La primera parte de estas oraciones expresa una condición que sigue la estructura:

Si… + verbo en presente…

La segunda parte, expresa la consecuencia con otro verbo en presente o en futuro de indicativo:

Si medito, estoy tranquila. (presente + presente, expresa total seguridad o realidad).

Si medito, estaré tranquila (presente + futuro, expresa bastante seguridad o realidad).

Si hago ejercicio, me mantengo en forma.

Si hago ejercicio, me mantendré en forma.

12   Completa las oraciones con los verbos en la forma correcta.

   a   Si me relajo, _____ mejor. (concentrarse, presente)

   b   Si evito el estrés, _____ mi salud. (mejorar, presente)

   c   Si mejoras tu salud mental, _____ salud física. (ganar, presente)

   d   Si hago yoga, _____ un cuerpo más flexible. (tener, futuro)

   e   Si cuidas tus emociones, _____ más feliz. (ser, futuro)

   f   Si comemos sano, _____ enfermedades. (evitar, futuro)

Texto 4

En el texto que a continuación vas a leer, encontrarás interesantes recomendaciones para relajarte y disfrutar de la vida.

Aprende a disfrutar

Muchas personas no saben disfrutar de la vida. Incluso cuando lo desean, parecen haber perdido esa capacidad natural con la que todos nacemos y que tan claramente observamos en los niños. El énfasis de los tiempos modernos en la eficiencia, el rendimiento y el trabajo no ayuda en este sentido. Te presentamos ocho recomendaciones que pueden ayudarte a relajarte, a sentirte más feliz y a disfrutar de tu tiempo y de la vida. Adáptalas a tus necesidades y circunstancias. No dejes pasar la vida sin sacar de ella lo mejor.

1 **Vive conscientemente el presente.** Es el único momento que existe de verdad.

2 **Mantén una actitud agradecida hacia lo que te rodea.** Sentirás paz y atraerás cosas buenas.

3 **Mira a los ojos a las personas y cuida tus relaciones.** Los seres humanos somos seres sociales. Las conexiones con los demás refuerzan nuestra autoestima y nuestra salud.

4 **Reduce tu estrés y aprende técnicas de relajación.** Medita y aprende a parar cuando tu cuerpo o tu mente te lo pidan.

5 **Haz aquello que te gusta y te motiva.** No esperes años hasta incluir en tu vida aquello que te gusta hacer. Simplemente hazlo ahora.

6 **Aprende de los errores.** Conviértelos en formas de aprender a vivir, no en frustraciones.

7 **Proponte metas y atrévete a alcanzarlas.** Aprovecha las oportunidades y desarrolla sin miedo tu potencial.

8 **Escúchate y conócete.** Recuerda que eres tu principal compañía. Trátate siempre con respeto, cariño y comprensión.

13 ¿Con qué tres o cuatro recomendaciones del texto anterior te quedarías? Escribe una entrada de blog de entre 150–200 palabras explicando por qué te parecen importantes esas recomendaciones y cómo aplicarlas a tu vida. Puedes dar ejemplos concretos y utilizar otras ideas de la unidad.

14 En grupos de cinco personas (moderador + participantes), prepara un debate sobre qué pueden hacer las escuelas, las familias y la sociedad en general para favorecer y gestionar el bienestar de las personas. Piensa en distintos grupos sociales y sus necesidades. Piensa en valores universales, que sirvan para todas las personas. ¿Cómo sería una sociedad donde puedes sentirte sano física, emocional y mentalmente?

Ten en cuenta estos puntos:

- Establece posturas/opiniones diferentes entre los participantes en el debate.
- Procura realizar aportaciones constructivas, y evitar posturas extremas u ofensivas.
- Colabora en equipo en la preparación de las preguntas del debate. Asegúrate de que las preguntas son relativamente fáciles de responder.
- Distribuye bien los tiempos de intervención: cada persona habla un tiempo similar.
- Usa la gramática adecuada en tus oraciones.
- Usa vocabulario de la unidad.

¡AHORA TE TOCA A TI!

Autoevaluación del estrés y de las emociones

La atención a la salud mental y emocional recibe cada vez más importancia por parte de las instituciones. El Gobierno de España ha creado un programa de autoevaluación de la salud emocional para todas las personas interesadas. En la sección llamada "Bienestar Emocional" de la página web del propio Ministerio de Sanidad, encontrarás varios cuestionarios para la autoevaluación de emociones positivas, el estrés, la ansiedad o la tristeza, junto a información relevante para interpretarlos. Completa alguno y comenta tus resultados con tus compañeros. Tomar consciencia de lo que sentimos y de nuestro estado de salud es el primer paso para cuidar de uno mismo.

¡REFLEXIONEMOS!

¿Qué tipo de tareas te ayudan a acordarte de lo estudiado? ¿Cómo conseguimos aprender a largo plazo? ¿Qué contenidos de esta unidad crees que recordarás en el futuro. ¿Por qué te parece que los recordarás?

VERIFICACIÓN DE HABILIDADES

¿En qué nivel de seguridad te sientes en lo que has aprendido y practicado en esta lección?

Puntúa del 1 (nada seguro) al 5 (muy seguro) y después demuestra lo que has aprendido.

Ahora puedo...	Nivel de seguridad (1–5)	Demuéstralo
identificar y utilizar vocabulario relacionado con la salud mental y el bienestar		Escribe cinco oraciones en las que uses este vocabulario.
conocer los efectos del estrés sobre la salud física y mental		Explica a tu compañero de clase cuál es el impacto del estrés en la salud.
reflexionar sobre la importancia del ocio y el tiempo libre		Menciona tres ideas que reflejen la importancia del ocio y el relax en nuestras vidas.
argumentar y debatir sobre el concepto de vida equilibrada		Da tu definición de vida equilibrada y compárala con la de un compañero.
construir oraciones condicionales tipo 1 (*Si* + presente + presente o futuro simple).		Escribe tres oraciones condicionales tipo 1 sobre el tema del bienestar.

FRASES ÚTILES

Una vida equilibrada...

implica combinar de manera balanceada la diversión y las obligaciones.

tiene como centro el bienestar entendido de manera amplia.

se ve amenazada por la conexión permanente y la sobrecarga laboral.

pide centrarse en uno mismo y saber desconectarse.

incluye actividades que nos gustan, no solo trabajo y deberes.

se combina muy bien con el ejercicio, el yoga y la meditación.

La salud mental...

a menudo no recibe suficiente atención por parte de los individuos y de la sociedad.

es tan importante como la salud física.

está sujeta a factores externos como la situación económica, la seguridad emocional y el equilibrio entre vida personal, social y laboral.

afecta a todas las esferas de la vida.

El estrés...

es un proceso natural cuyos efectos, cuando perduran, pueden derivar en graves problemas de salud.

depende de las circunstancias que nos rodean y de cómo nos enfrentamos a ellas.

crece en nuestras sociedades.

desemboca en dolencias como la depresión, el insomnio o el cansancio crónico.

puede combatirse con relajación, diversión, sueño profundo, relaciones sanas, menor carga laboral o una buena dieta.

Hoy en día...

hay un creciente interés por aprender a gestionar el bienestar.

existen muchos cursos y talleres de educación emocional y manejo del bienestar.

vemos cada vez más claramente la necesidad de aprender a desconectar.

> Unidad 2: Preguntas para practicar

Comprensión oral

Resumen con palabras que faltan

Vas a escuchar un reportaje y a leer un resumen del mismo. Vas a escuchar la grabación **dos** veces.

Para cada número que corresponde a los espacios en blanco, escoge la opción que mejor completa cada oración (**A**, **B** o **C**).

Ahora tienes un minuto para leer el resumen y las respuestas.

Resumen

El reportaje habla de una campeona nacional de **(1)**.......... deportiva. A los veintiún años, decidió abandonar su exitosa carrera debido a una profunda **(2)**.......... vital. A pesar de la **(3)**.......... e incomprensión de su entorno, la deportista no cambió de opinión.

La noticia de su **(4)**.......... fue muy comentada en los medios de comunicación. En ese momento, nadie hablaba de **(5)**.......... mental. Hoy, quince años más tarde, ella confiesa sentirse muy **(6)**.......... de haber dado ese giro a su vida.

1	**A** competición	**2**	**A** crisis	**3**	**A** emoción		
	B gimnasia		**B** depresión		**B** sorpresa		
	C natación		**C** carga		**C** reacción		**[3]**
4	**A** enfoque	**5**	**A** estado	**6**	**A** contenta		
	B opinión		**B** condición		**B** insegura		
	C decisión		**C** salud		**C** infeliz		**[3]**

[Puntos: 6]

Preguntas de opción multiple (entrevista)

Vas a escuchar una entrevista con Miguel Lindero, un investigador que propone reducir las distracciones y el uso del móvil entre los jóvenes. Vas a escuchar la entrevista **dos** veces.

Para cada pregunta elige la respuesta correcta (**A, B, o C**).

Ahora tienes un minuto para leer las preguntas.

1   La publicación de *Des-conecta*...

   A ha impactado a los lectores.

   B no ha provocado controversia.

   C interesa solo a las familias.

[1]

2 El investigador propone empezar a usar el móvil...

    A en la adolescencia.

    B después de la adolescencia.

    C al final de la adolescencia. **[1]**

3 Lindero es profesor en la Universidad de California...

    A desde hace cinco años.

    B desde hace diez años.

    C desde hace una temporada. **[1]**

4 El origen de *Des-conecta* fue...

    A el aumento del estrés de los jóvenes.

    B un estudio sobre hábitos de salud.

    C que los jóvenes no se concentran. **[1]**

5 El uso del teléfono y las redes sociales...

    A hace disminuir nuestra atención.

    B no influye en el estrés.

    C ayuda a trabajar rápido. **[1]**

6 El estudio de Lindero constató que...

    A a menor concentración, menor estrés.

    B a mayor dispersión, mayor concentración.

    C a mayor uso de las redes sociales, mayor ansiedad. **[1]**

7 Según Lindero, permitir a los niños acceder a los móviles...

    A es adecuado.

    B es un error.

    C es un fallo del cerebro. **[1]**

8 Las interrupciones...

    A estimulan nuestro neocórtex.

    B favorecen la multitarea.

    C nos impiden ser eficientes. **[1]**

9 Lindero aconseja a las familias...

    A retrasar el uso de la tecnología digital.

    B vigilar a sus hijos.

    C explorar la realidad virtual. **[1]**

10 Dar ejemplo...

    A produce aburrimiento.

    B no siempre se recuerda.

    C causa mala memoria. **[1]**

[Puntos: 10]

Comprensión lectora

Preguntas de opción múltiple (textos cortos)

Lee los siguientes textos. Para cada pregunta indica la respuesta correcta (**A, B, C o D**).

1

> **Cómo elegir un buen colchón**
>
> La cama que utilicemos influirá sin duda en la calidad de nuestro sueño. Si vas a comprar un colchón, recuerda que:
>
> - No debe ser ni muy duro ni muy blando.
>
> - Tiene que ser firme, para que sostenga nuestro cuerpo, pero sin llegar a ser incómodo.
>
> - Debe ser homogéneo, sin partes hundidas ni huecos.
>
> - Tiene que adaptarse a nuestro cuerpo y respetar la curvatura natural de la columna.

¿Cómo **no** debe ser un colchón?

A   firme y homogéneo

B   adaptable a nuestra espina dorsal

C   con desniveles

D   ni demasiado duro ni demasiado blando

[1]

2

> **No todos queremos ser deportistas**
>
> Hola. Soy un chico muy poco deportista. Hacer deporte nunca me gustó, soy muy torpe y mis compañeros siempre se rieron de mí, sobre todo los deportes de equipo me dieron problemas. No soy adicto a la tecnología ni llevo una vida sedentaria. Me gusta pasear tranquilo y en silencio. Disfruto mucho de estar conmigo mismo. Cuando estoy solo, me vuelvo creativo. Tal vez simplemente soy introvertido. En este mundo hay más personas como yo, y deseamos el respeto de la sociedad.

¿Por qué escribe este chico?

A   porque quiere hacer nuevos amigos

B   porque quiere que los demás lo respeten

C   para chatear con sus amigos

D   porque quiere ser más creativo

[1]

3

Normas para el acceso a la zona de bañeras

- Entre sin calzado.
- Traiga su propia toalla y su propio bañador.
- Utilice las taquillas para dejar sus pertenencias personales.
- Antes de entrar en la bañera, dúchese.
- Si tiene pelo largo, use gorro.
- En las zonas comunes está prohibido consumir alimentos.

¿Quién **no** cumple las normas?

A No lleva gorro, pero tiene pelo corto.
B Se ha duchado antes de entrar en la bañera.
C Deja sus posesiones en la taquilla.
D Come dentro de las zonas compartidas.

[1]

4

Hola, Iván. Te mando este mensaje de texto porque no puedo ir contigo al gimnasio. Mañana tengo examen y necesito disponer de la tarde para estudiar. Para compensar este día sedentario, haré unos ejercicios en casa. Y cenaré ligero: una ensalada, unos huevos cocidos, fruta, queso fresco… ¡Uy, qué hambre me entra al pensar en la comida! No sé si resistiré la vida sana que nos hemos propuesto al 100%, jajaja 😊.

Besos, Javier.

Según el mensaje, Javier...

A trata de vivir sano.
B es muy estudioso.
C adora la comida ligera.
D tiene mucha hambre.

[1]

5

Campaña contra la comida basura

Recuerda que la comida rápida es barata, pero…

- Es pobre en nutrientes.

- Daña el medioambiente.

- No respeta la vida de los animales.

- No te hace sentir bien.

Siempre que puedas, come sano, cocina tus propios alimentos e infórmate de su origen.

Comer sano…
A significa no comer animales.
B evita todas las enfermedades.
C es muy complicado.
D en general es más costoso que la comida rápida.   [1]

6

Trabajo de verano

Para mis dos meses de vacaciones escolares (julio y agosto), busco un trabajo al aire libre y en contacto con la naturaleza. Tengo experiencia como jardinera, como socorrista de playa y como paseadora de perros. Soy una persona seria y responsable. Por favor, contáctenme a través del teléfono: +85 400 76 25.

¿Qué trabajo sería el más adecuado para esta persona?
A oficinista
B guardabosque
C camarera
D profesora   [1]

[Puntos: 6]

Emparejar textos relacionados con enunciados

Lee el texto.

Empareja la opinión de los cuatro estudiantes universitarios (Lucía, Óscar, Ana y Alejandro) con el resumen correspondiente. Para cada pregunta elige una sola respuesta (**A, B, C o D**).

Mi primer año fuera de casa

Lucía

Mi primer año fuera de casa está siendo increíble. La universidad en la que me admitieron queda a cuatro horas de la ciudad donde viven mis padres, por lo que tuve que desplazarme. Me dio un poco de pena dejar a mi familia, sobre todo a mi hermana pequeña. ¡No le gusta nada ser hija única! Pero yo estoy feliz, la verdad. El único problema es el tema de las compras. Apenas tengo tiempo para hacerlas y como demasiados bocadillos. Pronto me organizaré mejor.

Óscar

Para mí lo más duro fue la parte práctica de la independencia. No me imaginaba que hubiera tantas tareas por hacer: limpiar, comprar, cocinar, fregar, lavar ropa, ordenar… Uf, ¡son muchas horas de trabajo! Pero encuentro muy importante cuidar de mí mismo y llevar, en lo posible, una vida equilibrada. Es algo que se aprende a hacer viviendo solo.

Ana

Siempre fui muy independiente y lo sigo siendo. Aunque este es mi primer año completo fuera de casa, ya había vivido temporadas cortas por mi cuenta. Para mí, separarte de tu familia es fundamental para tu madurez psicológica. Es la única forma de descubrir quién eres y de vivir realmente tu vida. ¡No cambio esta nueva libertad por nada del mundo!

Alejandro

A veces me siento un poco desbordado. Las clases, organizarme el día a día, el ocio, los amigos… ¡El día se me hace corto! Pero debo decir que, en general, la estoy pasando bien. Echo de menos a mi familia, pero nos comunicamos seguido y puedo ir a verlos una vez al mes. Mis estudios me encantan y mi nueva ciudad de residencia es cómoda y bonita, llena de parques y naturaleza. Todos los estudiantes nos desplazamos en bicicleta. Está genial, ¿no?

¿Quién dice?

1 Le resultó difícil cumplir con todas las tareas domésticas.
   A Lucía   **B** Óscar   **C** Ana   **D** Alejandro [1]

2 Se marchó de casa porque su familia vivía lejos de la universidad.
   A Lucía   **B** Óscar   **C** Ana   **D** Alejandro [1]

3 Mantiene contacto frecuente con su familia.
   A Lucía   **B** Óscar   **C** Ana   **D** Alejandro [1]

4 No es la primera vez que vive lejos de su familia.
   A Lucía   **B** Óscar   **C** Ana   **D** Alejandro [1]

5 No tiene tiempo de hacer las compras.
   A Lucía   **B** Óscar   **C** Ana   **D** Alejandro [1]

6 La libertad que da la independencia es maravillosa.
   A Lucía   **B** Óscar   **C** Ana   **D** Alejandro [1]

7 Vive en una ciudad muy agradable.

  A Lucía   **B** Óscar   **C** Ana   **D** Alejandro **[1]**

8 Vivir solo te enseña a balancear placeres y deberes.

  A Lucía   **B** Óscar   **C** Ana   **D** Alejandro **[1]**

[Puntos: 8]

Redacción

Ensayo

Elige una de las siguientes opciones para escribir.

Escribe **en español** una redacción de 200 a 250 palabras (**como máximo**) sobre uno de los siguientes temas.

1 La revista de tu instituto quiere ayudar a mejorar la calidad del menú del comedor escolar. Te invitan a expresar tu opinión explicando cómo es el menú actual y qué puede o debe mejorarse. Escribe el artículo. **[24]**

2 El Ayuntamiento de tu ciudad quiere instalar equipos deportivos en los parques y crear carriles bici por todo el municipio. Da tu opinión sobre los beneficios o inconvenientes que tendrían esas propuestas. Escribe tu respuesta. **[24]**

La puntuación total es de 24 puntos: un máximo de 10 puntos por el contenido y un máximo de 14 puntos por el uso de la lengua.

Expresión oral

Tarjeta 2

Vas a participar en una **conversación** con tu compañero. Estudia la situación presentada en la tarjeta durante cinco minutos. Puedes escribir algunos apuntes breves.

Debes discutir tus ideas y sugerencias, y justificar tus opiniones. **[Total posible: 9–10 puntos]**

Situación

Conversa con un compañero sobre la práctica del deporte, y considera las ventajas y desventajas de distintas opciones.

Decide quién de los dos iniciará la conversación.

Tarea

En tu conversación tienes que dar tus opiniones y sugerencias sobre:

- apuntarse a un gimnasio

- unirse a un equipo deportivo

- hacer deporte en casa

- salir a la naturaleza

- no hacer deporte

> Unidad 3

Educación y futuro

¿Cómo te prepara la educación secundaria para el futuro?

¿Tienes claro lo que quieres hacer después de esta etapa educativa?

¿Piensas ir a la universidad o seguir una formación profesional técnica? ¿Por qué?

¿Cuáles son las vías de acceso al mercado laboral para los jóvenes en el lugar donde vives?

El propósito de la educación no radica solamente en la escolarización básica y obligatoria de los individuos. Uno de los grandes retos de los sistemas educativos consiste en garantizar una continuidad hacia la enseñanza universitaria y la formación profesional que posibilite el acceso a empleos cualificados y a una vida laboral que permita al menos cubrir las necesidades básicas. En esta unidad exploraremos algunas de las preocupaciones de las sociedades en cuanto a la enseñanza y al trabajo.

3.1: La vida escolar

1   Junto con un compañero, haz una lista de diez palabras o frases sobre la educación que hayas aprendido en niveles anteriores. Escoge una de ellas y escribe una oración que incluya al menos una de las siguientes conjunciones.

aunque	ni	pero
porque	si	sin embargo

Texto 1

¿Hasta qué edad es la educación pública en tu país gratuita y obligatoria? ¿Crees que otros sistemas educativos son similares o diferentes al que conoces? Lee este artículo para entender aspectos básicos de la educación en México.

El sistema educativo en México

Según el artículo tercero de la Constitución Política de los Estados Unidos Mexicanos, todo individuo tiene derecho a recibir una educación que además de obligatoria sea inclusiva, gratuita y laica.

La Ley General de Educación establece tres etapas educativas: *básica*, *media superior* y *superior*.

La educación básica consta de tres ciclos:

- La educación *preescolar* atiende a niños de tres a cinco años.

- La educación *primaria* tiene seis grados que incorpora a niños de seis a doce años. La culminación de este nivel se acredita mediante un certificado oficial, que es un requisito indispensable para ingresar a la secundaria.

- La educación *secundaria* se imparte en tres grados y cubre a jóvenes de trece a quince años. Al concluir, los estudiantes reciben un certificado oficial, que es requisito básico para ingresar a la educación media superior.

La educación *media superior* comprende el nivel de bachillerato y la educación profesional técnica.

- El *bachillerato* se imparte generalmente en tres grados, aunque existen programas de estudio de dos y de cuatro años. El certificado de bachillerato es obligatorio para ingresar a la educación superior.

- En la *educación profesional técnica* existen programas de dos hasta cinco años, aunque la mayoría son de tres grados y está orientada a la formación para el trabajo técnico.

- El artículo tercero de la Constitución establece que este tipo educativo es obligatorio a partir del 9 de febrero de 2012.

Figura 3.1: *El pueblo a la Universidad*, mural de David Siqueiros (UNAM, Ciudad Universitaria)

La educación *superior* se conforma por tres niveles: técnico superior, licenciatura y posgrado.

- El *técnico superior* se orienta a la formación de profesionales capacitados para el trabajo en un área específica. Los programas son de dos años y no alcanzan el nivel de licenciatura.

- La *licenciatura* forma profesionales en diversas áreas del conocimiento con programas de estudio de cuatro años o más. Se imparte en instituciones universitarias, tecnológicas y de formación de maestros. Los estudios de bachillerato son obligatorios para ingresar al nivel técnico superior y a la licenciatura.

- El *posgrado* incluye los estudios de especialidad, maestría y doctorado. Está orientado a la formación de investigadores y profesionales con alto grado de especialización. El posgrado tiene como requisito obligatorio de ingreso la licenciatura y se acredita con el título de especialidad, maestría o doctorado.

2   ¿Cuáles de las ocho declaraciones siguientes son verdaderas (V) y cuáles falsas (F) según el texto anterior?

a   No es necesario pagar para obtener una educación básica en México.

b   No existen oportunidades para la instrucción antes de los cinco años de edad.

c   La educación primaria dura seis años.

d   La educación básica está dirigida a niños de tres a cinco años solamente.

e   Los graduados de técnico superior no son licenciados.

f   Se necesita más tiempo para completar la licenciatura que el nivel técnico superior.

g   No hay ningún requisito para acceder a la educación superior.

h   Se puede estudiar una maestría solamente si se posee un título de licenciatura.

3   Debate con un compañero las similitudes y diferencias entre el sistema educativo en tu país y el de México en cuanto a la distribución de niveles, edades y requisitos. Puedes usar un diagrama de Venn u otra forma gráfica comparativa para ayudarte a ordenar y exponer tus ideas. Presenta los resultados de tu debate al resto de tus compañeros.

Texto 2

La indisciplina escolar se ha convertido en un tema de discusión recurrente en el **ámbito** educativo. Lee lo que opinan al respecto la estudiante Blanca, su madre y el profesor Molina.

La indisciplina en el aula

Blanca: Pues hay profes que no logran controlar la disciplina y me da mucha pena por ellos. A veces pasan la mitad del tiempo destinado al aprendizaje tratando de poner orden en la clase. Y, aunque me gustan las asignaturas, pierdo el interés y me pongo a leer un libro o hacer trabajos para otras materias. Pienso que los profesores deberían centrarse solamente en los estudiantes como yo, que quieren aprender.

La madre de Blanca: Me preocupa que mi hija no esté recibiendo una educación de calidad a causa del mal control de la disciplina por parte de algunos profesores. Pienso que los estudiantes con dificultades para cumplir con las reglas del plantel y del aula deben asistir a una escuela especializada en alumnos con problemas de conducta. La inclusión en este caso perjudica a un número mayor de estudiantes.

Profesor Molina: Para un educador, la solución no es excluir a los estudiantes indisciplinados, sino atender a cada alumno con problemas de comportamiento según sus necesidades. Es necesario corregir las conductas negativas y reforzar los hábitos positivos. Una comunicación abierta y periódica con las familias es primordial para una buena disciplina en nuestras aulas. Algunos padres se desentienden de la educación de sus hijos y esta falta de cooperación estimula, en parte, una convivencia escolar desordenada.

PALABRAS CLAVE

(el) ámbito: espacio relacionado con una materia o disciplina

desentenderse: no tomar parte, no hacer caso

primordial: esencial o de gran importancia

4   Cambia las siguientes frases extraídas del texto anterior de modo que expresen las mismas ideas. Escríbelas en tu cuaderno.

   a   no logran controlar la disciplina

   b   la mitad del tiempo destinado al aprendizaje

   c   especializada en alumnos con problemas de conducta

   d   la solución no es excluir a los estudiantes indisciplinados

   e   se desentienden de la educación de sus hijos

Texto 3

La migración no es un fenómeno reciente, aunque pareciera que en la actualidad es aún más común. De hecho, la migración ha existido desde épocas remotas. Muchas de las personas que emigran de sus países de origen están en edad escolar. El texto siguiente aborda esta temática y proporciona estadísticas e información relevante sobre los estudiantes inmigrantes en los Estados Unidos.

Estudiantes hispanohablantes en las aulas estadounidenses

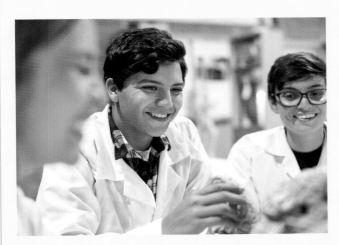

Según un estudio del Instituto Cervantes, en Estados Unidos 42.5 millones de personas dominan el español a nivel nativo y 14.9 millones tienen competencia limitada del idioma. Los cuatro estados con al menos un millón de hispanos menores de 18 años son California, con 4.5 millones; Texas, con 3.5 millones; Florida, con 1.4 millones, y Nueva York, con un millón. Estas cifras explican la presencia cada vez mayor de estudiantes hispanos en las escuelas estadounidenses. Esta realidad demográfica convierte a Estados Unidos en el país con la mayor población hispanohablante del mundo, aun así, el español no es reconocido como una lengua oficial.

Las aulas en los Estados Unidos han visto un incremento de estudiantes debido a las últimas **oleadas** de inmigrantes hispanos en edad escolar provenientes de Centroamérica, Venezuela y Puerto Rico. Según la Dra. Shelley, directora del instituto preuniversitario Booker High, en Florida, el 40% del estudiantado en este centro educativo es hispano, lo que supone una atención especial que incluye clases intensivas de inglés. Su preocupación fundamental es lograr que estos estudiantes encuentren un **refugio** seguro donde puedan alcanzar una preparación académica que les permita acceder a estudios universitarios. A la enseñanza del idioma inglés en Booker High, se le suman otras iniciativas como la creación de un comité de padres hispanos, la promoción de programas extracurriculares entre los alumnos hispanos, la traducción de información relevante y la celebración del Mes de la Herencia Hispana.

El programa Inglés para Hablantes de Otros Idiomas (ESOL, por sus siglas en inglés) se enfoca en el desarrollo de las habilidades de escuchar, hablar, leer y escribir en inglés para aumentar el éxito académico de estos estudiantes en las aulas estadounidenses.

Asimismo, los alumnos son expuestos a la cultura estadounidense mientras son animados a valorar su lengua materna y su cultura.

La realidad es que estos estudiantes hispanos han llegado para quedarse. Estados Unidos será su hogar y el de sus hijos. El acceso igualitario a una educación de calidad debe ser, entonces, una prioridad para el Gobierno estadounidense.

5   Explica con tus palabras lo que representan las siguientes cifras en el texto.
   a   42.5
   b   14.9
   c   4.5
   d   40

6   Encuentra en el texto los antónimos de las siguientes palabras.
   a   ausencia
   b   menor
   c   disminución
   d   primeras
   e   prohíba
   f   de poca importancia

7   En tus palabras, explica lo que se dice en el texto referente a:
   a   el impacto lingüístico-cultural de los hispanohablantes en los Estados Unidos
   b   el flujo de inmigrantes recientes en edad escolar
   c   la preocupación principal de la Dra. Shelley
   d   el programa ESOL

PALABRAS CLAVE

asimismo: también, igualmente

(las) oleadas: movimientos repentinos o impetuosos

(el) refugio: lugar para protegerse de algo

Texto 4

¿Qué opinas del título de la entrevista a continuación? ¿Qué piensa tu compañero? Lee la siguiente entrevista al profesor Domínguez sobre el concepto de *aula* y discútela con el resto de la clase.

¿Aula o jaula?

Estudiante: Gracias, profesor Domínguez, por acceder a esta entrevista para nuestro periódico estudiantil. Este mes quisiéramos abordar el viejo chiste de comparar el aula con una jaula. ¿Cómo lo ve usted?

Profesor Domínguez: Pues ¿qué te digo? Me parece muy triste que se compare el espacio de aprendizaje con un lugar de aislamiento y falta de libertad. El aula debe ser honrada cada día como lo que es, fuente de crecimiento intelectual y de intercambio social. A mí, particularmente, la broma semántica nunca me ha hecho mucha gracia, al contrario, ha sido punto de partida para un análisis crítico sobre mi papel como educador. No creo que se deba ver al alumno solo como la generación irrespetuosa y apática que no se interesa por su instrucción. Hay problemas más profundos que han estado corroyendo la educación desde hace muchos años.

Estudiante: Su pasión por la enseñanza es evidente, pero ¿a qué cree usted que se deba la creciente desmotivación de los estudiantes?

Profesor Domínguez: Pienso que tenemos que empezar a ver la educación como algo dinámico que debe progresar con los tiempos que se viven. No podemos seguir viendo al alumno como un ente pasivo que almacena información. Tenemos que pensar en formas novedosas de desarrollar su pensamiento analítico a partir de la información que se les presenta, y no solo cargarlos con una lista interminable de contenido para memorizar. Urge comenzar a deslindarnos un poco del sistema arcaico donde el profesor es el eje alrededor del cual gira el conocimiento. El pupilo es y debe ser el centro de atención en todo momento.

Estudiante: Usted es de los pocos profesores que permiten el uso de teléfonos móviles en el aula y aun así goza del respeto de sus alumnos. ¿Cómo lo hace?

Profesor Domínguez: Más del 70% de los estudiantes españoles tienen un teléfono en sus manos y los padres saben que los traen a clase. No quiero ser un policía persiguiendo a aquellos que los usan. Se pierde un tiempo precioso en esto. Ante esta alarmante cifra, el reto es incorporar los teléfonos móviles a las aulas como recurso educativo para investigación, busca rápida de información, entre otros muchos usos. Darle la espalda al problema significa alejar las aulas del mundo real. Como dice el dicho, «si no puedes con el enemigo, únetele».

Estudiante: Ha sido un placer conversar con usted, profesor. ¿Tiene algún mensaje para nosotros?

Profesor Domínguez: Edúquense, sean curiosos, presten más atención a la adquisición de conocimientos y menos a las calificaciones. El futuro les pertenece a ustedes, los jóvenes.

8   Contesta a las siguientes preguntas según la información del texto.

    a   ¿Qué piensa el profesor Domínguez sobre la analogía aula-jaula?

    b   ¿Cómo se puede motivar a los alumnos, según el profesor?

    c   ¿De qué manera enfrenta el profesor el uso creciente de teléfonos móviles en las aulas?

    d   ¿Qué aconseja el profesor Domínguez a los estudiantes?

PALABRAS CLAVE

corroer: consumir

deslindarse: separarse, poner distancia

(el) ente: sujeto

(el) pupilo: alumno

Texto 5

¿Qué te parece ir a la escuela solo cuatro días a la semana? Lee el texto siguiente y decide si esta opción es para ti. Debate tu opinión con el resto de la clase.

Cuatro días de clases: ¿sí o no?

Agenda Semanal

Lunes	Martes	Miércoles	Jueves

Desde hace años se viene coqueteando en Europa con la idea de una semana escolar de solo cuatro días. En España, los encargados de tomar las decisiones en educación observan los resultados en los más de 500 distritos escolares estadounidenses que ya han adoptado este concepto. A primera vista, es una tendencia atractiva que ha recibido la aprobación de los estudiantes y los profesores. Muchos padres españoles se oponen a la idea argumentando que lo que se necesita es una reforma profunda del sistema educativo que comience por la manera en que se imparte la educación. Para muchos de ellos cuatro días de clases adicionaría al estrés familiar una carga financiera al tener que buscar cuidado para los niños.

Examinemos algunas ventajas y desventajas de este modelo de semana escolar.

Ventajas

- Disminuirían los gastos de operación innecesarios, aunque los estudios muestran que el ahorro no es significativo.

- Mejoraría la asistencia a clases, pues las citas médicas se reservarían para el viernes.

- Los estudiantes en edad laboral podrían trabajar unas horas más.

- Los profesores tendrían más tiempo para planificar las clases y corregir los trabajos de los alumnos.

- Los cuatro días de clases serían más largos, por lo que los estudiantes llegarían a casa aproximadamente a la misma hora que sus padres y no a un hogar vacío.

Desventajas

- La jornada escolar sería más larga.

- Los padres tendrían que pagar por todo un día de cuidado infantil, en ciertos casos.

- Todo un día sin supervisión podría aumentar la delincuencia juvenil.

- Muchos estudiantes perderían un día de alimentación regular y recreación supervisada y segura.

En definitiva, la implementación de la semana escolar de cuatro días es un debate que debe ser abordado con toda la seriedad que el tema de la educación de los más jóvenes merece. Pero ¿qué opinas tú? ¿Hasta qué punto estás de acuerdo con la semana escolar de cuatro días?

9 Analiza el contexto en el que aparecen estas frases en el texto anterior y explica a qué se refiere el autor.

   a   se viene coqueteando en Europa

   b   una reforma profunda del sistema educativo

   c   gastos de operación

   d   un hogar vacío

10 Después de leer el texto, escoge una ventaja y una desventaja con la que no estés completamente de acuerdo y explica tus razones por escrito en entre 100 y 150 palabras. Comparte tu opinión con un compañero o con la clase. Trata de usar el vocabulario nuevo de esta unidad.

CONCEPTOS CLAVE

Conciencia cultural: la información extralingüística es tan importante como el dominio del vocabulario y la gramática para una comunicación efectiva. Estar al corriente de los acontecimientos locales, nacionales e internacionales permite la comprensión de un texto escrito u oral incluso cuando estamos en presencia de vocabulario avanzado o desconocido.

11 a   Lee la tira cómica de *Mafalda* e interpreta su mensaje. ¿A qué cosas se refiere Mafalda?

[*Fuente: https://anamariarnovoa.blogspot.com/2014/11/proyecto-mafalda-celebramos-su-50.html*]

   b   Los refranes son fuentes valiosas de sabiduría popular. Los que aparecen a continuación están relacionados con el tema de la educación. Conversa con un compañero acerca de su significado y compártelo con el resto de la clase.

       i   Lo que bien se aprende nunca se olvida.

       ii   Cada maestro tiene su librito.

       iii   Mientras más hable el maestro, menos aprende el alumno.

GRAMÁTICA

El futuro

En español, se usan tres formas verbales para hablar de acciones futuras: el futuro simple, la perífrasis *ir a* + infinitivo y el presente de indicativo.

Futuro simple

Hablar de algo que sucederá en un momento futuro:

- Deberías sentar cabeza y pensar en el futuro.
- Lo **haré**. De momento me **matricularé** en la universidad de noche para terminar la carrera.

Hacer predicciones:

Puedo leer en tu mano que te **casarás, tendrás** dos hijos y *serás* muy feliz, como en los cuentos de hadas.

Expresar probabilidad:

- ¿Qué hora es?
- No sé. **Serán** las diez más o menos.

Sugerir una explicación sobre un hecho:

No vino a clases hoy. **Estará** enferma.

Expresar sorpresa o reprobación en exclamaciones y preguntas:

- Voy a decirle a mis padres que voy a cambiar de carrera.
- ¡No **tendrás** valor!
- Me voy a tomar un año para viajar. Luego continúo con mis estudios.
- ¿No lo **dirás** en serio?

Ir a + infinitivo

Hablar de planes o intenciones actuales para el futuro:

- Creo que ya sé lo que **voy a hacer** mañana. **Voy a estudiar** para el examen y después **voy a ir** al cine con Paula.

Referirse a un hecho probable:

- Parece que **va a nevar**.

Presente de indicativo

Hablar de una acción futura prevista o planeada:

- Las clases **comienzan** el primero de septiembre.
- El examen **es** mañana a las 8:00.
- En julio **voy** a un seminario de verano en la Universidad de Salamanca.

12 Escucha a cuatro expertos en educación hablar sobre la escuela del futuro y completa cada oración eligiendo la respuesta correcta.

    a   En la educación, los profesores serán...

        i   el centro.

        ii   los guías.

        iii   los críticos.

    b   Los estudiantes tendrán una visión más...

        i   global.

        ii   local.

        iii   personalizada.

    c   Las tareas serán...

        i   más flexibles.

        ii   menos interesantes.

        iii   más individualizadas.

    d   El aprendizaje se desarrollará durante...

        i   la niñez.

        ii   la adultez.

        iii   la adolescencia.

13 Vuelve a escuchar la grabación y explica con tus palabras las siguientes frases.

    a   Ellos serán los grandes protagonistas de su educación.

    b   Será un alumno con muchas más posibilidades de acceso a fuentes de conocimiento.

    c   Habrá más tarea.

    d   El aprendizaje se desarrollará a lo largo de toda la vida del alumno.

14 Junto con un compañero, habla de la escuela del futuro: el horario, el papel del profesor, los exámenes y el modo de aprendizaje. Asegúrate de usar las tres formas verbales de expresar el futuro. Comparte tus ideas con el resto de la clase.

¡REFLEXIONEMOS!

¿Qué usas con más frecuencia cuando hablas de acciones futuras en español, el tiempo futuro o la perífrasis verbal *ir a* + infinitivo? ¿En qué contexto de tu vida diaria podrías utilizar el futuro para expresar una probabilidad o sugerir una explicación sobre un hecho? Anota las posibles frases que puedas usar para introducir la noción de futuro, e incorpóralas a tu lista de vocabulario en español.

---

15 Imagina que has sido invitado a dar tu opinión sobre la educación en la próxima junta escolar, donde estarán presentes los directores de varias escuelas, los padres de los estudiantes y otros estudiantes. Prepara una presentación de dos minutos donde hables de los temas que más preocupan al estudiantado e incluye posibles soluciones.

CONSEJO

Para una presentación efectiva debes tener en cuenta los siguientes elementos:

- Atrae la atención con una introducción interesante.

- Muestra entusiasmo por el tema del que estás hablando. Evita el tono monótono.

- Sé conciso y organiza las ideas en un orden lógico.

- Siempre que puedas, incluye estadísticas y evidencia de investigación.

- Usa variedad de vocabulario y estructuras gramaticales para comunicar tus ideas y opiniones.

- Usa preguntas retóricas, pausas e incluye una conclusión clara.

- Es normal estar nervioso, pero si practicas varias veces te sentirás más preparado y seguro.

RINCÓN CULTURAL

Institutos Preuniversitarios Vocacionales de Ciencias Exactas

En Cuba los Institutos Preuniversitarios Vocacionales de Ciencias Exactas (IPVCE) son una alternativa más rigurosa académicamente que los institutos regulares. Estos centros preuniversitarios tienen como misión formar bachilleres con profundas motivaciones hacia el estudio de las ciencias.

El requisito de permanencia en los mismos es tener un índice académico superior a 85 puntos y además obtener más de 85 puntos como nota final en las asignaturas de Matemática, Física, Química y Biología.

El desarrollo del arte y del deporte, la combinación del estudio y el trabajo, y una disciplina rigurosa son algunas de las características de este tipo de escuelas. Graduarse de una de ellas es motivo de orgullo para los estudiantes, es llevar «la vocación» en el corazón para siempre.

¡AHORA TE TOCA A TI!

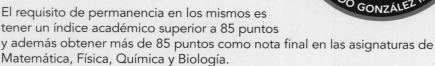

No todos los estudiantes aprenden al mismo ritmo. Con otros compañeros de clase, considera crear un club en tu escuela que ofrezca tutorías en diferentes materias. Puedes ayudar a otros alumnos a entender un concepto académico, a organizar sus notas, a hacer sus tareas o a utilizar el tiempo escolar más eficazmente. Tu profesor te puede orientar en cómo llevar a cabo este proyecto.

VERIFICACIÓN DE HABILIDADES

¿En qué nivel de seguridad te sientes en lo que has aprendido y practicado en esta lección?

Puntúa del 1 (nada seguro) al 5 (muy seguro) y después demuestra lo que has aprendido.

Ahora puedo...	Nivel de seguridad (1–5)	Demuéstralo
diferenciar los sistemas educativos en diferentes países hispanohablantes		Busca información en internet sobre la obligatoriedad de la educación en España, Argentina y los Estados Unidos. Presenta lo que has encontrado al resto de la clase.
identificar preocupaciones y problemas que afectan a los estudiantes		Haz una lista de las principales preocupaciones de los alumnos hoy en día. Clasifícala en orden de importancia.
argumentar cómo la escuela te prepara para el futuro		Explícale a un compañero o a tu profesor cómo la escuela te prepara o no para el futuro.
demostrar dominio del uso del tiempo futuro en contexto.		Habla de tus aspiraciones académicas usando las diferentes formas del futuro presentadas en esta unidad.

FRASES ÚTILES

La educación...

es un derecho universal de todo individuo.

puede ser pública o privada.

prepara a las personas para el futuro.

está dividida en niveles.

abre las puertas al conocimiento.

Algunos de los retos que enfrenta la educación actual son...

modelos de aprendizaje arcaicos, el comportamiento de los estudiantes, la combinación estudio-trabajo, el uso de la tecnología en las aulas, la duración de la semana escolar.

Para prepararte para el futuro, la escuela...

te enseña diversas materias.

te ayuda a pensar de forma crítica sobre temas de interés.

promueve la investigación y el uso de la tecnología.

desarrolla una visión global.

3.2: La educación superior

INTENCIONES DE APRENDIZAJE

Al final de esta unidad podrás:

- Examinar las oportunidades y los obstáculos para el acceso a la enseñanza superior

- Comparar el coste y los beneficios de la enseñanza superior

- Analizar alternativas diferentes a la enseñanza universitaria

- Repasar el uso del estilo indirecto.

1   Lee las siguientes declaraciones y escoge la que mejor refleje tu preocupación o inquietud como estudiante. Explica tus motivos a un compañero o a la clase.

   a   Me preocupa que aún no tengo planes para cuando termine la secundaria en un año.

   b   En unos meses debo tomar el examen de ingreso a la universidad y no me siento preparado.

   c   Me gustaría estudiar una carrera técnica corta después de la secundaria, pero mis padres quieren que vaya a la universidad.

   d   Sería interesante pasar un año en el extranjero antes de comenzar la universidad, pero debo considerar los gastos.

   e   Me inquieta no tener empleo cuando termine mis estudios de secundaria.

Texto 1

En la mayoría de los países existen pruebas rigurosas para acceder a la enseñanza superior. ¿Qué examen debes tomar tú? ¿Cuánta preparación requiere? Lee el siguiente texto sobre la selectividad en España.

Examen de selectividad: la pesadilla de los estudiantes españoles

Existen dos requisitos generales para el acceso a la educación superior en España: tener el título de Bachillerato y hacer la evaluación para el acceso a la universidad (EvAU) más conocida como selectividad. Esta prueba es uno de los rasgos más característicos del sistema de educación superior español y es de carácter obligatorio, puesto que se exige en todas las instituciones universitarias, tanto públicas como privadas del país. Los estudiantes podrán presentarse a la selectividad cuantas veces lo deseen. Muchos repiten el examen **en pos de** obtener una mejor calificación, dado que en algunas carreras es necesario alcanzar una determinada nota para poder acceder a los estudios.

El examen consiste en una serie de exámenes escritos y, aunque cada región tiene sus propias especificidades, hay cuatro exámenes que son obligatorios: Lengua Castellana y Literatura, Historia de España, Lengua Extranjera y un cuarto ejercicio relacionado con una de las asignaturas de la modalidad de bachillerato que se haya cursado (Matemáticas Aplicadas a las Ciencias Sociales II, Latín II, Matemáticas II y Fundamentos de Arte II).

El examen se realiza generalmente durante tres días a mediados de junio en la convocatoria ordinaria, y en julio o septiembre en la extraordinaria, a la que el alumno se podría presentar en caso de no haber superado la primera o si quiere subir su nota. Si los estudiantes no están conformes con la calificación, pueden solicitar la revisión del puntaje obtenido en una o varias pruebas. El **plazo** de presentación de estas solicitudes es de tres **días hábiles**, contados a partir de la fecha de publicación de las calificaciones.

Más del 80% de los estudiantes que se presentan al examen pasan sin mucho **sobresalto**. Es decir, que no hay necesidad de tanto **revuelo** o pánico.

2 Los verbos que aparecen en la tabla se utilizan en el texto. Busca el sustantivo correspondiente.

Verbo	Sustantivo
existir	la existencia
acceder	
exigir	
obtener	
alcanzar	
realizar	
superar	

PALABRAS CLAVE

(los) días hábiles: días de trabajo

(el) plazo: fecha límite

en pos de: en busca de, con el fin de

(el) revuelo: conmoción, agitación

(el) sobresalto: miedo, temor

3 Después de leer el texto, anota la información que se te pide.

    a   Lo que se necesita para acceder a la enseñanza superior.

    b   La cantidad de exámenes que hay que pasar.

    c   Los meses en los que se examinan los estudiantes.

    d   Lo que se puede hacer en la convocatoria de septiembre.

    e   El porcentaje de alumnos que aprueban el examen.

4 Repasa la información del Texto 1 y analiza la siguiente infografía.
Escribe una redacción de alrededor de 150 palabras donde expliques con tus propias palabras en qué consiste la selectividad y cómo se podría alcanzar un buen resultado en la misma. Intercambia tu trabajo con un compañero y corregíos los posibles errores.

Pasos para superar con éxito la selectividad

1 **Esfuérzate durante el Bachillerato**

Con una buena nota media lo tendrás más fácil para acceder al grado que te interese

2 **Acondiciona tu espacio**

Es esencial contar con un rincón de estudio cómodo, bien iluminado y bien ventilado

3 **Gestiona tu tiempo de estudio**

Crea un calendario y asegúrate de que podrás dedicar a cada asignatura el tiempo que requiere

4 **Familiarízate con las pruebas**

Practica con exámenes de años anteriores para conocer los criterios aplicados en la corrección

5 **Aprovecha el último esprint**

Reserva los días previos a las pruebas para repasar lo más relevante y resolver posibles dudas

6 **Infórmate bien de la organización**

Tienes que conocer al detalle las fechas y los lugares de realización de las pruebas y el material que debes llevar

7 **Mantén la calma y confía en ti**

Intenta controlar la ansiedad durante el estudio y durante la realización de los exámenes

8 **¡Demuestra lo que sabes!**

Ha llegado el momento. Distribuye bien el tiempo, céntrate en lo que te pregunten y repasa tus respuestas

educaweb (*)

Texto 2

¿Sabes cuánto cuestan los estudios universitarios en tu país? ¿O eres de los que no pagarán por la educación superior? El artículo a continuación recoge información sobre el costo de la universidad en varios países. Léelo detenidamente tratando de adivinar el significado de las palabras que no conozcas a través del contexto.

¿Cuánto cuesta la universidad?

Los montos de inscripción para ingresar a las universidades pueden ser muy diferentes de un país a otro. Un estudio elaborado por la Organización para la Cooperación y el Desarrollo Económico (OCDE) ha recogido el costo de un año de matrícula universitaria en cada uno de los 35 países miembros de la organización. El resultado arroja que, mientras algunos estudiantes tienen la posibilidad de acceder a los estudios superiores sin pagar un centavo, otros no corren con la misma suerte y terminan pagando miles por su educación.

En un tercio de los países de la OCDE, como Dinamarca, Eslovaquia, Eslovenia, Polonia, Turquía, Noruega o Finlandia, la educación superior es gratuita para los estudiantes nacionales. En España y México, los estudiantes pagan relativamente poco por año escolar (hasta unos 1500 euros). Chile, por su parte, tiene la segunda matrícula más cara después de los Estados Unidos, con un costo anual de 6500 euros aproximadamente. En Chile, matricularse en universidades públicas cuesta más que en los centros privados.

En Estados Unidos, para costear la matrícula, los estudiantes se ven obligados a contraer deudas, que muchas veces parecen impagables. Aunque existen diferentes tipos de becas y préstamos estudiantiles que ayudan a paliar el costo exorbitante de la educación superior estadounidense, los gastos educativos son uno de los obstáculos fundamentales a la hora de escoger una carrera universitaria.

El título universitario resulta ser caro y quizás su verdadero costo sea un obstáculo insuperable para muchos. Ojalá el futuro nos depare un acceso más equitativo al ansiado diploma.

---

5 Para cada frase elige la segunda parte que mejor la complete.

   a   El costo de la educación superior...

   b   Aunque muchos pagan un alto precio por su educación...

   c   De los países que integran la OCDE...

   d   Algunos estudiantes en los Estados Unidos piensan que la deuda estudiantil...

   e   Muchas veces, el alto costo de la educación estadounidense impide...

      i   es difícil de reembolsar.

      ii   la tercera parte ofrece educación gratuita.

      iii   varía según el país.

      iv   el acceso a una carrera.

      v   otros son más afortunados.

PALABRAS CLAVE

arrojar: mostrar

paliar: disminuir

(los) préstamos estudiantiles: dinero que debe ser reembolsado

6 Trabaja con un compañero y haz un resumen oral del Texto 2 usando las siguientes frases: *educación gratuita, costo de la matrícula, préstamo estudiantil, reembolsar la deuda, acceso equitativo a la educación.*

Texto 3

Se dice que la decisión de qué hacer después de graduarse de la secundaria es una de las elecciones más determinantes de toda la vida. El texto siguiente trata sobre las opciones de orientación académica que se ofrecen a los jóvenes.

Me he graduado de la secundaria, ¿ahora qué?

Si estás en edad de decidir o te queda un año por delante, ahora es tu momento, tanto si te atreves con la universidad como si vas por FP (Formación Profesional). En España somos más de universidad. Aunque en la última década ha crecido el número de estudiantes en programas de Formación Profesional, hay una baja proporción de jóvenes de entre 15 y 19 años matriculados en comparación con otros países de la Organización para la Cooperación y Desarrollo Económicos OCDE (un 12% frente a un 25%).

La vocación es la que decide en el caso de la universidad. Según estudios realizados, al elegir grados universitarios, el 52 % de los estudiantes escogerá la carrera que desea, mientras que el 35% tendrá en cuenta las salidas profesionales. Se recomienda que los alumnos **se decanten** por algo que les gusta, ya que el panorama laboral es muy inestable y, ahora, más incierto que nunca, y trabajar en algo que no les gusta en absoluto puede frustrar toda su carrera.

Repasemos estas dos alternativas formativas.

Ventajas de estudiar en la universidad

- Cuando hay un mayor nivel formativo, hay una menor tasa de desempleo.

- Te forma de manera integral y te **dota de** una visión global de tu área de conocimiento.

- Te brinda la posibilidad de acceder a puestos más cualificados, incluso directivos.

- Es una buena fuente de posibles o futuros contactos profesionales y te posibilita explorar distintas áreas profesionales.

Ventajas de la Formación Profesional

- Son estudios con una importante carga práctica que reflejan la realidad con la que te encontrarás en el entorno laboral.

- Toma menos tiempo.

- Los estudiantes de FP tienen garantizado un periodo de prácticas remunerado el tiempo que dura su formación teórica.

- Generalmente, esta modalidad es mucho más barata.

Ahora te toca a ti decidir. Analiza detenidamente los factores a favor y en contra de cada opción, discútelos con tu familia y sigue tu instinto.

7   Vuelve a leer el texto, ¿cómo se expresan las ideas siguientes?

a   preferimos la universidad
b   las opciones laborales
c   es muy precario
d   en el ámbito del trabajo
e   dura menos

8   Estás indeciso sobre qué camino seguir después de la secundaria. Escribe un correo electrónico de alrededor de 100 palabras a tu consejero académico e incluye lo siguiente:

- un saludo formal
- tu nombre y el grado que cursas
- el motivo de la comunicación
- pídele su opinión
- una sugerencia de cuándo discutir el tema en una entrevista
- una despedida

9   ¿Cómo imaginas tu futuro después de la escuela secundaria? ¿Has hablado con tus padres sobre tus planes? ¿Qué piensan ellos? Vas a escuchar las opiniones de Alina, Ignacio y Cristina. Mientras escuchas, toma nota de las ideas principales para que puedas responder más fácilmente las preguntas siguientes.

¿Quién dijo...

a   que no se lamenta de no haber ido a la universidad?
b   que visitó otro país?
c   que no le gusta su carrera?
d   que olvidó lo que aprendió en la escuela?
e   que tiene el apoyo de muchas personas?

PALABRAS CLAVE

dotar de: dar

decantarse: decidirse

CONSEJO

A la hora de escribir un correo electrónico, ya sea formal o informal, recuerda poner la coma tras *Buenos días/Hola* y dos puntos tras el nombre.

Buenos días, Sr./Sra. Pérez:

Hola, Juan:

Texto 4

La idea de tomarse un tiempo sin vínculo escolar está de moda, aunque no todos la aprueban. ¿Qué piensas tú? ¿Conoces a alguien que lo haya hecho? ¿En qué invirtió el tiempo esa persona? Lee el siguiente texto y piensa si es algo que te gustaría intentar.

Un año sabático: ¿vale la pena?

Un año sábatico es el tiempo que algunos dedican para hacer una pausa en su formación académica o laboral y lo aprovechan para el crecimiento personal. Procede de la idea del *sabbat* judío: el día de la semana, concretamente el sábado, en el que debe interrumpirse el trabajo. ¿Y para qué interrumpir el trabajo o los estudios? Para viajar a otros lugares, iniciar una exploración interna, para retomar algunas prácticas abandonadas o simplemente para reflexionar sobre lo que viene después.

Aunque el año sabático puede tener un tinte de ocio, también puede entenderse como un elemento dentro de la trayectoria profesional de la persona. Puede ser una etapa productiva, desde asistir a conferencias, a clases en una universidad extranjera o hasta aprender un nuevo idioma. Es muy habitual que este tiempo se destine a realizar una estancia en el extranjero. Vivir en otro país puede convertirse en una gran aventura y una oportunidad de crecimiento personal. Pero ¿has pensado cómo financiarás este viaje? ¿Usarás tus propios ahorros, los de tu familia o alguna beca? Ten en cuenta que a veces la falta de dinero puede ser un impedimento para hacer realidad esta idea. Recuerda también que el año sabático no es una huida. Debes manejar bien la parte económica y dejar planificado tu regreso.

El año sabático te da la oportunidad de descubrir cómo acabarías la frase «si tuviera todo el tiempo del mundo, me gustaría...». ¿Realmente leerías todos esos libros, harías esos viajes postergados, tomarías un curso de arte? El año sabático es esencial para entender lo que realmente te interesa y lo que era solo una fantasía.

El año sabático se está convirtiendo en una práctica común entre los jóvenes de algunos países anglosajones. En España, sin embargo, este hiato en los estudios no está muy extendido, y a veces se puede ver como algo negativo. Diversos estudios internacionales afirman, por su parte, que este periodo de pausa tiene efectos positivos en los estudiantes. Les permite probar opciones laborales no convencionales, acercarse a otras culturas o realizar voluntariados enriquecedores. ¿Y a ti? ¿Te interesaría tomarte un año de exploración de horizontes o piensas que es una pérdida de tiempo?

10 Estás considerando tomar un año sabático, pero necesitas la aprobación y el apoyo de tu familia. Usa elementos del texto, tu opinión o una búsqueda breve en internet en caso de que no estés familiarizado con el tema.

Determina tres ventajas y tres desventajas de tomar un año sabático y compara tu opinión con la de alguno de tus compañeros. Prepara una presentación de un minuto en la que expongas tus motivos y lo que harías en ese tiempo. Usa tanta información del texto como te sea posible sin copiar más de tres palabras consecutivas. Ensaya tu presentación antes de exponerla frente a la clase.

11 Escucha el siguiente pódcast sobre la educación y contesta las preguntas.

    a ¿Qué se dice en España sobre la nueva generación?

        i   Están muy preparados para enfrentar el futuro.

        ii   Tienen muchos estudios, pero poca preparación para el futuro.

        iii No tienen una formación académica sólida.

        iv Conocen bien la historia de España.

    b La presentadora piensa que los jóvenes viven en un mundo...

        i   productivo.

        ii   arruinado.

        iii complicado.

        iv estable.

    c El mercado laboral para los jóvenes es...

        i   inestable.

        ii   productivo.

        iii constante.

        iv optimista.

12 Vuelve a escuchar la grabación y responde a las preguntas junto con un compañero.

    a Resume con tus palabras la opinión de muchos españoles y de la presentadora sobre la preparación de los jóvenes para el futuro.

    b ¿Cómo piensas que la escuela te prepara para enfrentar los retos de la vida? Argumenta tu opinión usando información del audio y tus ideas.

> **PALABRAS CLAVE**
>
> **(el) crecimiento personal:** conocimiento de fortalezas y debilidades
>
> **(el) hiato:** interrupción
>
> **(el) tinte:** el aspecto, la apariencia

RINCÓN CULTURAL

La Universidad Nacional Autónoma de México fue fundada el 21 de septiembre de 1551 usando como modelo la de Salamanca, España. Es la más grande de México y una de las más importantes en América Latina. La UNAM cuenta con 123 licenciaturas, y otros muchos programas de maestrías y doctorados.

Figura 3.2: Mario Molina, Premio Nobel de Química

Tres egresados de esta magna institución han sido merecedores del Premio Nobel: Alfonso García obtuvo el Nobel de la Paz en 1982; en 1990 Octavio Paz fue nombrado Nobel de Literatura; y Mario Molina ganó el Nobel de Química en 1995.

GRAMÁTICA

El estilo indirecto

El estilo indirecto reproduce lo que alguien ha dicho, pero sin emplear sus palabras exactas. Para transformar un enunciado en estilo directo al estilo indirecto, es necesario hacer algunos cambios gramaticales:

Pronombres personales: la primera persona se convierte en tercera persona.

Juan: «*Yo* voy a la UNAM». → Juan dijo que *él* iba a la UNAM.

Posesivos y demostrativos:

Juan: «¿A qué universidad va *tu* prima Clarita?». → Juan me preguntó que a qué universidad iba *mi* prima Clarita.

CONTINUACIÓN

Juan: «Me gusta mucho *este* instituto técnico». → Juan dijo que le gustaba mucho *ese* instituto técnico.

Referencias locales:

Juan: «He empezado a estudiar *aquí hace una semana*». → Juan dijo que había empezado a estudiar *allí* hacía una semana.

Tiempos verbales:

Los verbos utilizados para referir lo expresado por otros se llaman *verbos de habla*. Los más comunes son *decir, comentar, preguntar, responder, asegurar, anunciar, sugerir*, etc.

Si en el estilo indirecto el verbo de habla está en presente, no varía el tiempo verbal de lo comunicado.

Presente		Pasado	
«Estudio mucho».	**Dice** que estudia mucho	«Había estudiado mucho».	**Dice** que había estudiado mucho
«Estudié mucho».	**Dice** que estudió mucho	«Estudiaré mucho».	**Dice** que estudiará mucho
«Estudiaba mucho».	**Dice** que estudiaba mucho	«Estudiaría mucho».	**Dice** que estudiaría mucho
«He estudiado mucho».	**Dice** que ha estudiado mucho	«Habré estudiado mucho».	**Dice** que habrá estudiado mucho

Si en el estilo indirecto el verbo de habla está en pasado, el tiempo verbal de lo referido variará. Veamos algunos ejemplos.

Cambio de tiempo verbal	Ejemplos
Presente → Imperfecto	«Estudio mucho». → **Dijo** que estudiaba mucho.
Pretérito imperfecto → (no cambia)	«Estudiaba mucho». → **Dijo** que estudiaba mucho.
Pretérito → Pluscuamperfecto	«Estudié mucho». → **Dijo** que había estudiado mucho.
Pretérito perfecto → Pluscuamperfecto	«He estudiado mucho». → **Dijo** que había estudiado mucho.
Pluscuamperfecto → (no cambia)	«Había estudiado mucho». → **Dijo** que había estudiado mucho.
Futuro → Condicional	«Estudiaré mucho». → **Dijo** que estudiaría mucho.
Condicional → (no cambia)	«Estudiaría mucho». → **Dijo** que estudiaría mucho.
Futuro perfecto → Condicional compuesto	«Habré estudiado mucho». → **Dijo** que habría estudiado mucho.

Si lo que queremos comunicar es una pregunta, se utiliza **si**.

«Quieres ir a la biblioteca?». → Zulema pregunta que *si* quieres ir a la biblioteca.

13 Tu amigo no tiene tiempo para leer las noticias y tú tienes que resumírselas todos los días. Usando el estilo indirecto, comunícale lo que has leído o escuchado. Usa expresiones como *escuché que, me pregunto si, anunció que, dijo que...*

Ejemplo: Habrá más asesoría para los estudiantes extranjeros.

→ *Escuché que habría más asesoría para los estudiantes extranjeros.*

a   Están buscando gente bilingüe.

b   La fecha límite para solicitar la beca fue ayer.

c   Los efectos de la pandemia en el mundo laboral se sentirán por muchos años.

d   Muchos estudiantes pasaron el examen.

14 Cambia las declaraciones siguientes del estilo directo al indirecto, según se te indique. Usa la explicación gramatical como referencia.

a   ¡Soy mujer, independiente y universitaria!   Ella dice que...

Ella dijo que...

b   Me he integrado muy bien en el medio universitario.   Ella dice que...

Ella dijo que...

c   En mi secundaria casi todos estábamos muy unidos.   Ella dice que...

Ella dijo que...

d   Pronto terminaré mi licenciatura en Trabajo Social.   Él dice que...

Él dijo que...

CONCEPTOS CLAVE

Comunicación: en un texto oral la entonación desempeña un papel tan importante como el contenido y la gramática. Las emociones facilitan la comprensión proporcionando información sobre la situación comunicativa. En este sentido, los diferentes tonos adquieren valores lingüísticos que denotan la intención expresiva.

¡REFLEXIONEMOS!

Para usar con seguridad el estilo indirecto debes dominar muy bien varios tiempos verbales. ¿Crees que necesitas repasarlos? ¿Cómo lo piensas hacer? ¿Usarás notas de clases de años anteriores o buscarás vídeos en YouTube con explicaciones sobre cómo emplearlos? Una buena idea sería practicar todos los tiempos verbales con un compañero. Pero eso lo decidirás tú que conoces bien tu estilo de aprendizaje.

¡AHORA TE TOCA A TI!

Las becas Erasmus+ forman parte de un programa de la Unión Europea que facilita la formación académica, la mejora de las habilidades lingüísticas y el conocimiento de otras culturas entre personas de los países participantes, incluidos la mayoría de los países hispanos. Solo o junto con un compañero promociona esta oportunidad en tu escuela, familia y comunidad. Puedes divulgar la información en las pizarras informativas, en el periódico de la escuela, en los medios sociales, incluyendo un sitio web gubernamental donde las personas puedan encontrar más detalles. Seguramente contribuirías a una experiencia maravillosa en la vida académica de alguien que conoces o no.

VERIFICACIÓN DE HABILIDADES

¿En qué nivel de seguridad te sientes en lo que has aprendido y practicado en esta lección?

Puntúa del 1 (nada seguro) al 5 (muy seguro) y después demuestra lo que has aprendido.

Ahora puedo...	Nivel de seguridad (1–5)	Demuéstralo
examinar las oportunidades y los obstáculos para el acceso a la enseñanza superior		Menciona dos barreras que dificultan el acceso a la universidad.
comparar el costo y los beneficios de la enseñanza superior		Explícale a un compañero si vale la pena o no ir a la universidad. Utiliza la información aprendida en esta unidad.
analizar alternativas diferentes a la enseñanza universitaria		Menciona dos opciones de formación profesional aprendidas en esta unidad.
repasar el uso del estilo indirecto.		Piensa en lo último que escuchaste. Cuéntaselo a tu compañero usando el estilo indirecto.

FRASES ÚTILES

Al terminar la secundaria...

puedes acceder a una carrera universitaria.

tienes la opción de una Formación Profesional de corta duración.

quizás te interese tomar un año sabático.

La enseñanza superior...

generalmente requiere exámenes de admisión.

no es la única forma de acceder a una profesión.

permite la especialización en áreas de interés laboral.

te permite acceder a puestos más cualificados.

reduce la probabilidad de desempleo.

puede ser costosa en algunos países.

3.3: El futuro laboral

INTENCIONES DE APRENDIZAJE

Al final de esta unidad podrás:

- Explorar diferentes opciones de carreras

- Debatir aspectos relevantes relacionados con el empleo y el desempleo

- Identificar diversas formas de satisfacción laboral, como el trabajo voluntario y benéfico

- Usar el artículo neutro *lo*.

1   El desempleo juvenil es una de las grandes preocupaciones en muchos países. Lee las siguientes ideas de algunos jóvenes y escoge las tres que te parezcan más populares. Debate tus respuestas con la clase.

   a   Quedarse en casa con los padres hasta encontrar el trabajo que les guste.

   b   Tomar un año sin estudiar ni trabajar después de la secundaria para aprender un idioma en el extranjero.

   c   Continuar los estudios universitarios o técnicos para acceder a puestos más cualificados.

   d   Convertirse en dueño de un negocio que no requiera un diploma universitario.

   e   Continuar estudios universitarios trabajando a tiempo parcial para independizarse de los padres lo antes posible.

   f   Completar varios estudios de posgrado después de la universidad hasta encontrar el empleo que les guste.

Texto 1

Si ya estás seguro de que quieres ser médico, abogado, profesor o ingeniero y, quizás, seguir los pasos tus padres, adelante y muy buena suerte en tus estudios. Por otro lado, si la universidad no es lo tuyo, te tenemos muy buenas noticias. Lee el texto siguiente para que te informes sobre otras opciones de carrera.

¡Sí hay empleo!

Aquí te proponemos una lista de carreras técnicas para todos los gustos y colores. Con tan solo dos años de preparación tendrás acceso a carreras muy bien remuneradas en la mayoría de los países y con una gran demanda.

Técnico en programación

Si estás interesado en la computación y los lenguajes de programación, esta carrera es la indicada para ti.

Hoy en día, la mayoría de las empresas pequeñas, medianas y grandes necesitan de un programador.

Técnico en diseño gráfico

Los diseñadores gráficos generalmente son personas con perfiles y gustos enfocados al dibujo, la psicología del color y la publicidad. Si te decides por esta carrera debes estar al corriente de los cambios constantes que hay en los *softwares*.

Técnico en mecánica automotriz

Los egresados de esta carrera son capaces de reparar, mantener e inspeccionar vehículos y motores, tomando en cuenta los sistemas electrónicos que integran los automóviles para conseguir los mejores resultados. En un futuro puedes poner tu propio taller y administrar tus ganancias.

Técnico en construcción

Estos profesionales apoyan a los arquitectos e ingenieros civiles en los departamentos de ejecución y administración de constructoras. Son capaces de presupuestar obras y ejecutar planos.

Técnico en química

La carrera técnica en química sigue cobrando relevancia conforme pasa el tiempo debido al campo de acción tan amplio que existe en las industrias biológicas, químicas, microbiológicas, mineras y alimenticias.

Técnico en enfermería

Los enfermeros están capacitados para colaborar con equipos de salud públicos o privados, aplicando cuidados básicos de enfermería y asistiendo en el tratamiento y rehabilitación de los pacientes.

Técnico en maquinaria pesada

En el sector industrial, es necesario contar con un técnico que le dé mantenimiento a la maquinaria pesada y también que pueda manejarla. Por ello, es un área con mucha demanda en la actualidad.

Diseño de máquinas industriales

Un técnico en diseño de máquinas industriales se dedica a la elaboración de planos de fabricación y modelado de piezas de maquinaria, además de encargarse de su inspección, entre otras funciones.

Técnico en refrigeración y climatización

Se trata de técnicos bastante solicitados cuya tarea se centra en la reparación y supervisión de equipos de refrigeración y aire acondicionado en su mayoría. Llegan a ganar un salario elevado, por lo que es una de las carreras técnicas más atractivas.

Técnico aeronáutico

Por último, te presentamos la carrera técnica en aeronáutica. Las personas que se dedican a esto estudian las maquinarias de los aviones para su mantenimiento. Las compañías de aviación siempre están solicitando personas que tengan las capacidades para darles atención a sus flotillas.

Ahora te toca escoger. ¡Buena suerte!

2   Entre los oficios mencionados en el texto, ¿cuáles crees que les interesa a gente con los siguientes perfiles?

a   alguien que quiera ser su propio jefe

b   una persona a quien le interese el campo de la salud

c   gente creativa

d   alguien que se incline por las ciencias

e   una persona a quien le interese la planificación urbana

f   gente que quiera tener un salario alto

3   Completa las siguientes oraciones con la forma correcta de las palabras en negrita.

a   En esta compañía, estamos buscando un **administrador**. Su función será _____ el departamento de Recursos Humanos.

b   Las **solicitudes** para el puesto de gerente serán revisadas a partir de mañana. Rogamos a quienes lo _____ que sean pacientes.

c   **Ingresar** a esta carrera conlleva una rigurosa disciplina de estudio. Le pedimos a los _____ que adopten un balance escuela-ocio saludable.

d   Es importante dar **entrenamiento** a los estudiantes a principio de año. No sé por qué todavía no han sido _____.

e   Para ser un buen **supervisor** debes desarrollar la capacidad de _____ sin imponer tus ideas.

f   Las **entrevistas** no se terminaron por la mañana, por lo que no nos queda otra opción que _____ a los restantes candidatos después del almuerzo.

Texto 2

Cada vez más empresas se plantean procesos de selección 100% digitales, lo que obliga a los candidatos a cambiar algunas de sus estrategias para conseguir el puesto. El artículo a continuación te permitirá saber más sobre el tema. Antes de leer, haz una lista de ocho palabras o frases que crees que van a aparecer en la lectura.

¿Cómo conseguir empleo en la era del teletrabajo?

Desde hace un tiempo, la mayor parte del proceso de búsqueda de empleo ya se hacía de forma digital: descargar aplicaciones para buscar ofertas de trabajo, enviar currículums por correo electrónico o utilizar redes sociales como LinkedIn. Pero la decisión final requería casi siempre de una última entrevista en persona. A raíz del teletrabajo obligado por la pandemia, el 36% de las compañías pasará a tener estos procesos de selección 100% digitales, según datos de la consultora de recursos humanos Hays.

¿Cómo afecta esto a quienes buscan trabajo? La esencia no cambia: ser honesto y natural sigue siendo el consejo básico. Pero, en una entrevista donde no hay contacto en persona ni apretón de manos, es necesario modificar algunas estrategias. Los futuros empleados deben esforzarse por prestar atención a su expresión facial, pero también al entorno que los rodea y que hará de fondo en la videollamada. «Hay que cuidar mucho más los mensajes visuales porque la carga de información está en todo lo que se ve en pantalla», explica Isabel Aranda, doctora en Psicología.

Otro aspecto a tener en cuenta es la denominada paralingüística: la voz cobra mucho protagonismo. «Hay que cuidar la entonación, el volumen, no hablar muy deprisa, porque en una videollamada no se te entiende igual... Es necesario estar más pendiente a estos detalles para que lo que dices llegue bien», especifica Aranda.

Antes, los procesos de selección a distancia se reservaban para contratar a empleados en compañías con sede en el extranjero. Una de las ventajas más destacadas de que los procesos de selección sean totalmente digitales es que ya no hace falta vivir en la misma ciudad para acceder a un puesto concreto. Es importante destacar la cantidad de talento mundial al que se puede llegar al realizar este tipo de procesos de forma *online*. Se puede acceder a un abanico mucho mayor de profesionales.

Las grandes empresas tecnológicas que marcan el paso, Facebook y Twitter, han diseñado un ambicioso plan de teletrabajo en el que proponen a sus empleados que trabajen desde casa si así lo desean. Otras muchas compañías se han hecho eco de esta modalidad de trabajo que ha llegado para quedarse.

Autora: M. Victoria Nadal

4   Después de leer el texto, responde a las siguientes preguntas.

   a   ¿Cuántas palabras hay en el texto de las ocho que pronosticaste?

   b   Propón un título alternativo y compártelo con la clase.

5   Imagina que quieres compartir en internet consejos para personas que buscan teletrabajo. Prepara una lista y dale un formato (infografía, videotutorial, u otro).

PALABRAS CLAVE

a raíz de: como consecuencia

(el) abanico: variedad de algo

marcar el paso: ser líder

(la) sede: oficina central

Texto 3

¿Cuántos rumbos tomará tu carrera? La realidad es que la mayoría de los estudiantes de hoy tendrán múltiples cambios de carrera a lo largo de su vida laboral. Lee más al respecto.

Job hopping: la tendencia laboral de cambiar de trabajo cada dos años

Que el mercado laboral tradicional, en el que un trabajador permanece en una empresa durante 40 años, ya no existe no se le escapa a nadie. En este contexto, los más jóvenes optan por el *job hopping* como fórmula para progresar en sus carreras, y cambian de compañía cada uno o dos años.

La traducción literal del *job hopping* sería algo así como «salto de trabajo». Este estilo responde, según los expertos, a dos motivos fundamentales. Por un lado, a la ausencia de posibilidades de promoción interna en las compañías; y, por otro, a la necesidad de nuevos estímulos en la vida laboral de los trabajadores más jóvenes, criados y educados bajo un **paradigma** diferente al de las generaciones anteriores.

Según un informe sobre el *job hopping* mencionado por *El País*, el 75% de los trabajadores de entre 18 y 34 años consideran las nuevas experiencias y las mejoras salariales como aspectos fundamentales para progresar en términos laborales. Los jóvenes parecen inclinarse por la inmediatez en la recompensa y la falta de perspectiva de carrera a largo plazo. Funcionan con políticas de trabajo inteligente, libertad para opinar y grupos **polivalentes** para aprender de forma diversa.

Aunque el aspecto emocional de buscar nuevos retos y responsabilidades es un aspecto importante para los trabajadores que practican el *job hopping*, no es la única clave de esta nueva fórmula de promoción profesional. También responde a un instinto de supervivencia, ante la falta de oportunidades de desarrollo dentro de las propias compañías o unos salarios que no permiten formar una vida independiente.

Por otro lado, el paro juvenil en España es el mayor en Europa. Por lo que cabe preguntarse si el fenómeno del *job hopping* responde al cambio de mentalidad de los trabajadores jóvenes, o si solo es el resultado de la precariedad e inseguridad laboral de los mismos.

PALABRAS CLAVE

(el) paradigma: norma, criterio

polivalentes: que incluye varios grupos

6 ¿Por qué crees que se ha extendido al español el uso del término inglés *job hopping*? ¿Conoces otras palabras del inglés que se usen en la lengua española?

7 Busca sinónimos de las siguientes frases en el texto.

a es de conocimiento general

b escogen

c ascensión dentro de la compañía

d la prontitud del reconocimiento

e impiden la autonomía

Texto 4

El desempleo entre los jóvenes ha alcanzado cifras alarmantes en los últimos años. El texto siguiente ofrece estadísticas e información que te ayudarán a comprender la situación actual de muchos jóvenes desvinculados de los estudios y del trabajo.

España, el país del millón de *ninis*

Uno de los problemas más acuciantes que tiene España es el desempleo crónico y la precariedad laboral entre los jóvenes. Según la Secretaría de Estado de Empleo y Economía Social, en 2021 había 1 060 000 jóvenes (menores de 30 años) en paro. Esta cifra contrasta con las necesidades del mercado laboral, donde no faltan empresas en los sectores de la pesca, la construcción, la industria manufacturera, y hasta la hostelería, que denuncian dificultades para contratar trabajadores.

España no es un caso aislado. En los países de la OCDE, una media del 15% de los jóvenes de 18 a 24 años no están ni empleados ni en educación o formación (los *ninis*). En los seis países iberoamericanos con datos disponibles, los jóvenes tienen una alta probabilidad de ser *nini*: el 25% en Colombia y Costa Rica, el 23% en España y México, el 21% en Chile y el 18% en Portugal.

¿Significa eso que los jóvenes desempleados no quieren trabajar? En absoluto. En muchos casos, su formación no se adecúa a lo que demandan las compañías. No obstante, el número de *ninis* no es desdeñable: superan el millón (1 042 000). En 2021 deberían haberse incorporado al mercado laboral

421 000 nuevos jóvenes menores de 30 años, pero solo se crearon 340 000 puestos de trabajo, la mayor parte temporales. Este es un fenómeno que sufre casi el 70% de la población de entre 16 y 29 años.

Tres de cada diez jóvenes ocupados son dependientes o son camareros. De los 2.6 millones que acuden todos los días a trabajar, 456 500 lo hacen en actividades vinculadas al comercio y otros 339 100 a la hostelería. Otros 277 000 están empleados en la industria manufacturera. ¿Qué hay del otrora todopoderoso sector de la construcción? En 2008 llegaron a estar empleados 700 000 jóvenes, pero en 2021 apenas alcanzó unos 118 200.

Estas tendencias ponen de relieve la necesidad de orientar a los estudiantes hacia una formación más especializada, técnica y científica. Poco más de medio millón de jóvenes empleados se dedican a estas labores.

¿Cómo puede funcionar una economía donde casi cuatro de cada diez jóvenes están desempleados? ¿Cómo puede ser sostenible un sistema de pensión de jubilación si casi siete de cada diez trabajadores jóvenes laboran a tiempo parcial?

PALABRAS CLAVE

acuciantes: urgentes, graves

acudir: asistir, ir

desdeñable: que no se puede negar o rechazar

otrora: antes

(la) pensión de jubilación: cantidad de dinero que uno recibe periódicamente después de retirarse

poner de relieve: mostrar, evidenciar

---

8 Imagina que recientemente leíste un artículo titulado «La juventud de hoy está perdida: ni estudia ni trabaja», en el cual aparecía también la tira cómica que ves reproducida en esta página. Crees que el artículo no representa la realidad actual de los jóvenes y decides redactar una carta al editor. Escribe entre 150 y 200 palabras explicándole tu opinión. Asegúrate de usar ideas del Texto 4.

- Organiza tus ideas y anota tu preocupación principal.
- Pon algunos ejemplos positivos de jóvenes.
- Utiliza un tono firme pero respetuoso.
- Revisa la gramática, la ortografía y la puntuación.

[*Fuente: www.e-faro.info*]

CONSEJO

La habilidad de desarrollar ideas es crucial cuando se alcanza un nivel avanzado en el aprendizaje de un idioma. Debes tratar siempre de:

- tener una opinión clara y firme sobre el tema
- pensar en cuáles son los mejores argumentos y expresarlos claramente
- ofrecer evidencia y ejemplos que apoyen tus puntos
- prepararte para diferir con lo que dicen los demás. ¡La historia siempre tiene más de un lado!
- cuando sea conveniente, evita la primera persona: *se dice que...; se piensa que...; como contrapunto, se podría decir que...*

RINCÓN CULTURAL

En los Estados Unidos, las ferias de trabajo o empleo son eventos bastante habituales en todo el país que facilitan el contacto entre empresas empleadoras y personas interesadas en obtener un puesto de trabajo. Por lo general, este tipo de eventos son realizado por universidades, bolsas de empleo y organismos gubernamentales. Esta suele ser una excelente oportunidad para conocer diversas vacantes, presentar el currículo, conocer a otros profesionales en campos de interés y lograr la ansiada entrevista de trabajo.

9   Lee sobre la relación de la generación milenial con el mundo laboral y completa el texto con las palabras del recuadro.

crecimiento

formada

remunerado

se enfrentan

frecuentemente

superficial

sacrificar

hombro

excepción

botón

Texto 5

Mileniales: ya el dinero no mueve montañas

La generación del milenio lo ha cambiado todo y el mundo laboral no ha sido una **(1)**.......... Esta generación, a la cual se la acusa de frívola y **(2)**.........., ha demostrado que, cuando se trata de salarios, no es tan ambiciosa como sus predecesores. No le importa el dinero si no encuentra una satisfacción en lo que hace. Sus necesidades son comprensibles y las empresas están haciendo todo lo posible por brindar las oportunidades de **(3)**.......... que este grupo exige.

Aunque el empleo sea bien **(4)**.........., la compañía, empresa u organización debe proporcionar un balance entre el trabajo y la vida personal. A esta generación le tocó ver como sus padres eran despedidos después de **(5)**.......... toda una vida a la familia por el compromiso laboral. Estos muchachos ya no entregan todo su tiempo a un centro de trabajo. No es que no les interese la productividad, de hecho, una gran parte de la fuerza laboral en las compañías más exitosas está **(6)**.......... por ellos. ¿Será que en esto llevan la razón?

Un desarrollo profesional vertical y reconocimiento frecuente es también de primer orden. Parece que la palmadita en el **(7)**.......... que tanto costaba ganarse antes ahora es no solo necesaria, sino exigida. Pareciera como si dependieran de ese **(8)**.......... «me gusta» para todo.

Los empleadores **(9)**..........a retos mayúsculos con las nuevas generaciones, entre ellos la disposición de cambiar **(10)**.......... de trabajo. Les corresponde, entonces, acudir a la creatividad e introducir beneficios atractivos, horarios flexibles y tecnología punta.

10 Y tú, ¿qué tal andas de ambición? Con un compañero contesta a las preguntas a continuación y prepárate para participar en un debate con el resto de la clase.

    a Si tienes que escoger entre un trabajo con un buen sueldo que no te gusta tanto y uno donde ganarías menos pero que te apasiona, ¿con cuál te quedarías?

    b ¿Te llama la atención un trabajo de voluntariado donde adquirirás experiencias que te enriquecerán personalmente?

    c ¿A menudo comparas lo que tienes con lo que poseen los demás?

    d ¿Piensas que los pasatiempos y el deporte son una pérdida de tiempo?

11 Escucha tres veces la entrevista realizada a María Clara Colombo, especialista en Recursos Humanos. La primera vez, toma nota de las ideas principales. La segunda vez, haz una lista de las palabras cuyo significado no conoces. La tercera vez, escucha y escribe tres preguntas adicionales que le harías a la entrevistada.

Figura 3.3: Trabajo de voluntariado en construcción

¡AHORA TE TOCA A TI!

No todos los estudiantes en tu escuela estarán preparados para una entrevista de trabajo cuando les llegue su turno, pero tú sí. No te quedes con lo que has aprendido. ¡Pásalo! En un lugar central en tu escuela y con autorización previa, pon una mesa con información sobre cómo conducirse en una entrevista de trabajo, opciones de estudio superiores y oportunidades de voluntariado en tu comunidad. Con seguridad, más de uno te lo agradecerá en el futuro.

GRAMÁTICA

El artículo neutro *lo*

Además de usarse como pronombre de complemento directo, *lo* es también un artículo neutro. Su uso es uno de los problemas más comunes para los estudiantes de español. Aquí tienes un breve recordatorio de cómo emplearlo.

El artículo neutro *lo* se llama *neutro* porque no acompaña a ningún sustantivo. Sus usos son:

Función de pronombre

Cuando se antepone al pronombre relativo *que* o a la preposición *de*:

Lo que has dicho es la pura verdad.

*No te confundas con la estructura *el/la* + *que* para identificar a personas, animales u objetos:

El que entrevista es el hombre de la camisa negra.

CONTINUACIÓN

Para nombrar algo conocido por los hablantes de forma indirecta

Lo de conseguir trabajo es algo preocupante.

Lo + adjetivo

Aquí *lo* hace referencia al concepto del adjetivo, ya sea masculino o femenino:

Lo malo del trabajo voluntario es que muchas veces está lejos de casa.

Somos un equipo: eso es *lo* mejor de mi trabajo.

Dar un grado superlativo al adjetivo

Mis compañeros de universidad son de *lo* más simpáticos.

12 Lee las siguientes oraciones y, en tu cuaderno, justifica el uso de *lo* mediante las explicaciones de la tabla.

 a Lo que no entiendo es que no llegues siempre tarde. (Uso: ＿＿)

 b Lo peor de la situación es que estaba completamente solo. (Uso: ＿＿)

 c Lo de estudiar en el extranjero me llama mucho la atención. (Uso: ＿＿)

 d Lo bueno de las ONG es que creces como ser humano. (Uso: ＿＿)

 e Cómo solicitar el empleo es lo que no entiendo. (Uso: ＿＿)

 f Las nuevas carreras de Formación Profesional son de lo más interesantes. (Uso: ＿＿)

13 Relaciona las dos partes de los siguientes refranes. ¿Sabes lo que significan o cuándo usarlos apropiadamente?

 a No dejes para mañana...   i todo lo que reluce.

 b No es oro...   ii no quita lo valiente.

 c Lo barato...   iii lo que puedas hacer hoy.

 d Lo que mal empieza...   iv sale caro.

 e Lo cortés...   v mal acaba.

¡REFLEXIONEMOS!

El uso de *lo* puede confundir hasta al hablante de español más avanzado. Muchos lo confunden con los complementos directos e indirectos *le/lo*. ¿Qué estrategia emplearás para diferenciarlos? ¿Te funciona aprender los usos de memoria? ¿Tienes oportunidades de practicarlos con un hispanohablante? Reflexiona sobre el mejor método para practicar este concepto. Recuerda que todos tenemos formas individuales de procesar la información.

VERIFICACIÓN DE HABILIDADES

¿En qué nivel de seguridad te sientes en lo que has aprendido y practicado en esta lección?

Puntúa del 1 (nada seguro) al 5 (muy seguro) y después demuestra lo que has aprendido.

Ahora puedo...	Nivel de seguridad (1–5)	Demuéstralo
explorar diferentes opciones de carreras		Explícale a un compañero la diferencia entre una carrera universitaria y la Formación Profesional.
debatir aspectos relevantes relacionados con el empleo y el desempleo		Menciona dos maneras en que el empleo y el desempleo afecten tu visión del futuro.
identificar diversas formas de satisfacción laboral como el trabajo voluntario y benéfico		¿Te gustaría aportar tu granito de arena donando tu tiempo a obras benéficas? Explica por qué usando la información aprendida en esta unidad.
usar el artículo neutro *lo*.		Escribe tres oraciones que se usen en la vida diaria que incluyan *lo*.

FRASES ÚTILES

Antes de elegir una carrera es importante...

establecer sus ventajas y desventajas.

tener en cuenta tus prioridades e intereses.

investigar los perfiles laborales.

La entrevista de trabajo...

requiere preparación previa.

puede realizarse virtualmente.

es parte de un proceso de selección que puede culminar en una oferta de empleo.

El mercado laboral...

es precario en algunos países.

se debe ajustar a las necesidades de los jóvenes.

ha cambiado en los últimos años. El teletrabajo es una opción cada vez más popular.

enfrenta desafíos como el cambio frecuente de trabajo.

> Unidad 3: Preguntas para practicar

Comprensión oral

Emparejar las personas con los enunciados

Vas a escuchar a **seis** personas hablando sobre la combinación estudio-trabajo.
Vas a escuchar la grabación **dos** veces.

Para cada **persona**, elige de la lista (**A–H**) la idea que corresponde a lo que cada una de ellas dice.
Indica tu respuesta con la letra correcta (**A–H**). Utiliza cada letra solo una vez. De las ocho letras
hay **dos** que no necesitarás.

Ahora tienes unos segundos para leer las frases.

1	Arturo	A	Valora trabajar en el negocio familiar.	[1]
2	Nuria	B	Niega que no haya trabajo para los jóvenes.	[1]
		C	Insiste en que los estudiantes no necesitan dinero.	
3	Carlos	D	Dice que le gustaría trabajar el sábado y el domingo.	[1]
4	Lucía	E	Considera que planificar el tiempo es esencial.	[1]
5	Diego	F	Piensa que el trabajo aporta muchas enseñanzas.	[1]
		G	No cree que trabajar sea importante.	
6	Alba	H	Prefiere dedicarse solamente a los estudios.	[1]

[Puntos: 6]

Resumen con palabras que faltan

Vas a escuchar un reportaje y a leer un resumen del mismo. Vas a escuchar la grabación **dos** veces.

Para cada número que corresponde al espacio en blanco, escoge la opción que mejor complete
cada oración (**A**, **B** o **C**).

Ahora tienes un minuto para leer el resumen y las opciones.

Resumen

El reportaje trata de un foro de trabajo para discapacitados donde se (**1**).......... ayuda para
(**2**).......... puestos laborales de calidad. Más de 60 empresas se dieron cita en el evento que
(**3**).......... todo un día.

La noticia (**4**).......... incluye entrevistas a miembros de la Organización Internacional del Trabajo
y a personas con impedimentos físicos. (**5**).......... ellos, la situación laboral de los discapacitados
es (**6**).......... . El problema fundamental es el acceso a trabajos dignos y la falta de apoyo.

1   **A**   crea
     B   estimula
     C   ofrece   **[1]**

2   A   contratar
    B   solicitar
    C   esperar   [1]
3   A   duró
    B   comenzó
    C   acabó   [1]
4   A   también
    B   a lo mejor
    C   aún   [1]
5   A   por
    B   tal vez
    C   según   [1]
6   A   valorada
    B   compleja
    C   optimista   [1]

[Puntos: 6]

Comprensión lectora

Unir las dos partes de los enunciados

Lee el texto. Para cada frase **(1–6)** indica el final correspondiente **(A–H)**. Cada letra debe ser utilizada solo una vez. De las ocho letras hay **dos** que no necesitarás.

Becas Erasmus

La beca Erasmus es un programa educativo creado y financiado por la Unión Europea dirigido a los estudiantes de enseñanza superior. Esta beca de estudios creada en 1987 tiene como objetivo fundamental fomentar los vínculos académicos, culturales y económicos entre las diferentes regiones.

Anteriormente esta beca de estudios estaba destinada solo a estudiantes universitarios. Ahora con el programa Erasmus+ muchas más personas pueden disfrutar de la experiencia: estudiantes de máster, profesores, personal en formación de profesorado, etc. Con Erasmus Mundus, la oportunidad de desarrollar proyectos académicos internacionales se extiende a países de América Latina.

Esta iniciativa que mueve cada año a más de cuatro millones de personas ha ayudado a los jóvenes a participar en la vida democrática en Europa, ha reducido el abandono escolar y ha estimulado la movilidad. El programa Erasmus es una aventura. Una experiencia única que quedará para siempre en la memoria de sus participantes. Para muchos estudiantes sería la primera vez que pasan un largo periodo fuera del nido. Por tanto, promueve la independencia y la exploración de las capacidades de autorreconocimiento.

España acoge a más estudiantes de los que envía: recibe becarios mayormente de Italia, Francia y Alemania. A su vez, los españoles tienden a asistir a centros de estudios en Italia, Francia y el Reino Unido.

Estos programas reciben una subvención que cubre toda la estancia, incluyendo gastos de alojamiento, transporte y comida. El monto de esta ayuda financiera depende del nivel de vida en el país de destino y la situación económica de cada solicitante.

En 2004, las becas Erasmus recibieron el Premio Príncipe de Asturias de Cooperación Internacional por ser uno de los programas de intercambio cultural más importantes de la historia de la humanidad.

1 La Unión Europea...	**A** a estudiantes de máster.		[1]
2 Los países participantes...	**B** asiste a universidades italianas.		[1]
3 La experiencia se extiende...	**C** obtienen beneficios académicos, culturales y económicos.		[1]
4 Muchos estudiantes se benefician...	**D** de pasar tiempo alejados de sus padres.		[1]
5 En España, la tendencia es...	**E** cubre los gastos de los participantes.		[1]
6 La importancia del programa...	**F** ha sido reconocida internacionalmente.		[1]
	G a recibir más becarios de los que se envían.		[1]
	H dependen de ayuda financiera.		

[Puntos: 6]

Preguntas de opción múltiple (texto largo)

Lee el texto. Para cada número que corresponde a los espacios en blanco, escoge la opción que mejor completa la idea (**A**, **B**, **C** o **D**). Elige solo una opción para cada número. La respuesta tiene que ser gramaticalmente correcta.

Estudiar medicina gratuitamente es posible

Al noreste de la capital de Cuba se encuentra la Escuela Latinoamericana de Medicina (ELAM), una institución de educación médica superior que acoge a estudiantes de 122 países latinoamericanos, caribeños, de Estados Unidos, África, Asia y Oceanía.

Desde su fundación en 1999, más de 30 000 futuros médicos (**1**).......... de familias de bajos recursos económicos han cursado estudios en la isla caribeña. Esto ha sido posible (**2**).......... becas de estudio completamente gratuitas.

El objetivo (**3**).......... de esta institución es la formación de médicos generales con una elevada preparación científica, humanista y solidaria. Durante el proceso de (**4**).......... se les exige a los estudiantes comprometerse a apoyar los sistemas sanitarios de sus países. La mayoría de los egresados (**5**).......... en las comunidades más necesitadas una vez graduados.

Para cumplir con su misión, la escuela cuenta con un experimentado claustro de profesores, (**6**).......... por los más destacados docentes e investigadores del país. A disposición de la ELAM también se han creado modernos laboratorios, aulas y auditorios, (**7**).......... con las nuevas tecnologías.

La formación académica (**8**).......... con actividades artísticas y deportivas. Los jóvenes tienen la posibilidad de (**9**).......... con compañeros de clase de diversas etnias y culturas a través de espacios de diálogo e intercambio sobre diversos temas.

Según la directora de la Organización Panamericana de la Salud (OPS), el reconocido centro de formación médica forma un personal que (**10**).......... el avance de la salud universal. «Una universidad que se compromete con el (**11**).......... sostenible de los pueblos dándole oportunidades a (**12**).......... en general quedan excluidos de las escuelas de medicina, que, en muchos casos, se concentran en las élites de nuestros países», afirmó.

1	A	resultantes	B	provenientes	C	residentes	D	derivados	[1]
2	A	gracias a	B	por	C	desde	D	para	[1]
3	A	superior	B	secundario	C	principal	D	diferente	[1]
4	A	instrucción	B	admisión	C	espera	D	conclusión	[1]
5	A	estudian	B	enseñan	C	cumplen	D	sirven	[1]
6	A	formado	B	cuidado	C	comenzado	D	informado	[1]
7	A	terminados	B	puestos	C	equipados	D	presentados	[1]
8	A	se divide	B	se combina	C	se reparte	D	se prepara	[1]
9	A	enfrentarse	B	aprovechar	C	beneficiarse	D	interactuar	[1]
10	A	frena	B	requiere	C	apoya	D	necesita	[1]
11	A	desarrollo	B	logro	C	experimento	D	pensamiento	[1]
12	A	que	B	quienes	C	los cuales	D	quien	[1]

[Puntos: 12]

Redacción

Correo formal

Escribe **en español** entre 100 y 150 palabras (**como máximo**) sobre el siguiente tema.

En la radio local escuchaste a un invitado decir que la juventud está perdida. No estás de acuerdo y quieres ofrecer tu opinión.

Escribe al director de la radio y explica por qué estás en desacuerdo con la opinión del invitado. Incluye los siguientes puntos:

- tu opinión sobre los jóvenes desempleados
- cuáles serían las consecuencias negativas si no se ofrecen empleos de calidad
- cómo se pudiera promover la formación técnica como alternativa a la universidad
- tus propias ideas sobre cómo apoyar a los jóvenes en la búsqueda de trabajo.

[16]

La puntuación total es de 16 puntos: un máximo de 8 puntos por el contenido y un máximo de 8 puntos por el uso de la lengua.

Expresión oral

Tarjeta 3

Vas a participar en una **conversación** con tu compañero. Estudia la situación presentada en la tarjeta durante cinco minutos. Puedes escribir algunos apuntes breves.

Debes discutir tus ideas y sugerencias y justificar tus opiniones.   **[Total posible: 9–10 puntos]**

Situación

Últimamente se ha estado debatiendo la igualdad de género en el trabajo. Conversa con tu amigo sobre este tema.

Junto con tu compañero, elige quién de los dos iniciará la conversación.

Tarea

En tu conversación tienes que dar tus opiniones y sugerencias sobre:

- lo que piensas de la igualdad de géneros en las empresas
- las barreras que enfrentan las mujeres en el trabajo
- las posibles soluciones para superarlas
- tu opinión sobre la brecha laboral de género en el futuro.

> Unidad 4
Comunidad y sociedad

PARA EMPEZAR

¿Qué es para ti el concepto de equidad y diversidad entre las personas que viven en sociedad?

¿Cuál es el estilo de vida con el que más te identificas actualmente? ¿Crees que puede cambiar a medida que te vayas haciendo mayor?

¿Hasta qué punto piensas que los valores compartidos refuerzan el sentimiento de pertenencia a la sociedad?

Vivir en sociedad significa formar parte de una comunidad con algunos valores comunes que se consideran típicamente positivos para su buen funcionamiento. Estos valores se centran en principios como la igualdad y la equidad, que permiten a las personas, de cualquier procedencia o sexo, disfrutar de los mismos derechos y deberes en una sociedad cada vez más multicultural y diversa. En esta unidad también nos adentraremos en los distintos estilos de vida y cómo se conjugan para enriquecer las diversas comunidades a las que todos pertenecemos.

4.1: Igualdad y diversidad

INTENCIONES DE APRENDIZAJE

Al final de esta unidad podrás:

- Identificar y utilizar el vocabulario relacionado con la igualdad y la diversidad

- Explicar el concepto de igualdad de género y movilidad social

- Discernir entre los diferentes tipos de prejuicios sociales

- Entender el concepto de integración en todos los estratos sociales

- Demostrar comprensión lectora sobre el concepto de la diversidad social

- Utilizar el pretérito indefinido.

1   Junto con un compañero observa y comenta acerca de los detalles de la fotografía.

a   ¿Crees que hay suficientes mujeres en el mundo de los estudios científico-técnicos?

b   ¿Cómo relacionas la imagen con el tema de la igualdad y la diversidad?

2   Relaciona cada tipo de desigualdad con los textos siguientes y apunta en tu cuaderno las palabras que no conoces.

Tipos de desigualdad

A   desigualdad digital

B   desigualdad económica

C   desigualdad étnica

D   desigualdad educativa

E   desigualdad de género

i	El salario medio anual de una mujer en España es un 22.2% más bajo que el de un hombre, mientras que la tasa de empleo en las mujeres ronda el 44%, en comparación con la de los hombres, que aumenta hasta un 56%. La brecha salarial entre hombres y mujeres permanece relativamente alta. Los hombres suelen ganar un 25% más que sus compañeras.
ii	La riqueza económica de Uruguay aumentó un 87 % entre 2002 y 2019. Esto se plasmó también en los indicadores sociales: la pobreza se redujo de un 32.5% en el año 2006 a un 11% en el 2021, lo que denota una mayor igualdad en la distribución del ingreso entre la población del país, aunque todavía hay espacio de mejora.
iii	Durante la pandemia del COVID-19 se visibilizó todavía más la desigualdad en el acceso a internet y a las tecnologías de la información en Perú. Mientras que en las ciudades del país el 40% de los hogares peruanos tuvo acceso a internet, en las zonas rurales esta cifra se redujo hasta solo un 6 %. Perú, con una brecha digital significativa, pierde oportunidades para prosperar tanto en lo económico como en la calidad de vida de sus habitantes.
iv	En la zona del alto Paraná, al este de Paraguay, hay escuelas con aulas sin techo y clases donde faltan pupitres o sillas para los alumnos. Profesores y niños dan la clase al aire libre por falta de recursos, además de tener que compartir libros y libretas para seguir las asignaturas. Esto contrasta con la capital del país, Asunción, donde no se han detectado estos problemas.
v	A pesar de que la población afrocolombiana constituye el 20% del total de Colombia, las desigualdades en el país son todavía patentes, especialmente en las oportunidades que este grupo tiene en el acceso a la salud, al mundo laboral o a una educación de calidad. En 1993, el Estado colombiano promulgó la Ley 70 para proteger la identidad cultural y los derechos de la población afrocolombiana, pero todavía queda mucho camino por recorrer.

3   Busca información en internet para responder a las siguientes preguntas relacionadas con el tema de la igualdad.

   a   ¿Cuál crees que es el salario medio de las mujeres de tu país en comparación con el de los hombres? ¿Lo encuentras justo? ¿Por qué?

   b   ¿Cuál es el porcentaje actual de pobreza en tu país? ¿Se han hecho mejoras en los últimos años? ¿Piensas que debería mejorarse este porcentaje? ¿Por qué?

   c   ¿Piensas que todas las personas en tu país tienen acceso a internet? ¿Hay grupos sociales que todavía no tienen acceso? ¿Por qué crees que es importante que tengan acceso a internet?

   d   ¿Hay muchas diferencias entre las escuelas públicas y las privadas en tu país? ¿Qué diferencias hay? ¿Piensas que se debería mejorar el sistema público educativo? ¿Por qué?

4   Observa las siguientes imágenes y con tu compañero responde a las siguientes preguntas.

   a   ¿Qué representan las imágenes?

   b   ¿Crees que las dos imágenes expresan de forma visual la diferencia entre igualdad y equidad? ¿Por qué?

A

B

Figura 4.1: Igualdad (A), cuando se trata a todos los ciudadanos de la misma manera. Equidad (B), cuando, a partir del principio de la igualdad, tenemos en cuenta las necesidades individuales y sus circunstancias.

Texto 1

¿Estás suscrito a algún blog de información? El texto a continuación es una entrada en un blog dedicado a diferentes asuntos que importan a los jóvenes. Trata sobre las jornadas del Día de la Cero Discriminación en un instituto de El Salvador.

Lápiz digital

Día de la Cero Discriminación

El pasado 1 de marzo, los estudiantes del Instituto Narcís Monturiol en El Salvador, afiliados al grupo Jóvenes por la Igualdad, prepararon unas jornadas participativas sobre la igualdad en el Día de la Cero Discriminación, que promueve cada mes de marzo la Asamblea General de las Naciones Unidas. En las jornadas se dieron ejemplos muy ilustrativos de cómo se pueden potenciar espacios no discriminatorios en la escuela, promoviendo la inclusión de todos los estudiantes, además de presentar acciones concretas sobre la igualdad y la equidad en nuestra sociedad, cada vez más diversa.

En las jornadas se repartieron carteles y postales informativas sobre la prevención de cualquier forma de discriminación en la sociedad. Se incluyeron ejemplos

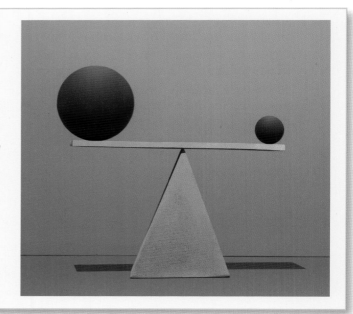

visuales referentes a acciones como la burla o el acoso en la comunidad escolar por la apariencia física de las personas, su orientación sexual, su discapacidad física o intelectual, sus creencias religiosas, el uso de la lengua materna, su condición de salud, social o su etnicidad. De esta manera se habló de la negatividad de los prejuicios sociales, que son opiniones preconcebidas negativas, basadas en ideas que se crean a partir de estereotipos concretos.

Una de las presentaciones más destacadas fue la de los dos representantes del grupo Jóvenes por la Igualdad, Ignacio Abascal y Macarena Monasterio, en la que hablaron sobre la importancia de impulsar normativas generales sobre la equidad en todos los ámbitos sociales, cada vez más diversos. El concepto de equidad tiene en cuenta las particularidades de cada persona, y da un paso más hacia los logros de la igualdad. Mientras que en la igualdad todas las personas están a la misma altura, la equidad se centra en ayudar a las personas históricamente discriminadas (mujeres, grupos étnicos, discapacitados físicos o intelectuales), para que consigan ciertos objetivos con el fin de que puedan integrarse en la sociedad de forma igualitaria. Recibiendo más apoyo en función de sus necesidades, favorecemos la igualdad de oportunidades de estos grupos que tanto lo necesitan.

Un ejemplo concreto de la equidad es reservar un porcentaje de puestos de trabajo para las personas con discapacidad intelectual o física. Históricamente, estos grupos habían tenido siempre grandes dificultades para entrar en el mundo laboral y poder vivir de manera autónoma. Con las leyes para las personas con discapacidad intelectual o física, pueden ahora tener acceso a un trabajo digno y adquirir autonomía económica para integrarse plenamente a la sociedad de forma autónoma. Ignacio y Macarena siguieron dando ejemplos, como la importancia de luchar por mantener un cupo de trabajo en el sector público para las mujeres, con el fin de evitar cualquier tipo de discriminación de género.

Las jornadas terminaron con una muestra gastronómica multicultural de varios países y con música hispanoamericana, asiática y de corte europeo. Los participantes bailaron, comieron y bebieron zumos y refrescos típicos de varias regiones del mundo. Felicitamos a todos los asistentes, que con sus aportaciones han convertido las jornadas del Día de la Cero Discriminación en un éxito.

Comentarios

Clara Fletas: Me encantaron las jornadas por su atmósfera multicultural y diversa. Fueron muy informativas y llenas de energía. Espero que las repitamos el año que viene.

Hugo: En la presentación se habló de los prejuicios raciales, de los de género, los sexuales o los referentes a la edad. La variedad cultural siempre es una riqueza, no un freno.

5   Después de leer el texto, contesta a las siguientes preguntas.

a   ¿Quién es el promotor principal del Día de la Cero Discriminación?

b   ¿Qué tipo de acciones presentó el grupo de Jóvenes por la Igualdad?

c   Enumera los tipos de ejemplos visuales que presentó el grupo de Jóvenes por la Igualdad. ¿Cuáles son?

d   ¿Qué es lo que implica el concepto de equidad cuando se compara con el de igualdad?

e   ¿Qué es lo que permiten las leyes sobre la equidad a las personas con discapacidad intelectual o física?

f   ¿Cómo definimos los prejuicios sociales?

g   ¿Qué tipo de prejuicios sociales aparecen en los comentarios?

PALABRAS CLAVE

(el) acoso: el acoso incluye acciones como amenazas, rumores, ataques físicos y verbales, o la exclusión de alguien de un grupo de manera intencional

(la) burla: comentario o gesto que tiene como finalidad ridiculizar a una persona, un objeto o una situación

(el) cupo: parte o porción fija y proporcional de un todo

integrarse: formar parte de alguna cosa, o de la sociedad en sí

RINCÓN CULTURAL

Dos países hispanos lideran en leyes por la igualdad de género

En las listas sobre la igualdad de género siempre aparecen en los primeros puestos los países escandinavos del norte de Europa, aunque ¿sabías que hay dos países hispanos que están entre los diez más avanzados? Como es habitual, los primeros cuatro países más igualitarios (siguiendo el orden de más a menos) son Islandia, Noruega, Finlandia y Suecia, pero el quinto que aparece es Nicaragua que, con una brecha de género del 80.4%, se acerca mucho a un porcentaje de igualdad casi total entre hombres y mujeres. En Nicaragua, el 50% de los cargos públicos deben estar ocupados por mujeres. También el país promueve la independencia económica de las mujeres con ayudas del Estado. España ocupa el octavo puesto de la lista, con un 79%, un porcentaje idéntico a países como Irlanda o Nueva Zelanda.

Texto 2

¿Eres consciente de las dificultades de accesibilidad que cualquier persona con movilidad reducida podría encontrar en tu escuela? ¿Cuáles son? Lee el texto a continuación para reflexionar acerca de este tema.

Movilidad reducida: soluciones

Estela: Trabajé como profesora pública en la misma escuela durante años, en uno de los barrios emblemáticos de Barcelona, muy tranquilo y cerca de la sierra de Collserola. Allí tuve a mis dos hijos; y mi marido trabajaba en una empresa cerca de donde vivíamos, un piso grande con vistas al mar. Ahora mis hijos son mayores y tienen su propia vida. Uno de ellos está en Madrid, el otro en Girona. Mi marido murió hace dos años y ahora, jubilada, vivo sola en el piso. A pesar de tener alguna amiga de hace años, vivo en soledad, y ya no tengo la fuerza que tenía antes, por lo que todo me parece muy complicado. Este barrio tiene cuestas, ya que está tocando a la montaña, y hay que subir y bajar escaleras para andar por la calle. Antes, cuando era joven, todo esto no me importaba. Además, mis hijos me ayudaban con las compras o iba mi marido con ellos cuando tocaba.

Leo: El mobiliario urbano de la ciudad no está del todo adaptado para los invidentes. Se tiene miedo cuando hay tanto tráfico y gente a tu alrededor que no puedes controlar. Algunas aceras tienen baldosas rugosas que te ayudan a calcular dónde está la calzada por donde pasan los coches, pero no es suficiente, no todas están adaptadas, y muchos semáforos no funcionan cuando los invidentes tenemos que cruzar la carretera. Los obstáculos ponen en riesgo nuestra integridad física. Hay zonas donde no se indica dónde están las rampas, o simplemente solo hay escaleras, lo que dificulta mucho nuestra movilidad. Muchos coches aparcan en las aceras y, cuando andamos, chocamos con ellos, cayendo a veces, ya que muchos están mal aparcados. Los mensajes de braille ayudan a que leamos las instrucciones, pero no están todos, o te encuentras que alguien se ha dedicado a vandalizarlos, impidiendo su lectura. No todos los edificios tienen ascensores y algunas entradas del metro solo tienen escaleras. En España hay más de 80 000 personas invidentes y aproximadamente un millón de personas con baja visión, por lo que somos muchos y con necesidades básicas para movernos libremente por la ciudad.

PALABRAS CLAVE

(las) **calzadas:** partes centrales de la calle, entre dos aceras y cubierta de asfalto

(las) **cuestas:** terrenos en pendiente, tramos inclinados de una calle, carretera o camino

(los) **invidentes:** personas ciegas

(las) **rampas:** terrenos en pendiente

(la) **soledad:** estar solo o sin compañía

6 Después de leer el texto, elabora una lista escrita con un compañero sobre posibles soluciones para los problemas que encuentran Estela y Leo. Presenta tus ideas a la clase.

Texto 3

A continuación, vas a leer un folleto centrado en promover el proyecto Educación para la Igualdad en Honduras.

Educación para la Igualdad

Educación para la Igualdad es una propuesta nacida en Honduras para **difundir** materiales educativos centrados en una pedagogía que eduque a los niños y a las niñas en igualdad con el fin de eliminar los prejuicios sociales. En esta sección, introducimos algunos conceptos clave sobre el proyecto.

Roles de género

Los roles de género se definen en cómo se espera que las mujeres y los hombres se comporten, se vistan o se arreglen según el sexo biológico. Por ejemplo, en muchas sociedades se pide que las mujeres y las niñas se vistan de forma «femenina»; que se comporten de forma educada y dócil; o que sean obedientes, maternales y **complacientes**. A los hombres se les inculca que tengan una carrera de éxito, que ganen dinero para sustentar a su familia; o que sean valientes, seguros, fuertes e intrépidos. Cambiar este tipo de visión es uno de los objetivos del proyecto *Educación para la Igualdad*. Mediante materiales pedagógicos enseñamos a las niñas y los niños a ser ellos mismos sin el **peso** que conllevan los roles de género impuestos por la sociedad que los rodea.

Estereotipos de género

Los estereotipos de género que se establecen en la infancia tienden a consolidarse en la adolescencia, quedando para siempre grabados en la vida de los adultos. Estos estereotipos conducen a creencias fijas, como por ejemplo cuando decimos que el color rosa es para el sexo femenino o el color azul para el masculino. En las profesiones hay también muchos estereotipos de género, como cuando afirmamos que las mujeres tienen que estudiar para ser profesoras o enfermeras o que los hombres han de ser pilotos o ingenieros. En nuestro proyecto potenciamos la vocación que tienen los niños y las niñas para elegir aquello que más les gusta sin distinción de sexos. De esta manera, podemos ver hacia dónde quieren dirigirse profesionalmente, y darles la opción de pensar sobre las enormes posibilidades que tienen sin las barreras que imponen los estereotipos de género.

El proceso de la educación en igualdad

El proceso que conlleva la educación en igualdad significa apoyar un tipo de educación que fomente la igualdad entre niños y niñas a través de proyectos educativos y charlas y presentaciones sobre la prevención de la violencia de género, entre otros temas. Integrar conceptos que potencien la igualdad en los centros educativos es uno de los objetivos del proyecto *Educación para la Igualdad*. Queremos dar una visión a los más jóvenes sobre el hecho de que todos, seamos hombres o mujeres, debemos luchar por tener los mismos derechos laborales y educativos. Con nuestros materiales **reforzamos** lo positivo de una sociedad más igualitaria, dejando de lado etiquetas sexistas y aceptando la individualidad de las personas tal y como son.

¡Sé tú mismo! Prediquemos con el ejemplo ¡por una sociedad más justa, diversa e igualitaria!

PALABRAS CLAVE

complaciente: benévolo, atento

difundir: hacer que algo llegue al conocimiento de muchas personas

(el) peso: la fuerza que tiene algo

reforzar: hacer más fuerte una cosa o darle más fuerza

7   Analiza el folleto de Educación para la Igualdad.

   a   ¿Crees que el uso de un folleto es adecuado para brindar información?

   b   ¿Hay otras formas que considerarías más efectivas? ¿Por qué?

8   En tu cuaderno, escribe un artículo de 200 a 250 palabras sobre los aspectos positivos que tiene para tu escuela el proyecto Educación para la Igualdad. Argumenta tus razones con las ideas del Texto 3.

CONSEJO

Cuando tienes que escribir un texto sobre una información ya escrita, evita copiar párrafos del texto y utiliza tus propias palabras. La mejor forma de hacerlo es resumir el texto original en ideas principales para después pensar en reescribir las ideas a detalle empleando sinónimos de forma efectiva.

9   Vas a escuchar una entrevista con Alberto, un estudiante colombiano con discapacidad física. Habla de sus retos diarios y de lo que podemos hacer para mejorar las dificultades que se encuentra gente como él. ¿Cuántos tipos de discapacidades se mencionan?

10 Vuelve a escuchar la entrevista y decide cuáles de las siguientes oraciones son verdaderas (V) y cuáles son falsas (F).

   a   El proyecto en el que está centrado ahora Alberto es para que las personas con discapacidad se puedan mover sin que se lo impidan las barreras arquitectónicas de los accesos a las escuelas públicas de Medellín.

   b   Alberto cree que los problemas con los que se encuentran las personas con distintas discapacidades son más o menos similares, por lo que el trabajo de la asociación es sencillo.

   c   Medellín ha empezado ahora a adaptar partes de la ciudad con rampas y parqueaderos para las personas con diversidad funcional, pero falta mucho por hacer en el centro.

   d   Es en los barrios periféricos donde está el problema, ya que faltan señalizaciones para invidentes, edificios adaptados, ampliar ascensores o poner rampas y mensajes en braille.

   e   Alberto opina que lo que hace la asociación es un trabajo común de todos los colombianos.

11 Ahora que has escuchado el programa de radio dos veces, trabaja con un compañero para enlazar las dos partes de las frases relacionadas con las mejoras que necesitan las ciudades para las personas discapacitadas.

   a   Los edificios altos en los que no es posible subir a los pisos debido a las escaleras deben tener...

   b   Los semáforos de la ciudad deben ser...

   c   Las escuelas y los edificios públicos con escaleras tienen que construir...

   d   La creación de mensajes braille...

   e   Los muebles urbanos deben estar...

      i   son imprescindibles para que los invidentes obtengan información clave cuando se mueven por la ciudad.

      ii   siempre adaptados para cualquier persona con discapacidad permanente o transitoria.

      iii ascensores con un ancho adecuado para sillas de ruedas.

      iv   rampas en sus entradas y salidas para las personas que van en silla de ruedas.

      v   sonoros, para ayudar a los invidentes a cruzar o a parar cuando hay tráfico.

CONCEPTOS CLAVE

Uso de la lengua: aunque la función comunicativa es la esencia del aprendizaje de un idioma, el uso correcto de las estructuras gramaticales y la clara pronunciación elevan el nivel de excelencia en el dominio de la lengua. Asimismo, es necesario determinar el vocabulario a emplear en determinados contextos y situaciones, como es el caso del tema de la igualdad y la diversidad de la unidad.

¡AHORA TE TOCA A TI!

Los derechos de las mujeres en España

España sufrió un retroceso significativo de los derechos de las mujeres durante la época del franquismo (1939-1975). La mujer perdió durante esta época cualquier capacidad de acción dentro de la sociedad española, tomando solo la figura de la esposa obediente y perfecta ama de casa. Ahora, en pleno siglo XXI, España se ha convertido en uno de los países con las leyes sobre la igualdad de género más avanzadas del mundo, nada que ver con aquella época de la dictadura.

Aprovecha esta oportunidad para invitar a una madre o una abuela de los alumnos de tu clase para explicar en español cómo era la vida entonces para la mujer de esa época. Si la persona que has invitado no es de España, puedes comparar cómo era su día a día con la situación en la España de entonces. Haz una exposición en la escuela para todos.

GRAMÁTICA

El pretérito indefinido o pasado simple

El pretérito indefinido también llamado pasado simple, se utiliza para describir una acción que se considera terminada en el pasado.

La ciudad de Medellín terminó de colocar la nueva rampa para personas con discapacidad física en la sede del Gobierno.

Conjugación

Actuar	Defender	Permitir
Yo actué	Yo defendí	Yo permití
Tú actuaste	Tú defendiste	Tú permitiste
Él/Ella/Usted actuó	Él/Ella/Usted defendió	Él/Ella/Usted permitió
Nosotros/as actuamos	Nosotros/as defendimos	Nosotros/as permitimos
Vosotros/as actuasteis	Vosotros/as defendisteis	Vosotros/as permitisteis
Ellos/Ellas/Ustedes actuaron	ellos/as, ustedes defendieron	ellos/as, ustedes permitieron

A continuación, se presentan algunos de los verbos irregulares más comunes en pretérito indefinido.

CONTINUACIÓN

Verbos irregulares

Ser/Ir	Dar	Hacer
Yo fui	Yo di	Yo hice
Tú fuiste	Tú diste	Tú hiciste
Él/ella/usted fue	Él/Ella/Usted dio	Él/Ella/Usted hizo
Nosotros/as fuimos	Nosotros/as dimos	Nosotros/as hicimos
Vosotros/as fuisteis	Vosotros/as disteis	Vosotros/as hicisteis
Ellos/ellas/ustedes fueron	Ellos/ellas/ustedes dieron	Ellos/ellas/ustedes hicieron

Otros verbos irregulares: *andar - anduve, caber - cupe, decir - dije, poder - pude, poner - puse, saber - supe, tener - tuve, venir - vine, haber - hubo*

Ejemplos:

Leonor hizo una presentación sobre la igualdad centrada en los derechos de las personas de la tercera edad.

Puse sobre la mesa el mapa con los puntos de las barreras arquitectónicas de la ciudad.

Ramón vino a presentar el proyecto sobre la riqueza del multiculturalismo en la sociedad actual.

Emilio no tuvo problemas en adaptarse a Barcelona, ya que es una ciudad abierta a todo tipo de culturas e idiomas.

12 Completa las siguientes oraciones con la forma correcta del verbo irregular del pretérito indefinido correspondiente.

    a   No _____ pasar por la puerta, ya que era demasiado estrecha para su silla de ruedas.

            pudo   **puso**   **supo**   **anduvo**

    b   _____ unos metros hasta la entrada de la exposición sobre la igualdad en los institutos de secundaria.

            Puse   **Anduve**   **Tuve**   **Supe**

    c   La conferencia sobre el multiculturalismo _____ mucho éxito. Había más de doscientas personas en la sala.

            hubo   **supo**   **vino**   **tuvo**

13 ¿Sabes que la discriminación de las personas por su edad se llama «edadismo» en español? ¿En qué situaciones crees que una persona mayor puede sufrir discriminación? Con un compañero, haz una lista de los problemas de discriminación de las personas por su edad y coméntalas en la clase.

¡REFLEXIONEMOS!

Después de haber leído sobre el tema de la igualdad y la diversidad, ¿qué métodos utilizarás para recordar la parte de vocabulario clave que se ha utilizado en los textos? ¿Te ayudó la imagen de la actividad 4 a discernir entre el concepto de igualdad y el de equidad? ¿En qué sentido? ¿Cómo estructuraste tus ideas en el proceso de escritura del artículo en la actividad 8?

VERIFICACIÓN DE HABILIDADES

¿En qué nivel de seguridad te sientes en lo que has aprendido y practicado en esta lección?

Puntúa del 1 (nada seguro) al 5 (muy seguro) y después demuestra lo que has aprendido.

Ahora puedo...	Nivel de seguridad (1–5)	Demuéstralo
identificar y utilizar el vocabulario relacionado con la igualdad y la diversidad		Dibuja un mapa conceptual con diez palabras relacionadas con la igualdad y la diversidad.
explicar el concepto de igualdad de género y movilidad social		Explica a tus compañeros de clase el concepto de igualdad de género y movibilidad social en tres frases.
discernir entre los diferentes tipos de prejuicios sociales		Haz una lista sobre cinco prejuicios sociales y su significado.
entender el concepto de integración en todos los estratos sociales		Escribe tres ejemplos sobre integración social.
demostrar comprensión lectora sobre el concepto de la diversidad social		Junto con un compañero, busca una noticia sobre la diversidad social y preséntala en clase.
utilizar el pretérito indefinido		Escribe 50 palabras sobre lo que hiciste la semana pasada en la clase de español.

FRASES ÚTILES

Cuando hablamos del concepto de igualdad...

nos referimos al hecho de tratar de forma idéntica a las personas sin importar su condición social, su género o su procedencia.

La igualdad es...

un derecho humano, el trato idéntico a las personas, la ausencia de cualquier tipo de discriminación.

Para hablar del concepto de diversidad cultural...

defendemos la importancia de la multiculturalidad en todos los ámbitos de la vida.

apostamos por la convivencia y la interacción entre las diferentes culturas coexistentes.

damos mucha importancia a la inclusión de las personas de diferentes culturas y costumbres.

Para hablar de una sociedad multicultural debemos...

promover el respeto y la tolerancia entre las personas de diferentes culturas.

rechazar cualquier tipo de prejuicios y estereotipos sociales y culturales.

Cuando hablamos de estereotipos...

nos referimos a imágenes mentales que las personas construyen acerca de los demás.

nos centramos en representaciones simplificadas de un grupo de personas al que se define a partir de ciertas características representativas.

Cuando hablamos de roles de género...

nos referimos a conductas estereotipadas que se pueden modificar.

hablamos de tareas o actividades que se espera que realice una persona en función de su género.

Se considera que las personas discriminadas...

reciben un trato de inferioridad frente al resto de la sociedad.

sufren comentarios perjudiciales a causa de su origen étnico, nacionalidad, género, edad, religión, opiniones, preferencias políticas y sexuales, condiciones de salud, discapacidad o estado civil.

Cuando hablamos de integración social...

es lo opuesto a lo que entendemos como discriminación.

se busca siempre la inclusión de todas las personas sin importar su color, procedencia, género o condición social.

es algo positivo para la sociedad, ya que incluye diálogo y entendimiento.

4.2: Estilos de vida

INTENCIONES DE APRENDIZAJE

Al final de esta unidad podrás:

- Identificar y utilizar el vocabulario sobre los diferentes estilos de vida

- Explicar los conceptos relacionados con los estilos de vida

- Comprender los factores que influyen en la calidad de vida

- Demostrar comprensión lectora sobre las relaciones sociales y los valores personales

- Entender los conceptos relacionados con diversas opciones de estilos de vida

- Utilizar locuciones adverbiales.

1   Trabaja con un compañero, comenta lo que observas en las fotos.
     Justifica tus respuestas.

     a   ¿Qué tipos de estilo de vida representan?

     b   ¿Quién tiene un estilo de vida más bohemio y creativo?

     c   ¿Quién crees que lleva un estilo de vida más aventurero?

     d   ¿Quién mantiene un estilo de vida más ecológico?

Texto 1

Perfiles de reporteros es una serie de artículos escritos por nuestros reporteros en los
que explicamos desde el punto de vista más personal sus experiencias en los lugares
donde, por su trabajo, han vivido. Hoy escribe Marco Cuesta, periodista especializado
en cubrir noticias de varios países latinoamericanos.

Perfiles de reporteros

¿Dónde vives? Esto puede definir cómo eres

Me he mudado varias veces en mi vida y lo que he
aprendido es que el lugar donde estás influye en tu
felicidad y bienestar. No soy una persona nómada.
Me gusta tener mi casa, mi **entorno**, mis amigos y
mi familia, pero el trabajo de reportero me ha llevado
a pasar largas temporadas en Ciudad de Panamá,
meses con los gauchos en la Pampa argentina y casi
un año entero en Cartagena de Indias, en Colombia.

Metrópolis tan grandes como Ciudad de Panamá
pueden ser fascinantes para explorarlas. Puedes
salir a divertirte, hay supermercados en cada esquina
y, de repente, si te aburres, siempre tienes un cine
o un teatro para pasar la tarde. El casco antiguo de
Panamá es el barrio histórico de la ciudad, declarado
Patrimonio Cultural de la Humanidad por la UNESCO,
hermoso y limpio, con cafés y tiendas de artesanías
locales. A pesar de la variedad que ofrece la ciudad,
vivir en ella puede ser muy estresante. El tráfico es
intenso, la contaminación ambiental es un problema
para la salud, y el clima tropical, siempre húmedo y
lluvioso, es **agobiante**. Una ciudad grande es como
todas las ciudades grandes: hay movimiento, hay
coches, hay mucha gente y también hay soledad entre
sus habitantes. El estilo de vida de trabajo y consumo
lleva a que mucha gente se aísle y que tenga poco
contacto con los demás. La Ciudad de Panamá no es
una excepción y puede ser para muchas personas una
ciudad muy estresante.

La Pampa es, en comparación, otro mundo. Argentina
es un país muy grande, muy variado, con ciudades
también enormes, extensas y estresantes como
Buenos Aires o Córdoba, con carreteras y grandes
edificios. La provincia de La Pampa no es así, se
encuentra en el centro sur del país y es un lugar muy
tranquilo, con pocos habitantes, pueblos pequeños y
un paisaje con praderas, ríos y granjas. La gente se
dedica a la ganadería, a la agricultura y al turismo. Por
fortuna, allí tuve la oportunidad de vivir en Santa Rosa,
la capital de La Pampa, una ciudad mediana en la que
a pocos kilómetros ya tienes el campo. En La Pampa
viven los gauchos, aunque también hay gauchos
en Uruguay, Brasil, Chile y Paraguay. Los gauchos
representan la tradición y las costumbres rurales
del país. Su estilo de vida es libre, van a caballo,
cuidandel ganado y son nómadas; aunque ahora

tienen su casa, y un estilo de vida más sedentario y moderno, con sus autos y alguna propiedad, con una vida relajada, pero siempre muy trabajadores. A los gauchos les gusta mucho hacer asados con los amigos y beber mate amargo.

Cartagena de Indias, en Colombia, es una maravilla a orillas del mar Caribe y uno de los principales destinos turísticos del país. La mayoría de la población de la ciudad trabaja en el turismo y en la gastronomía, aunque la industria en la zona es muy importante y hay muchas multinacionales que tienen su sede cerca de Cartagena. La vida allí es una mezcla de trabajo entre semana y ocio de calidad los fines de semana. Las playas están muy cerca, hay restaurantes y cafés

por todos lados y sus habitantes combinan bien su trabajo diario con el tiempo libre, con un estilo de vida muy equilibrado.

¿Y dónde preferiría vivir? Esto me lo pregunta ahora mucha gente. Como he dicho antes, por mi trabajo de reportero he sido nómada, pero tengo mi casa, mi hogar con mi familia, que está en el barrio de Manorá, en Asunción. El barrio es muy familiar y tranquilo, hay escuelas y todo tipo de servicios, y un parque muy bonito al lado que se llama el Parque de la Salud.

Marco Cuesta

Reportero especializado en turismo y eventos culturales en América Latina desde el año 2016

2   Enlaza las siguientes oraciones relacionadas con los distintos estilos de vida mencionados por Marco Cuesta en el Texto 1.

   a   A Nora le encanta seguir un estilo de vida saludable.

   b   Sergio podría dejar este estilo tan sedentario que lleva.

   c   Cristina ha decidido dejar la ciudad para irse a vivir al campo.

   d   Raquel ha decidido no formar una familia en este momento para centrarse en su carrera laboral.

   e   Joel es lo que llamamos un nómada digital.

   i   Quiere un estilo de vida rural sin estrés.

   ii   Disfruta de su estilo de vida solitaria. Su trabajo y ganar dinero es lo que quiere hacer ahora.

   iii   Está engordando mucho y esto le puede causar problemas de salud en el futuro.

   iv   Su estilo de vida le permite vivir en varios países al año y no tener domicilio fijo trabajando en proyectos de software.

   v   Sigue una dieta muy equilibrada. Come frutas y verduras como mínimo seis veces a la semana.

3   De acuerdo al artículo de *Perfiles de reporteros* decide qué palabra es la correcta en cada frase.

   a   Para Marco Cuesta, cambiar de ... ha sido una experiencia constante debido a su profesión.

      A lugar   **B** coche   **C** familia

   b   Marco Cuesta ha vivido en varios ... trabajando como reportero.

      A parques   **B** países   **C** restaurantes

   c   Marco Cuesta piensa que el casco antiguo de la Ciudad de Panamá es ...

      A viejo   **B** sucio   **C** bello

   d   Según Marco Cuesta, el clima de Panamá puede llegar a ser ...

      A fresco   **B** agradable   **C** sofocante

PALABRAS CLAVE

agobiante: que agobia, que preocupa y fatiga

(el) entorno: el ambiente, lo que rodea a una persona, cosa o lugar

(el) hogar: lugar donde vive una persona y que lo considera su lugar

e   Para Marco Cuesta, la vida en la Ciudad de Panamá puede provocar ... y aislamiento a sus habitantes.

   A soledad   **B** bienestar   **C** felicidad

f   Según Marco Cuesta, en Argentina también hay ciudades estresantes y con muchos ...

   A paisajes   **B** habitantes   **C** ríos

g   La agricultura, el turismo o la ganadería forman parte de la ... de los habitantes de la provincia de La Pampa.

   A vida   **B** ciudad   **C** soledad

h   En La Pampa los gauchos son nómadas, aunque muchos de ellos han optado por una vida más ...

   A libre   **B** movida   **C** sedentaria

i   En Cartagena de Indias hay muchas ... internacionales en las afueras, además de turismo en la ciudad y gastronomía.

   A empresas   **B** casas   **C** restaurantes

j   El estilo de vida de los habitantes de Cartagena de Indias combina tiempo ... y trabajo de forma muy equilibrada.

   A ocupado   **B** libre   **C** tradicional

RINCÓN CULTURAL

El mate

El mate es una infusión muy popular en Argentina, Uruguay, Paraguay y en el sur del Brasil que se hace con hojas de yerba mate, una planta que crece en los ríos de Uruguay y Paraguay. Tiene origen guaraní (los habitantes originarios de Paraguay), y los españoles cuando llegaron lo adoptaron inmediatamente. El sabor de la infusión es amargo, aunque también se puede tomar con azúcar, con leche, con té verde o incluso con coco. El mate tiene propiedades antioxidantes, depura el cuerpo y es muy bueno para el sistema digestivo, además de tener un efecto estimulante, ya que contiene cafeína. El mate también es una excusa para tomarlo con amigos, para desayunar, para matar el hambre entre comidas o incluso para hacer dieta.

Texto 2

¿Sabes qué son los valores personales? Definimos los valores como los principios, virtudes o cualidades positivas que caracterizan a una persona o una acción concreta. En el texto a continuación, cinco estudiantes hablan acerca de sus estudios, la relación con sus familias y sus ambiciones personales. ¿Cómo han influido tus padres en tu vida? ¿De qué forma han marcado tu camino educativo, tus gustos o tus aspiraciones?

Y tú, ¿cómo te relacionas?

¿Cómo nos relacionamos con los demás? Cinco estudiantes que han terminado sus estudios recientemente nos explican cómo las relaciones que han mantenido les han ayudado a alcanzar sus sueños. Cada uno de ellos nos ha escrito una nota para que la publiquemos en nuestra revista. Empecemos.

una persona muy curiosa. Ahora ya me he graduado y espero encontrar un buen trabajo en mi área de estudios bien pronto. Gracias a todos.

Figura 4.3: Estíbaliz (Caracas, Venezuela)

Figura 4.2: Raquel (Cambridge, Massachussets)

Estos tres años de estudio en la Universidad de Harvard han sido fantásticos. No se pueden imaginar lo contentos que se pusieron mis padres cuando me llegó la carta de **admisión** de la universidad. Mi hermana y mis amigas tampoco se lo podían creer. Entraba como estudiante de Sociología en una de las mejores universidades del mundo. No podía estar más contenta. Todavía recuerdo el primer día de ingreso, cuando la universidad permite que entren los coches de los padres para dejar los libros y la ropa de sus hijos. Ese es el único día que la universidad deja entrar vehículos a la plaza principal y es un momento mágico. Vivir en la residencia universitaria fue un sueño. Por allí habían pasado John F. Kennedy, Mark Zuckerberg, Natalie Portman y Barack Obama. Lo que más me sorprendió es la cantidad de hispanos que hay en la universidad, casi un 20%. Mi familia, de origen mexicano, siempre me empujó a estudiar para llegar a poder ser parte de una de las universidades de la Ivy League, y compartir valores como los del compromiso, la amistad y la disciplina. Ellos llegaron sin nada a Estados Unidos, y trabajaron sin **reposo** durante muchos años en un restaurante para que yo pudiera estudiar en una buena universidad. Siempre he llevado un estilo de vida centrado en los estudios, soy

En Caracas tenemos dificultades de todo tipo, desde bajos sueldos hasta pocas oportunidades de trabajo. A pesar de estas dificultades, al final he podido entrar en uno de los mejores restaurantes de la ciudad después de terminar mis estudios de chef en una de las escuelas de restauración más importantes del país, el Centro de Capacitación Profesional Alta Cocina. Soy responsable de cinco cocineros y tres **lavaplatos**. Con lo que he aprendido, y gracias a la libertad que me da el restaurante, puedo crear mis propios menús, con platos que van desde carnes a pescados, ensaladas, postres y bebidas, con ingredientes naturales y saludables, siempre hechos con amor y con mucho gusto. Me considero una persona muy creativa, con un estilo de vida centrado en la creación de cosas nuevas. La difícil situación económica que atraviesa mi país no ha sido un **impedimento** para que siga con mi sueño de ser chef. Ya desde pequeña mis padres, originarios de Ecuador, me animaron a que cocinara mis propios platos y postres. Era lo que más me gustaba. Mis amigos también me ayudaron mucho, aunque ahora considero que los compañeros con los que trabajo son también mis mejores amigos. Trabajamos muy bien en equipo, con respeto y tolerancia, y para mí es una suerte haber conseguido un trabajo de lo que yo realmente quiero hacer. En el futuro, mi objetivo es crear mi propio restaurante, pero tal vez se quede solo en un sueño.

Figura 4.4: Gabriel (isla de Roatán, Honduras)

Figura 4.5: Mohamed (Almería, España)

Desde que terminé mis estudios de Educación Física en la Universidad en Medellín y entré como instructor de *canopy* en la isla de Roatán, no he parado. Roatán está frente a la costa de Honduras y allí tenemos un parque fantástico para adultos y niños que quieren pasárselo bien con las **cuerdas** saltando de árbol a árbol. En el parque hay hasta doce *canopy*, y yo guío a los visitantes y les enseño cómo ir avanzando de forma segura. Mi estilo de vida aventurero me ha llevado a conocer a mucha gente de muchas partes del mundo, que me invitan a sus países y a pasar largas temporadas en Europa o en los Estados Unidos. Mis padres no habían sido nunca así, los dos son colombianos, originarios de Medellín, y la aventura no ha estado nunca dentro de sus planes, aunque siempre me han apoyado sin poner impedimentos de ningún tipo. Mi pasión por los deportes de aventura ha hecho que con dos de mis amigos estemos planeando crear una empresa en la isla dedicada a hacer excursiones de senderismo. Nuestra forma de trabajar se basa en el compañerismo y en apoyarnos mutuamente, siempre con la lealtad que caracteriza a los buenos colegas de trabajo. Para el año que viene planeamos ya empezar con nuestro proyecto.

Mis padres siempre tuvieron claro que yo quería ser fotógrafo. Me veían siempre con la cámara haciendo fotos de todo lo que me rodeaba y no salía nunca de casa sin ella. Nunca jamás pensé en estudiar otra cosa, soy muy **perseverante** y disciplinado. Ahora que he terminado mis estudios de Comunicación Audiovisual en la Universidad de Granada, he abierto una cuenta de Instagram dedicada a mi trabajo profesional. También tengo mi propia página web, donde ofrezco mis servicios como fotógrafo de bodas, bautizos y comuniones, además de ser reportero de la Fiesta de Ruptura del Ayuno, que se celebra con el fin del Ramadán, o reuniones de escuelas o de empresa. Con la ayuda de mi mejor amigo, Óscar, he podido estar muy presente en las redes sociales y crear mi propia empresa, que se llama ImagenTec, en Almería. Mi amigo Óscar sabe cómo hacer que tu trabajo sea atractivo en internet, por lo que se dedica a la parte técnica de mi empresa, que ya empieza a funcionar. A pesar de que me gusta viajar y hacer fotos en distintas partes de España, soy una persona bastante sedentaria. Me gusta tener mi propia casa y siempre volver a ella después de mis viajes haciendo fotos. Mi familia es de un pequeño pueblo de Marruecos y mis padres vinieron a España cuando eran muy jóvenes para trabajar en el campo, son muy **humildes**. Cuando ven que he llegado tan lejos con mis estudios, se ponen muy contentos. En el futuro espero poder seguir relacionándome con más gente a quien le guste el mundo de la fotografía desde el punto de vista profesional. Mi sueño es ampliar mi empresa y poder vivir totalmente del trabajo de fotógrafo.

Figura 4.6: Amanda (Lima, Perú)

Sin duda puedo decir que tengo mucha suerte de tener dos amigas del alma. A veces la gente no nos toma en serio, ya que todo lo hacemos juntas. Desde pequeñas jugábamos las tres, íbamos a los mismos clubes de deporte y quedábamos para ir al cine. Teníamos también otras amigas, pero las tres sabíamos que nuestra forma de ver el mundo y nuestro estilo de vida era muy similar, por lo que nos entendíamos a la perfección. Nos gusta mucho hacer deporte, estudiar idiomas, ir de compras y viajar cuando tenemos dinero. Aunque las tres hemos ido a universidades diferentes, todas hemos querido ser profesoras (yo de inglés, mis dos amigas de Historia). Cuando terminé mis estudios de Enseñanza del Idioma Inglés en la Universidad Nacional Mayor de San Marcos en Lima, tanto mis padres como ellas se pusieron muy contentas. Mis padres son de origen español y siempre han trabajado en empresas internacionales. Les encanta que haya tomado la carrera de docente del idioma inglés.

Ahora que hemos empezado a trabajar el primer año como profesoras en una escuela en Lima, quedamos a menudo para contarnos nuestras anécdotas y, siempre que tenemos ganas, nos llamamos. Queremos llevar una vida tranquila, sedentaria, mantener nuestro trabajo como profesoras en la escuela y viajar en vacaciones juntas si es posible. Somos realistas y sabemos que en el futuro vamos a tener una vida diferente con nuestros maridos e hijos, pero esta relación que tenemos las tres no va a cambiar, ya que nuestra visión de la vida es muy similar. El valor de la amistad es para nosotras lo más importante.

PALABRAS CLAVE

(la) admisión: acto y resultado de admitir (tolerar, acceder o consentir)

(el) canopy: se forma con una polea y un largo cable mecánico que permite a una persona bajar del extremo más alto

(las) cuerdas: objeto alargado y flexible que se usa generalmente para atar cosas

(el) docente: profesor

humildes: que viven modestamente

(el) impedimento: obstáculo

(el) lavaplatos: persona que por oficio lava los platos en un hotel, en un bar o en un restaurante

(el) reposo: descanso

perseverante: que sigue de manera constante por largo tiempo

4   Después de leer el texto, copia la siguiente tabla en tu cuaderno y complétala.

	Raquel	Estíbaliz	Gabriel	Mohamed	Amanda
Estudios					
Nivel educativo					
Lugar de trabajo					
Estilo de vida					
Origen de la familia					
Ambiciones personales					

5 Busca en el texto las palabras relacionadas con los valores personales que aparecen en la siguiente lista. ¿A quién definen? Escribe un artículo de opinión de entre 90 y 120 palabras explicando qué valores personales son importantes en tu vida.

lealtad	respeto
honradez	humildad
compañerismo	compasión
honestidad	paciencia
disciplina	disciplina
compromiso	tolerancia
independencia	modestia
perseverancia	

6 Escucha el siguiente pódcast relacionado con el tema de la inmigración y contesta a las preguntas.

   a ¿De dónde son originarios los padres de Manuel?

   b ¿De dónde es Ema?

   c ¿En qué año llegaron los padres de Ema a España?

   d ¿A qué país emigraron los padres de Manuel?

   e ¿De qué trabajaron los padres de Manuel cuando llegaron a Houston?

   f ¿Qué tipo de negocio tienen los padres de Ema en Sevilla?

   g ¿Cuánto tiempo va a estar estudiando en Sevilla Manuel?

7 ¿Ir a la moda es tan importante? Escucha el audio dos veces y contesta a las siguientes preguntas.

   a ¿Qué es lo que José ha subido a Instagram?

   b ¿Qué le interesa hacer a Rosa Mari en su tiempo libre?

   c ¿Qué hace la gente cuando José sube lo que ha comprado por Instagram?

   d ¿Por qué cree Rosa Mari que lo que hace José es una obsesión?

   e ¿Qué foto hace José cuando habla con Rosa Mari?

CONSEJO

Para aprender nuevo vocabulario puedes escribir las palabras en frases dentro de un contexto concreto en vez de escribir listas de palabras. De esta manera sabrás cómo se usan estas palabras en la vida real, y será más fácil memorizarlas. También es bueno situar las palabras con sus frases dentro de ciertos temas de tu interés, para así hacer conexiones más rápidas, o crear nubes de palabras para cada tema.

¡AHORA TE TOCA A TI!

El Festival de Pintura Corporal en Guinea Ecuatorial

¿Sabías que uno de los festivales más fotografiados en África es el Festival de Pintura Corporal en Guinea Ecuatorial? Guinea Ecuatorial es el único país del continente africano que tiene como idioma oficial el español. Cada mes de enero, el Festival de Pintura Corporal no solo reúne a diversos artistas de todo el mundo, sino que tiene como objetivo reconectar nuestra sociedad con los poderes elementales de la naturaleza. Fotógrafos, artistas y gente del mundo del espectáculo se dan cita cada año en este gran festival que va creciendo con creativas propuestas de pintura corporal, y que se ha convertido en uno de los más visitados del continente africano.

Busca a padres o alumnos en tu escuela que tengan alguna vinculación con las culturas hispanohablantes y entrevístalos para hablar sobre los festivales más destacados de sus países de origen. Las entrevistas las puedes grabar en vídeo con el consentimiento de los entrevistados para después pasárselas al resto de los alumnos de la escuela o de tu clase.

CONCEPTOS CLAVE

Conciencia cultural: el aprendizaje de idiomas mejora la comprensión intercultural, y proporciona una idea de las diferentes culturas, costumbres y prácticas de la vida cotidiana de otros países. A través del estudio de materiales auténticos, se desarrolla una conciencia de cómo las diferencias culturales modelan el significado del idioma y la forma en que los hablantes se comunican.

GRAMÁTICA

Locuciones adverbiales

Las **locuciones adverbiales** son expresiones fijas formadas por dos o más palabras que equivalen a un adverbio. Las locuciones adverbiales ayudan a añadir mayor contexto a las oraciones. Hay muchos tipos de locuciones adverbiales. A continuación, te presentamos diez ejemplos en contexto:

- **Por fortuna**, Lucía decidió cambiar su estilo de vida sedentario y ahora hace deporte cada día. Se le nota mucho en su físico y hasta en su forma de ser.

- Alicia vendrá **de un momento a otro**. Tiene unos horarios muy rígidos y es muy estudiosa.

- Después de la discusión, tuve que poner distancia **de por medio** entre nosotros. Prefiero tener una vida tranquila.

- **Nunca jamás** hemos visto tanta creatividad en tan pocos días. El Festival de Pintura Corporal no solo reúne a artistas de pintura corporal, sino también a músicos, a fotógrafos y hasta a cocineros de renombre.

- Tener un estilo de vida excesivamente estresante es **sin duda** una causa para enfermedades posteriores. Hay que saber encontrar el equilibrio.

- **Tal vez** en el futuro deje mi trabajo en la ciudad y vaya a vivir al campo para seguir un estilo de vida más tranquilo. Estoy pensando en comprarme una masía y trabajar desde allí.

- **A menudo** me pregunto por qué soy tan individualista. Solo me centro en el trabajo y en mi vida profesional.

CONTINUACIÓN

- Te voy a ayudar **con mucho gusto** para que no lleves una vida tan acelerada. Tengo una serie de consejos que me enseñaron en un curso de meditación que van a cambiar tu visión de la vida.

- **De repente** me di cuenta de que el día a día en el mundo rural me aburría muchísimo, así que volví a la ciudad, a mi trabajo en la oficina.

8   Completa cada oración con la locución adverbial correcta.

a   _____ llegará a la reunión. Sara suele ser puntual, debe de haber tenido un problema con el tráfico.

    A De un momento a otro   **B** Al menos   **C** A la fuerza

b   Le voy a ayudar _____. Veo que trae todos los pinceles y los cuadros para la sala de arte.

    A con mucho gusto   **B** a derechas   **C** de un momento a otro

c   _____ suele hablar de sus viajes y aventuras. Javier tiene un espíritu de nómada increíble. Nunca lo verás trabajar encerrado en una oficina.

    A Por lo menos   **B** A menudo   **C** Ni más ni menos

d   La verdad es que _____ me atrevería a decirle a mi hermano que se pusiera corbata. No le gustan nada.

    A por fortuna   **B** tal vez   **C** nunca jamás

e   _____ vi que llevar una vida centrada solo en el trabajo no me llenaba nada, así que decidí dejarlo todo para irme a vivir al campo.

    A Ni más ni menos   **B** De repente   **C** Con mucho gusto

¡REFLEXIONEMOS!

¿Qué estrategias has encontrado más útiles para recordar las locuciones adverbiales aprendidas en la unidad? ¿Qué nivel de dificultad consideras que tiene esta unidad? ¿Te resultó fácil o difícil? ¿Por qué?

VERIFICACIÓN DE HABILIDADES

¿En qué nivel de seguridad te sientes en lo que has aprendido y practicado en esta lección?

Puntúa del 1 (nada seguro) al 5 (muy seguro) y después demuestra lo que has aprendido.

Ahora puedo...	Nivel de seguridad (1–5)	Demuéstralo
identificar y utilizar el vocabulario relacionado con los diferentes estilos de vida		Prepara una infografía que esté relacionada con diferentes estilos de vida.
explicar los conceptos relacionados con los estilos de vida		Haz una presentación en clase sobre las ventajas y desventajas de los distintos tipos de estilos de vida.

CONTINUACIÓN

Ahora puedo...	Nivel de seguridad (1–5)	Demuéstralo
comprender lo que influye en la calidad de vida		Haz una encuesta de opinión sobre la calidad de vida.
entender conceptos sobre las relaciones sociales y los valores personales		Escribe cinco frases relacionadas con las relaciones sociales y los valores personales.
demostrar comprensión lectora sobre el concepto de la diversidad social y los estilos de vida		Con un compañero, busca una noticia sobre los diferentes tipos de estilos de vida que hay.
utilizar locuciones adverbiales.		Escribe diez frases usando locuciones adverbiales.

FRASES ÚTILES

Hay diferentes estilos de vida entre las personas, como por ejemplo...

el estilo de vida rural, el urbano, el individualista, el nómada, el sedentario o el aventurero.

El entorno donde una persona vive puede ser...

determinante en su personalidad, sus hábitos y sus gustos.

Las grandes ciudades suelen...

tener mucho movimiento y ser ruidosas.

ser estresantes y angustiosas en algunos momentos del día.

tener mucho tráfico con mucha gente en las calles.

tener mucha energía y fuerza. Siempre pasa algo interesante.

La gente que vive en el campo suele llevar un estilo de vida...

tranquilo, reflexivo, sosegado, relajado.

Cambiar de estilo de vida...

no suele ser fácil para muchas personas.

puede ser estresante al principio, pero los cambios en la vida son buenos.

suele tener efectos positivos en las personas, siempre que se tengan como prioridad los hábitos saludables.

requiere perseverancia y esfuerzo, para dejar atrás costumbres adquiridas.

Cuando hablamos de valores humanos podemos incluir, entre otros...

la lealtad, la honradez, el compañerismo, la amistad, la responsabilidad, la honestidad, el compromiso, la independencia, el respeto, la gratitud, la humildad, la comprensión, la compasión, la paciencia, la disciplina, la tolerancia, la curiosidad, la modestia, la perseverancia.

4.3: La organización social

1   Observa y comenta la siguiente fotografía con un compañero.

a   ¿Qué representan estas personas? ¿Dónde crees que están?

b   Lee la siguiente definición de *sociedad* y coméntala con un compañero: «Una sociedad son los integrantes que se sienten parte de un mismo colectivo y que se organizan siguiendo una serie de costumbres y comportamientos». ¿Estás de acuerdo con esta definición? ¿Qué es para ti el concepto de sociedad?

2   Las organizaciones sociales son grupos de personas que se estructuran con un fin, que puede ser ecológico, político, económico o social y que han evolucionado con el paso del tiempo. También hay sociedades que son parte de un Estado o que están construidas en torno a ciudades.

a Relaciona los distintos tipos de sociedad es que han existido a lo largo de la historia con su definición correspondiente.

A cazadoras y recolectoras

B agrícolas

C industriales

D posindustriales

i Sociedades sedentarias que se dedicaban principalmente al cultivo de las tierras.

ii Pueblos nómadas que se dedicaban a cazar animales y recoger frutos, semillas y setas.

iii Sociedades centradas en los servicios y en la investigación y el desarrollo tecnológico y del conocimiento.

iv Sociedades que estaban centradas en la actividad económica para la producción de productos de compra y venta a través de fábricas y máquinas.

b ¿Y tú, a qué sociedad perteneces como ciudadano? ¿Por qué? Razona tu respuesta.

Texto 1

A continuación, vas a leer un artículo de periódico sobre las mejoras que se necesitan para que las sociedades posindustriales sean más justas.

Hacia una sociedad posindustrial más justa

Todos hemos escuchado que vivimos en una sociedad posindustrial. ¿Pero qué significa esto? Las sociedades posindustriales se caracterizan por un rápido aumento del sector de servicios (empresas transportistas, tiendas de todo tipo, empresas de limpieza, servicios técnicos y restaurantes, entre otros) y el aumento de las tecnologías de la información. La creatividad y el conocimiento tienen un **papel** muy importante en la era posindustrial, así como la fabricación de productos a través de la inteligencia artificial.

La sociedad ha cambiado en la época posindustrial en la que vivimos, con trabajadores que necesitan tener bastantes conocimientos de tecnología, además de saber utilizarlos de forma creativa. En esta sociedad, hemos entrado en un mundo globalizado, donde la rapidez del transporte y la tecnología han hecho que sus ciudadanos intercambien productos e ideas de forma acelerada. Además de mejorar las condiciones de vida de la gente, también puede tener aspectos negativos. Nuestra sociedad nos ha llevado a que se luche de forma globalizada por un mundo más igualitario y **justo**, con una gran importancia en sociedades democráticas, con decisiones adoptadas por la mayoría de la población a través del voto, y a que se luche contra ideologías no democráticas que habían tenido tanto peso en el pasado siglo XX.

A pesar de los aspectos positivos de la revolución posindustrial, han aparecido problemas que han afectado a este tipo de nueva estructura social. El primero se centra en las desigualdades entre la población. Mientras que hay ciudadanos que tienen acceso a la tecnología y a una educación de calidad, hay también ciudadanos que no tienen estas mismas oportunidades. Sin conocimiento o acceso a la educación de calidad, es muy difícil tener una vida **digna** dentro de las sociedades posindustriales, y esto ha resultado en un aumento de la pobreza en algunas sociedades. Es también importante mencionar el peligro del cambio climático causado por las emisiones de los países más industrializados. Ser mucho más eficientes en el consumo de energía o el uso del transporte público, ir a pie o viajar en bicicleta, en vez de utilizar el coche privado o el avión, son algunas soluciones que se han de promover para que el cambio climático no se convierta en un peligro para el futuro de nuestros hijos.

Ainhoa Bahí

Periodista de información económica

3 Busca los sinónimos de las siguientes palabras que aparecen en el texto.

Parágrafo 1	Parágrafo 2	Parágrafo 3
a incremento	c empleados	e entrada
b creación	d rápida	f eficiente

4 Trabaja con un compañero. Apunta los puntos positivos y los puntos negativos de las sociedades posindustriales según el texto. Después los puedes comentar en clase. ¿Cuáles son los tres puntos que impactan más en tu vida? ¿Por qué?

RINCÓN CULTURAL

Criptomoneda en El Salvador

¿Sabías que El Salvador adoptó el bitcoin como moneda de curso legal a finales de 2021 a nivel nacional? Con pagos a través del móvil y cajeros habilitados, en El Salvador se puede pagar en bitcoines, solo si uno quiere. A pesar de ello, el dólar estadounidense continúa siendo la moneda nacional y nadie estará

obligado a pagar en bitcoin. El Gobierno salvadoreño quiere pasar de una sociedad agrícola a una plenamente posindustrial donde la economía digital sea el centro de todo. Para hacerlo, el Gobierno ha instalado centros de minería de criptomonedas junto a sus volcanes (el país está conformado en un 90% por material volcánico), con lo que aprovecha su energía para producir la electricidad que se gasta en minar grandes cantidades de bitcoin.

GRAMÁTICA

Tiempos compuestos de indicativo

Los tiempos verbales como el pretérito pluscuamperfecto de indicativo, el futuro perfecto o el condicional perfecto se pueden aprender practicando las oraciones a partir de su construcción gramatical. Observa los tres tipos de verbos en esta sección con sus ejemplos.

Pretérito pluscuamperfecto de indicativo

Expresa una acción que ocurrió en el pasado antes de otra acción también en el pasado:

Cuando llegó, *ya habían decidido* el día y la hora de la votación de grupo.

Futuro perfecto

Expresa una acción futura que tiene lugar antes que otra acción futura:

Para el jueves, *habré terminado* de escribir el capítulo sobre las sociedades posindustriales.

Condicional perfecto

Expresa una acción que habría ocurrido en el pasado si se hubiera cumplido una condición:

Guillermo lo *habría ayudado* con el test de las características sobre los distintos tipos de sociedad, pero no tuvo tiempo.

---

5 Escoge la forma correcta de los verbos para completar el diálogo. Usa tiempos compuestos de indicativo.

a **Víctor:** Para la semana que viene ya .... si finalmente me compro el portátil o no. Estoy esperando a que bajen los precios, ya que están muy altos. Estoy trabajando en una presentación sobre los nuevos tipos de sociedad ecológica con dos compañeros de clase y tengo problemas para subir fotos y vídeos.

   A habré decidido   **B** habría decidido   **C** había decidido

b **Antonio:** Si me lo hubieras dicho antes, te .... el de mi hermana Lucía. Tenía un portátil de más que funcionaba bastante bien, pero lo acaba de vender.

   A habré prestado   **B** habría prestado   **C** había prestado

c **Víctor:** No pasa nada, no te preocupes. Todavía no he decidido nada. Ya me .... que los ordenadores como estos no duran más que un par de años. ¡A ver si puedo comprarme el nuevo y asunto solucionado!

   A habrán dicho   **B** habrían dicho   **C** habían dicho

d **Antonio:** Bueno, a ver si hay suerte y puedes acabar tu trabajo con el viejo ordenador. Si hace falta, vengo a ver si te lo puedo reparar. Ya te .... que tengo manitas con los ordenadores.

   A habrán dicho   **B** habrían dicho   **C** habían dicho

e **Víctor:** Lo sé, lo sé. Me lo .... Por eso me he puesto en contacto contigo en cuanto he visto que no funcionaba.

   A habrían comentado   **B** habrán comentado   **C** habían comentado

Texto 2

¿Te gustan las fichas biográficas? El siguiente texto es un ejemplo de la información que se introduce en una. ¿Podrías escribir una ficha para presentar a una persona de tu elección?

Ficha literaria

Escritora y ciudadana global

Nombre: Alicia

Apellidos: Álvarez Li

Edad: 23 años

Nacionalidad: española

Aficiones: lectura, escritura creativa, hacer deporte, viajar

Estudios: licenciada en Periodismo en la Universidad de Valencia. Máster en Escritura Creativa.

Idiomas: español, mandarín y francés

Premios: Premio de Escritura Creativa a la mejor obra de ficción

Experiencia: Alicia nació en Salamanca; de padre español y madre de la República Popular China, forma parte de un mundo bilingüe con dos culturas diferentes y muy ricas en matices. Alicia es nativa en español y en mandarín, el idioma de su madre, y con el que ha practicado de forma intensa en sus viajes a China cuando ha visitado a su familia lejana, con la que todavía mantiene el contacto. Alicia siempre ha sido una persona muy curiosa. Desde muy pequeña le ha gustado leer todo tipo de libros, desde biografías a novelas de misterio. Sus ganas de conocer el mundo la han llevado a viajar de forma independiente desde que era una adolescente: ha hecho dos viajes con Inter Rail por toda Europa, con los cuales publicó un libro, además de pasar una estancia de dos meses en San Francisco como *au pair* y seis meses de intercambio en una universidad de Pekín mientras estudiaba Periodismo. A Alicia le gusta mucho la literatura rusa y francesa, y ha estudiado francés de forma intensiva en varios cursos de verano de la Universidad de Toulouse. Como ciudadana global, a Alicia le encanta escribir sobre personajes independientes con mucho carácter que deciden cambiar su vida mediante la experiencia del viaje. El contraste entre un estilo de vida nómada y sedentario es el tema conductor de sus novelas. A Alicia también le encantan los animales y tiene un gato que se llama Fil, que la acompaña en todas sus aventuras por el mundo.

Libros publicados: *Viajes por Inter Rail, Espacios globales, El estudio de Marta*

Modo de contacto: Editorial Tiempo Literario

PALABRAS CLAVE

curiosa: persona que quiere saber o averiguar algo

(la) estancia: acción de estar o permanecer cierto tiempo en un lugar concreto

lejana: que está lejos en la distancia, y también puede ser en el tiempo

6   Después de leer el texto, decide si las siguientes afirmaciones son verdaderas (V) o falsas (F). Corrige las falsas en tu cuaderno.

a   Alicia es de nacionalidad china.

b   Alicia habla tres lenguas de forma nativa.

c Las novelas de misterio y las biografías se encuentran entre sus preferencias literarias.

d Alicia recorrió toda Europa en tren dos veces.

e La carrera principal que estudió Alicia se centra en el periodismo.

f El tema conductor de las novelas de Alicia se centra en personajes que, después de viajar toda la vida, prefieren un estilo de vida sedentario.

7 Lee las siguientes oraciones referentes a Alicia y decide a qué tipo de tiempo verbal se refieren. Luego puedes traducir las frases con un compañero y seguir creando tus propias oraciones para ir practicando.

pretérito pluscuamperfecto de indicativo

futuro perfecto

condicional perfecto

a El abuelo de Alicia le dijo una vez: «Cuando seas adulta, **habrás entendido** lo difícil que es querer ser escritora».

b A Alicia le **habían dicho** que desde pequeña ya quería ser escritora.

c A Pedro le **habría gustado** hacer el viaje de Inter Rail con Alicia, pero no pudo, ya que tenía que trabajar aquel verano.

d Alicia era tan independiente que les dijo a sus padres que en cuanto cumpliera los dieciocho años **se habría mudado** de casa.

e Ya le **habían indicado** que saber mandarín y español a nivel nativo le abriría muchas puertas en el mercado laboral.

f «Él **habrá terminado** de leer mi libro», pensó Alicia cuando vio a su padre ponerlo sobre la mesa con una sonrisa.

8 A partir de las ideas del Texto 2, trabaja con un compañero y reflexiona sobre estas preguntas. Después, escoge una de ellas y escribe tu respuesta en un párrafo de entre 80 y 100 palabras.

a ¿Te consideras un ciudadano global como la escritora Alicia Álvarez Li? ¿Por qué?

b ¿Cuáles son las diferencias más importantes que ves entre la sociedad que vives actualmente y la que vivían tus padres cuando eran jóvenes?

c ¿Piensas que es mejor la sociedad de ahora o ha habido cambios que no han sido del todo positivos? ¿En qué sentido?

CONSEJO

Para aprender los verbos compuestos en español, es bueno practicarlos siempre en contexto. Puedes crear frases en tu cuaderno con diálogos entre personajes o escribir párrafos de historias donde utilices estos verbos que a veces parecen tan complejos. También puedes usar líneas de tiempo y colocar los verbos con marcas y cruces para diferenciar las situaciones de los tiempos verbales. Siempre es importante visualizar la situación cuando se utilizan las conjugaciones para tener una visión más clara de cuándo usarlos.

9   ¿Sabes qué son los derechos y los deberes de los ciudadanos? ¿Cuáles consideras
que son los derechos y los deberes más relevantes para ti y por qué?
Razona tu respuesta.

Los derechos protegen las libertades y las garantías de los individuos a través de
las leyes. Los deberes son las obligaciones que las personas tienen que cumplir
en el ejercicio de sus derechos. Tanto los derechos como los deberes buscan una
convivencia armoniosa entre los ciudadanos para potenciar la estabilidad social.

Derechos	Deberes
a la vida	cumplir las leyes
a ser iguales ante la ley	contribuir en los gastos públicos
a la protección de la vida privada	trabajar para contribuir en la familia
a la propiedad	ejercer el voto
a la libertad de conciencia	comportarse fraternalmente con el prójimo
a vivir en un ambiente libre de contaminación	respetar la propia intimidad, la familiar y la del prójimo
a la salud	educar a los hijos
a la educación	respetar la propiedad
a reunirse libremente	defender la democracia
a la información	apoyar a quienes lo necesitan

Texto 3

Los comentarios en las redes suelen tener influencia en nuestras opiniones. En el texto
siguiente varias personas comparten sus ideas de cómo promover los derechos y los
deberes en las escuelas. ¿Cuál de las seis propuestas llama más tu atención?

Propuestas sencillas

Adolfo

Pues propongo algunas ideas si queréis para promover el tema de los derechos y los deberes en la escuela para los más pequeños. Podemos escribir una canción o hacer un número musical sobre el tema, con carteles y dibujos. Cada dibujo representa un deber o un derecho. Con una frase corta y con música podemos expresar nuestro mensaje de forma clara y divertida. Pienso que les encantará, ¿no creéis?

Alba

Un mural colorido junto con los niños se podría preparar sin problema, pienso yo. Los dividimos en grupos y que decidan qué deber o qué derecho quieren representar. Cada uno de nosotros va aclarando los conceptos a los más pequeños, y al final se hace una presentación conjunta en el aula grande de la escuela para todos. ¿Cómo ven la idea?

Claudia

Pues se podría hacer un vídeo con el grupo de niños. Antes se hace el guion con plantillas gráficas para que puedan imaginarlo a través de dibujos sencillos, y después los ponemos a filmar. Los dividiría en grupos de cuatro alumnos, para que cada grupo haga su pequeña película. Cada película tiene el nombre de un derecho o un deber concreto, y luego pasamos las películas a toda la clase. ¿Lo veis factible?

Pau

Se podría organizar un desfile de moda tipo concurso de televisión. Que cada alumno represente un derecho o un deber a su manera, a través de la ropa o los accesorios que llevan, y que los asistentes tengan que adivinar de qué derecho o deber se trata. Se podría pensar en dar algún premio a los ganadores. Creo que se puede organizar bien. ¿Qué les parece?

Eva

Yo decoraría la escuela con pequeñas esculturas de papel maché, y que cada escultura represente un deber o un derecho concreto. Es un poco complicado y se necesita algo más de tiempo, aparte de que se involucren los profesores de arte para ayudar también en el proceso. Creo que, si lo proponemos, nos lo aceptarán, ¿no creéis?

Lara

Pues yo saldría a la calle con ellos, iría al centro y prepararía unos carteles de información sobre la importancia de promover los derechos de las personas en el mundo. Otro grupo podría dar información sobre los deberes también, con folletos, por ejemplo, que se podrían repartir entre los transeúntes. Es una manera de que adquieran un poco de experiencia sobre el tema de peticiones para cambios sociales. Tendríamos que ir con los profesores acompañantes también. ¿Qué piensan?

10 Vas a escuchar un fragmento de una reunión de padres en una escuela donde recientemente han decidido formar una asociación multicultural para ofrecer actividades de todo tipo a las familias. Después de escuchar, contesta a las preguntas.

    a ¿Cuál es el objetivo de los encuentros familiares de la escuela, según Carla?

    b ¿Cada cuántas semanas se reúnen los padres para planear actividades con las familias?

    c ¿Qué tipos de actividades se hacen?

    d ¿A qué se acostumbran los niños del grupo según Aida?

    e ¿Qué es lo que tiene que hacer Lucas para formar parte del grupo?

PALABRAS CLAVE

aclarar: explicar algo que se dice, incluyendo una idea o una situación, para que la persona la comprenda o entienda correctamente

adivinar: descubrir algo oculto o desconocido

(los) transeúntes: personas que transitan o que pasan por un lugar

---

¡AHORA TE TOCA A TI!

Andando hacia una sociedad ecológica

Desde hace unos años, y con la amenaza del cambio climático, las sociedades posindustriales se están moviendo hacia una sociedad ecológica para salvar el planeta. Este nuevo tipo de sociedad quiere tener como punto central la protección y la conservación del medioambiente. El comercio justo, una economía que no se base en el consumo masivo y una tecnología que asegure el equilibrio planetario son urgentes para frenar el calentamiento global y el cambio climático. Para dar este salto hacia una sociedad más ecológica, Gobiernos como el mexicano han abierto espacios activos como el Instituto Nacional de Ecología y Cambio Climático (INEEC), donde se presentan las propuestas concretas para que esta nueva sociedad se haga realidad.

En grupos de dos, promueve en tu escuela, mediante folletos informativos en español, a aquellas asociaciones que fomenten un cambio hacia una sociedad verde.

CONCEPTOS CLAVE

Comunicación: en las actividades de aprendizaje se prioriza la comprensión y la expresión de la comunicación de los alumnos. El lenguaje se usa con un propósito para presentar un concepto concreto en clase. Las habilidades lingüísticas se desarrollan para permitir que los alumnos comprendan y expresen el significado con los recursos disponibles, superando barreras y limitaciones (por ejemplo, parafraseando o pidiendo repetición).

¡REFLEXIONEMOS!

Escribe el método que has seguido para aprender el vocabulario relacionado con los distintos tipos de sociedades que han existido y compártelo con tu compañero. ¿Ha utilizado el mismo método para aprender el vocabulario? ¿Puedes pensar en una fórmula diferente para aprender el vocabulario?

VERIFICACIÓN DE HABILIDADES

¿En qué nivel de seguridad te sientes en lo que has aprendido y practicado en esta lección?

Puntúa del 1 (nada seguro) al 5 (muy seguro) y después demuestra lo que has aprendido.

Ahora puedo...	Nivel de seguridad (1–5)	Demuéstralo
identificar y utilizar el vocabulario relacionado a algunos de temas relacionados con la sociedad		Haz una lista de siete palabras que estén relacionadas con los diferentes tipos de organización social.
explicar los conceptos relacionados con las organizaciones sociales		Explica a tu compañero de clase los diferentes tipos de organizaciones sociales que han existido a lo largo de la historia.
discernir entre la ciudadanía nacional y la global		Haz una presentación sobre las características principales de la ciudadanía nacional y las de la global.
entender los conceptos relacionados con los derechos y los deberes de los individuos y los Gobiernos		Prepara un resumen de los derechos y deberes que consideres claves.
utilizar el pretérito pluscuamperfecto de indicativo, el futuro perfecto y el condicional perfecto.		Escribe diez frases utilizando el pretérito pluscuamperfecto de indicativo, el futuro perfecto y el condicional perfecto.

FRASES ÚTILES

Hay diferentes tipos de sociedades, como por ejemplo...

la sociedad recolectora y cazadora, la sociedad industrial, la sociedad posindustrial, la sociedad agrícola.

En la democracia hay que...

ejercer el voto, que es parte del sufragio universal.

Las ventajas de las sociedades globalizadas son...

la rapidez del transporte, la importancia de la tecnología, la mejora en las condiciones de vida de los ciudadanos, el intercambio de productos, ideas e información, la lucha por un mundo más igualitario y justo, la expansión de las sociedades democráticas y el sufragio universal.

Las desventajas de las sociedades globalizadas son...

las desigualdades que existen entre la población, el aumento de la pobreza, los problemas con el cambio climático y el medioambiente, el desempleo en los sectores menos preparados de la población.

El cambio hacia una sociedad sostenible implica...

ser respetuosos con el medioambiente.

consumir de forma más racional y responsable.

luchar por un equilibrio entre la economía y los recursos naturales.

vivir en armonía con la naturaleza.

poner el conocimiento y los avances científicos al servicio de una sociedad sostenible.

respetar el entorno para dejar un planeta limpio y libre de contaminación.

cuidar la flora y la fauna de nuestro planeta.

Para una convivencia armoniosa entre los ciudadanos existen...

los derechos, que se centran en proteger las libertades de los individuos a través de las leyes.

los deberes, que son reglas, leyes y normas que regulan nuestra convivencia en sociedad.

Los principales derechos de las personas son el derecho a...

la vida, la igualdad ante la ley, la protección de la vida privada, la propiedad, la libertad de conciencia, la vida en un ambiente libre de contaminación, la salud, la educación, la reunión, la información.

Los principales deberes de las.personas son...

cumplir las leyes.

contribuir en los gastos públicos del país.

ejercer el voto.

comportarse fraternalmente con el prójimo.

respetar la propia intimidad, la familiar y la del prójimo.

educar a los hijos y darles sustento.

respetar la propiedad privada.

defender los principios de la democracia.

apoyar a aquellos que más lo necesiten.

> Unidad 4: Preguntas para practicar

Comprensión oral

Preguntas de opción múltiple (textos cortos)

Vas a escuchar **cuatro** grabaciones. Vas a escuchar cada grabación **dos** veces. Hay una pausa después de cada grabación.

Para cada pregunta escoge la respuesta correcta (**A**, **B**, **C** o **D**).

Grabación 1: Entrevista con un autor

Ahora tienes unos segundos para leer las preguntas.

1 Alberto acaba de publicar...
- **A** un libro.
- **B** un cuaderno.
- **C** un cómic.
- **D** una revista.   [1]

2 La historia se centra en una chica que lucha por...
- **A** las injusticias.
- **B** la igualdad.
- **C** la desigualdad.
- **D** la discriminación.   [1]

Grabación 2: Una presentación en el aula

Ahora tienes unos segundos para leer las preguntas.

3 El proyecto de María se centra en dar ejemplos visuales sobre...
- **A** tipos de economía.
- **B** formas de vestir.
- **C** alumnos de bachillerato.
- **D** tipos de acoso.   [1]

4 María espera que con el proyecto la gente se sensibilice con...
- **A** el resumen.
- **B** el problema.
- **C** la solución.
- **D** el grupo.   [1]

Grabación 3: Un pódcast sobre los roles de género
Ahora tienes unos segundos para leer las preguntas.

5 La enseñanza de los roles de género en la escuela ha de centrarse en...

   A la educación.

   B los mayores.

   C la equidad.

   D los niños. [1]

6 Los roles entre hombres y mujeres los suele separar...

   A la sociedad.

   B el hombre.

   C la educación.

   D la mujer. [1]

Grabación 4: Un anuncio público en el instituto
Ahora tienes unos segundos para leer las preguntas.

7 El día de la amistad se va a celebrar en la escuela...

   A en clase.

   B por la mañana.

   C en el almuerzo.

   D por la tarde. [1]

8 Las actividades extraescolares son para...

   A los amigos.

   B todas las clases.

   C los más pequeños.

   D los cursos superiores. [1]

[Puntos: 8]

Preguntas de opción múltiple (diálogos)

Vas a escuchar una entrevista con Elisenda, una mujer que promueve la importancia de los valores entre los jóvenes. Vas a escuchar la entrevista **dos** veces. Para cada pregunta escoge la respuesta correcta (**A**, **B**, o **C**). Marca solo **una** casilla para cada pregunta.

Ahora tienes un minuto para leer las preguntas.

1 Elisenda hace talleres para alumnos con edades comprendidas entre los...

   A doce y los diecisiete años.

   B diez y los dieciséis años.

   C once y los diecisiete años. [1]

2 Elisenda empezó dando talleres a...

   A solo una escuela.

   B cinco escuelas.

   C más de cinco escuelas. [1]

3 Dar talleres en escuelas es para Elisenda...

   A   su profesión principal.

   B   un trabajo secundario.

   C   un trabajo de temporada.   [1]

4 Cuando Elisenda hace sus talleres...

   A   no da explicaciones del tema principal.

   B   solo les pone un vídeo educativo.

   C   antes de la práctica, explica el tema.   [1]

5 Cuando hay tiempo, a los padres se les presenta...

   A   un film de animación.

   B   una obra de teatro.

   C   un juego de rol.   [1]

6 Hay dos valores claves para los jóvenes...

   A   la disciplina y la responsabilidad.

   B   la amistad y la independencia.

   C   la amistad y la disciplina.   [1]

7 La empatía es...

   A   sacar buenos resultados.

   B   ponerse en el papel de los otros.

   C   dar las gracias a los otros.   [1]

8 Los directores de las escuelas deberían...

   A   ayudar a que se hagan actividades fuera del aula.

   B   sacar buenas notas.

   C   hacer un trabajo maravilloso.   [1]

9 Con las prácticas, los alumnos aprenden a...

   A   estudiar.

   B   trabajar.

   C   pensar.   [1]

10 Los talleres que Elisenda ofrece se enfocan en...

   A   la vida misma.

   B   la vida privada.

   C   la vida diaria.   [1]

[Puntos: 10]

Comprensión lectora

Emparejar textos relacionados con enunciados

Lee este texto. Empareja la opinión de los cuatro profesores uruguayos (Sofía, Jan, Martina y Paula) con el resumen correspondiente. Para cada pregunta, elige una sola respuesta (**A**, **B**, **C** o **D**).

Mi estilo de vida

Sofía

Llevo un estilo de vida muy saludable. Cuido mucho mi alimentación y hago deporte tres días a la semana. Me encanta nadar y salir a pasear con mi marido al campo los fines de semana. Vivimos en un pueblo pequeño fuera de Montevideo, por lo que el aire es limpio y hay muchos caminos para explorar. Nuestro estilo de vida no es del todo rural, ya que vivimos en un piso del pueblo y siempre hemos sido de ciudad, pero la tranquilidad de la zona es algo que no cambiaríamos por nada del mundo.

Jan

Mi estilo de vida es sedentario y esto no es nada bueno para la salud. Mi médico me ha recomendado que, después de dar las clases en la escuela, salga a caminar o vaya en bicicleta cada día para bajar peso. Creo que me he centrado demasiado en mi trabajo y ahora tengo que pensar un poco más en mí para mejorar mi salud. Me doy cuenta de que, cuando subo las escaleras de mi piso, me canso mucho, y así con cualquier cosa que tenga que ver con el esfuerzo físico. Tengo que cambiar todo esto.

Martina

Me encanta dar clases, aunque por las tardes me olvido de todo y me centro en mis cuadros. Siempre he sido una persona muy creativa, y, aunque me encanta ser profesora de instituto, también me gusta mucho separar mi vida de docente y la de artista que llevo dentro de mí, aunque las dos partes están muy relacionadas. El mes que viene voy a exponer mis pinturas en una galería de arte de mi barrio, por lo que estoy ya preparando los cuadros que voy a presentar. Espero también que mis alumnos visiten la exposición.

Paula

Con la crisis del COVID-19 me dedico a dar clases por internet a alumnos de todo el mundo. Soy profesora de Historia y de Lengua Inglesa y mi trabajo consiste en seguir el currículo de los alumnos de grados superiores que no pueden asistir a clase debido a la pandemia. Los estudiantes son de todo el mundo, y simplemente se conectan para seguir con las clases de nuestra escuela virtual. Mi vida como profesora virtual me permite vivir en varios países de Europa, por lo que un año doy clases desde Francia, otro desde España y otro desde Holanda. De esta manera puedo moverme con facilidad, aprender la cultura de estos países y su idioma.

¿Quién dice?

1 Las clases las doy de forma remota a estudiantes de todo el mundo.

    A Sofía   **B** Jan   **C** Martina   **D** Paula   [1]

2 Separo mi vida profesional de mi vida artística.

    A Sofía   **B** Jan   **C** Martina   **D** Paula   [1]

3 Vivir en un lugar tranquilo lejos de la ciudad es importante.

    A Sofía   **B** Jan   **C** Martina   **D** Paula   [1]

4 Poder viajar gracias a mi trabajo me da mucha libertad de movimiento.

    A Sofía   **B** Jan   **C** Martina   **D** Paula   [1]

5 El trabajo es el centro de mi vida, y esto no es bueno para mi salud física.

    A Sofía   **B** Jan   **C** Martina   **D** Paula   [1]

6 Combinar creatividad con docencia es algo que me encanta.

    A Sofía   **B** Jan   **C** Martina   **D** Paula   [1]

7 Practicar el ejercicio físico y comer sano es parte de mi vida diaria.

    A Sofía   **B** Jan   **C** Martina   **D** Paula   [1]

8 Hacer cualquier tipo de esfuerzo físico me cansa.

    A Sofía   **B** Jan   **C** Martina   **D** Paula   [1]

[Puntos: 8]

Unir las dos partes de los enunciados

Lee el texto. Para cada frase (**1–6**) indica el final correspondiente (**A–H**). Cada letra debe ser utilizada solo una vez. De las ocho letras hay **dos** que no necesitarás.

Cinco valores clave

Los valores son importantes para una **convivencia social armoniosa**, y son de gran importancia, ya que nos **ayudan a ser mejores individual y socialmente**. Los cinco valores más importantes en la sociedad y sus significados son:

Respeto

El respeto es la capacidad de reconocer, apreciar y valorar a los otros teniendo en cuenta que todos somos válidos. El respeto es un valor que requiere de reciprocidad, lo que implica derechos y deberes para ambas partes. El respeto requiere aprender a escuchar a los otros cuidando todas las formas de vida diferentes. Es un valor importante para la sociedad, ya que genera apoyo y solidaridad en el grupo social.

Libertad

La libertad es un valor que nos ayuda a realizarnos como personas. La libertad individual se enmarca dentro de lo social. Esta dinámica está íntimamente relacionada con el respeto y la responsabilidad.

Justicia

La justicia es un valor importante porque busca el equilibrio entre el propio bien y el de la sociedad. La justicia implica unir la libertad individual, la igualdad y la interdependencia de cada miembro de una comunidad.

Tolerancia

La tolerancia es el valor basado en la dignidad, la libertad y la diversidad en una sociedad, asumiendo que todos somos diferentes. La tolerancia significa que abrazamos opiniones, estilos de vida y creencias diferentes a las nuestras para relacionarnos como seres humanos.

Paz

La paz es un valor que busca formas superiores de convivencia. Es un ideal que evita la violencia que generan conflictos innecesarios. La paz es la base para la armonía consigo mismo y con los demás para tener una vida serena y tranquila.

1 Escuchar lo que dicen los otros...   [1]

2 La responsabilidad y el respeto...   [1]

3 El equilibrio entre sociedad y el propio bien...   [1]

4 Todo el mundo es diferente...   [1]

5 Se han de evitar todo tipo de conflictos...   [1]

6 Vivir en paz implica...   [1]

A entran dentro del concepto de justicia.

B y por lo tanto hemos de ser intolerantes.

C es un signo de respeto.

D para potenciar la paz.

E son claves en el valor de la libertad.

F es un signo de enemistad.

G tranquilidad y serenidad.

H y por lo tanto se han de respetar las creencias y las opiniones de los demás.

[Puntos: 6]

Redacción

Ensayo

Escribe un ensayo u ofrece una respuesta.

Escribe **en español** una redacción de entre 200 y 250 palabras (**como máximo**) sobre uno de los siguientes temas.

- La revista de la escuela te ha pedido hacer una investigación sobre los aspectos positivos de un cambio de las sociedades posindustriales hacia una sociedad centrada en la ecología y el medioambiente. Escribe un ensayo.   [24]

- Un político de tu ciudad ha publicado en su blog la importancia de publicar en la web del Ayuntamiento los derechos y los deberes que tienen los jóvenes en la comunidad para vivir en sociedad. Responde en el propio blog para ofrecer tu opinión y para decidir si el político local tiene razón o no. Escribe tu respuesta.   [24]

La puntuación total es de 24 puntos: un máximo de 10 puntos por el contenido y un máximo de 14 puntos por el uso de la lengua.

Expresión oral

Tarjeta 4

Vas a participar en una **conversación** con tu compañero. Estudia la situación presentada en la tarjeta durante cinco minutos. Puedes escribir unos apuntes breves.

Debes discutir tus ideas y sugerencias y justificar tus opiniones.   **[Total posible: 9–10 puntos]**

Situación

En tu país hay un debate sobre las ventajas y las desventajas de vivir en una sociedad posindustrial. Hablas con tu amigo sobre este tema.

Con tu compañero, elige quién de los dos iniciará la conversación.

Tarea

En tu conversación tienes que dar tus opiniones y sugerencias sobre:

- los beneficios para la sociedad de vivir en una sociedad posindustrial

- los problemas de vivir en una sociedad posindustrial

- las posibles soluciones que se pueden dar para mejorar la vida en las sociedades posindustriales

- cómo esperas que tu sociedad sea en el futuro.

Nuestro planeta

PARA EMPEZAR

¿Cuáles crees que son los desafíos medioambientales fundamentales a los que nos enfrentamos hoy en día?

¿Hasta qué punto crees que nuestros hábitos de consumo impactan el medioambiente?

¿Cómo crees que el turismo impacta el entorno?

La preservación del medioambiente es esencial para que las generaciones futuras puedan utilizar los recursos naturales. La contaminación y la sobreexplotación de estos es una de las mayores preocupaciones del ser humano hoy en día, por lo que es necesario desarrollar actitudes de cuidado y conservación del entorno. El enfoque didáctico de esta unidad se centrará en identificar y analizar los efectos de la contaminación en el planeta y en la sociedad, a la vez que se continuará desarrollando la comprensión y la comunicación oral y escrita.

5.1: El medioambiente

INTENCIONES DE APRENDIZAJE

A final de esta unidad podrás:

- Analizar el impacto social y económico del calentamiento global, el cambio climático y la contaminación medioambiental

- Intercambiar puntos de vista sobre la conservación de la biodiversidad y los ecosistemas, y la protección de los animales

- Argumentar a favor y en contra del crecimiento de la población

- Diferenciar y utilizar la voz pasiva con *se*.

1   El cambio climático es uno de los grandes retos que debe enfrentar la humanidad durante este siglo. Para adentrarte en el tema, contesta a las siguientes preguntas junto con un compañero.

    a   ¿Qué cambios en el clima se han producido durante los últimos 20 o 30 años? ¿Cuáles crees que son sus posibles causas?

    b   ¿Cómo te podrían afectar estos cambios?

    c   ¿Crees que los Gobiernos están haciendo lo suficiente para proteger el medioambiente? Explica tu respuesta.

Texto 1

El cambio climático es una de las preocupaciones más graves a las que se enfrenta la humanidad en el siglo XXI. Lee el siguiente texto y, mientras lo lees, piensa en cuáles son algunas de las causas y las consecuencias del cambio climático que mencionan.

Cambio climático: responsabilidad de todos

El <u>incremento</u> de la temperatura media del planeta, el cambio en los patrones de las precipitaciones, el aumento del nivel del mar y de la frecuencia, la duración y la intensidad de fenómenos meteorológicos como las tormentas, las **sequías** y los huracanes están influyendo en la agricultura, el turismo y la salud. En un futuro <u>no muy lejano</u> tendremos que adaptarnos a las nuevas condiciones climáticas, económicas y sociales <u>generadas</u> por los cambios del clima.

Pero ¿por qué se le llama *cambio climático*? El incremento de la temperatura promedio mundial es <u>a menudo</u> llamado calentamiento global, pero los científicos prefieren <u>utilizar</u> la expresión *cambio climático*, pues cada región es impactada de forma diferente.

Se conoce que la causa principal del calentamiento global es el aumento de los gases de efecto invernadero en la atmósfera, causado principalmente por las emisiones de CO_2 <u>derivadas</u> de nuestra forma de producir.

El efecto invernadero, en principio, es beneficioso, pues permite la vida del planeta como la conocemos. El calor del sol que llega a la tierra no es rebotado de nuevo al espacio en su totalidad y permanece en cierto porcentaje. Esto crea una temperatura ideal para la vida del planeta Tierra, sin embargo, el problema surge como <u>resultado</u> de la actividad humana y del crecimiento industrial y social. La cantidad de gases en la atmósfera con propiedades para provocar este efecto invernadero ha aumentado desproporcionadamente y en tiempos muy cortos.

El consumo excesivo de bienes y productos es la causa del 60% de todas las emisiones globales de gases de efecto invernadero, de acuerdo con un estudio <u>llevado a cabo</u> por universidades de Estados Unidos sobre el consumo y las emisiones de efecto invernadero en 79 ciudades. Los plásticos <u>contribuyen</u> a la emisión de gases de efecto invernadero desde la extracción de los recursos con los que se producirán (combustibles fósiles), su fabricación, su transporte, hasta su disposición final. <u>Pese a</u> eso, cada año se producen en el mundo 380 millones de toneladas de productos de plástico, de los cuales 12.7 millones llegan a los océanos, lo que pone en riesgo la vida de más de 700 especies.

El cambio climático nos afecta a todos y es, entonces, responsabilidad de todos trabajar para **mitigar** sus efectos por el bien de las presentes y futuras generaciones.

2   Relaciona las expresiones subrayadas en el texto con sus sinónimos a continuación. Ten cuidado porque hay cuatro expresiones de más que no vas a utilizar.

a pesar de

aumento

cercano

consecuencia

efectos

efectuado

favorecen

frecuentemente

necesario

posiblemente

producidas

responsable

usar

procedentes

3   Vuelve a leer el texto y contesta a las siguientes preguntas.

a   ¿Cuáles son las consecuencias del cambio climático? Menciona al menos tres de ellas.

b   ¿Por qué los científicos prefieren el término *cambio climático*?

c   ¿En qué consiste el efecto invernadero?

d   Con tus propias palabras, explica cómo el plástico afecta al medioambiente.

4   Intenta crear familias de palabras.

a   Cambia los sustantivos a verbos y viceversa. Copia la tabla en tu cuaderno.

Sustantivo	Verbo
el incremento	
	cambiar
la influencia	
	calentar
las emisiones	
	intensificar
el crecimiento	
	consumir
el riesgo	
	provocar

b   Trabaja con un compañero para obtener un máximo de palabras que pertenecen a la misma familia que las siguientes palabras.

calor

sol

mar

cambio

responsable

preferencia

Texto 2

La colaboración entre Gobiernos o naciones es esencial en la lucha global contra la contaminación. Lee el siguiente texto sobre la colaboración entre científicos de FINS (Fundación Internacional para la Naturaleza y la Sustentabilidad) en México y Mote Marine Laboratory en Sarasota, Florida.

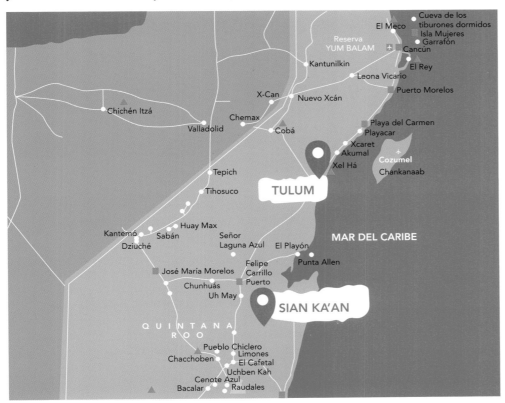

Figura 5.1: Ubicación de la Reserva de la Biosfera Sian Ka'an

5   Busca en el texto frases equivalentes a las siguientes.

a   están colaborando

b   genera una entrada constante

c   a corta distancia

d   hoy en día

e   estudiar los efectos

f   para disminuir

Manatíes antillanos: SOS

Figura 5.2: Bote en la Reserva de la Biosfera Sian Ka'an, Quintana Roo, México

Un grupo de científicos de Sarasota en los Estados Unidos y México están trabajando juntos para proteger los manatíes de las Antillas. La Reserva de la Biosfera de Sian Ka'an, en Quintana Roo, México, alberga una industria turística activa durante todo el año que depende del mundo marino y que proporciona ingresos estables a los habitantes locales. Los manatíes de las Antillas son uno de los atractivos principales del turismo marino en la región de Sian Ka'an.

Cuando los botes turísticos siguen de cerca a los manatíes pueden afectarlos negativamente alterando su comportamiento natural y causando una pérdida temporal de la audición debido al ruido que emiten los motores de varios botes. Actualmente no existen regulaciones vigentes sobre el turismo de mamíferos marinos en el Caribe mexicano. Científicos de FINS (Fundación Internacional para la Naturaleza y la Sustentabilidad) en México y de Mote Marine Laboratory en Sarasota, Florida, están trabajando juntos para resolver este problema.

Su investigación utilizará pequeños drones aéreos y grabaciones acústicas para investigar los impactos de las interacciones de los botes turísticos en los manatíes de las Antillas. Los drones volarán a una altura de 30 metros y registrarán el comportamiento de los manatíes ante los barcos. Se utilizarán grabaciones subacuáticas para medir la intensidad del ruido producido por los barcos.

Este trabajo se realizará para crear pautas para un plan de manejo estratégico con el fin de reducir los impactos del turismo en los manatíes, así como para ayudar a las comunidades locales a mejorar la sostenibilidad del turismo marino.

Escrito por Beth Brady, PhD

PALABRAS CLAVE

(las) pautas: los modelos, las reglas

vigentes: que es actual o sucede en el presente

6   Vuelve a leer el texto y resume en alrededor de 70 palabras lo que se dice sobre el impacto del turismo en los manatíes.

Resumir un texto no siempre es tarea fácil. Las siguientes ideas te ayudarán a expresar en pocas palabras las ideas claves.

● Asegúrate de comprender las ideas principales del texto y anótalas.

● Trata de deducir el significado de las palabras que no conoces a través del contexto o con la ayuda de un diccionario.

● Escribe las ideas principales en oraciones completas, eliminando los detalles menos relevantes.

● Evita agregar información que no aparece en el texto original.

Texto 3

Una mayor población aumenta la demanda de materiales, energía y recursos naturales, lo que a su vez aumenta las presiones sobre el medioambiente.

Figura 5.3: Ciudad futurista con jardines verticales

Donde caben dos, caben tres. ¿Será cierto?

Dado el alcance del daño ecológico existente, especialmente donde este daño es acumulativo o irreparable, el desafío de abastecer a una población numerosa sugiere difíciles retos al <u>ecosistema terrestre</u>. <u>Se estima que</u> la población mundial crezca de 7800 millones en 2022 a 9000 millones en 2050, hecho significativo <u>a tener en cuenta</u>, sobre todo cuando parece que muchas personas aún no se han dado cuenta de la importancia de ahorrar energía y recursos naturales.

Este aumento equivale a más personas que usan y desechan materiales nocivos como el plástico, a más áreas verdes que desaparecen para usarse <u>con fines agrícolas y ganaderos</u>, a más personas que consumen agua y energía. Es crucial tomar las medidas necesarias para evitar cambios importantes en el clima, ya que estos amenazan las vidas y los medios de subsistencia de las personas.

No todos los países son afectados <u>de igual manera</u>. Según Amina Mohammed, vicesecretaria general de la ONU, son los más pobres del mundo los que se enfrentan a los efectos más graves del cambio climático, aunque son los que menos han contribuido a su causa subyacente. Son, de hecho, los países más desarrollados, con su progreso industrial, <u>los encargados de lanzar</u> la mayor cantidad de contaminantes al aire.

La actividad de las empresas multinacionales deja una huella de contaminación en las aguas, los suelos y el aire, entre otros muchos desastres ecológicos. Las empresas <u>del sector petrolífero</u> y la energía son las que causan más daños al medioambiente. Sus actividades de exploración, explotación, transporte, u otras, provocan desequilibrios medioambientales, muchas veces de carácter irreversible.

¿Cómo se podría frenar la fuerte presión sobre el medioambiente y los recursos naturales que genera el acelerado crecimiento demográfico y la distribución desequilibrada de la población? La respuesta es compleja, pero si todos <u>ponemos un poco de nuestra parte</u>, estaremos en el camino correcto.

7   Selecciona la alternativa que complete cada oración.

   a   El daño ecológico es más complejo...

   b   Para tomar conciencia del problema, muchas personas tienen que...

   c   En el futuro habrá más personas deshaciéndose de...

   d   Al parecer, los más perjudicados son...

   e   El medioambiente es mayormente impactado por...

      i   abrir los ojos.

      ii   las personas más necesitadas.

      iii   cuando no hay vuelta atrás.

      iv   las actividades de grandes compañías.

      v   productos dañinos.

8   Con un compañero, busca un sinónimo para cada una de las siguientes frases subrayadas en el texto.

   a   ecosistema terrestre

   b   se estima que

   c   a tener en cuenta

   d   con fines agrícolas y ganaderos

   e   de igual manera

   f   los encargados de lanzar

   g   del sector petrolífero

   h   ponemos un poco de nuestra parte

CONSEJO

En esta unidad seguramente tendrás que buscar información adicional en la red. Para hacer una búsqueda más efectiva en internet:

- Elige palabras clave y lenguaje preciso asociado al tema que investigas. Utiliza la búsqueda avanzada.

- Ten una visión crítica ante aquella información que encuentras en internet y contrasta los datos para comprobar que son ciertos.

- Valora y selecciona la información. Entre los millones de resultados que ofrece cualquier buscador, hay información creíble y dudosa, relevante e irrelevante. Los sitios oficiales del Gobierno que terminan en «.gov» y los sitios educacionales que terminan en «.gov» son, por lo general, fuentes confiables.

GRAMÁTICA

Se impersonal y pasivo

Se usa el *se* impersonal cuando nos referimos a un sujeto indeterminado, o cuando no se sabe o no se quiere mencionar un sujeto en específico. Con el *se* impersonal, la única forma verbal posible es la tercera persona del singular:

Se recicla ahora más que antes.

Se puede ahorrar energía sin perjudicar el desarrollo de la economía.

El *se* también puede encontrarse en oraciones pasivas. Son frases en tercera persona del singular o plural en las que el sujeto no realiza la acción, sino que la recibe:

Se desarrollan programas para mejorar la calidad del aire.

Se estima que la población mundial crezca de 7800 millones en 2022 a 9000 millones en 2050.

9   Completa cada comentario con el *se* impersonal o pasivo y la forma correcta del verbo.

   a   (decir) ... que los ecosistemas están sufriendo los efectos del cambio climático.

   b   (esperar) ... que aumente el número de personas que abogue por un aire más limpio.

   c   (escuchar) ... cada vez más debates en la radio sobre la biosfera.

   d   (deber) ... condenar enérgicamente el derroche de energía no renovable.

   e   (construir) ... edificios verdes que producen la energía que consumen.

   f   (poder) ... predecir los daños que ocasiona la contaminación atmosférica.

10   Usa estas expresiones para comentar la información en la siguiente infografía.

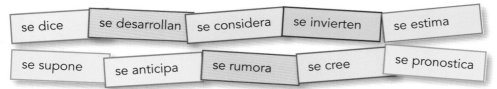

se dice   se desarrollan   se considera   se invierten   se estima

se supone   se anticipa   se rumora   se cree   se pronostica

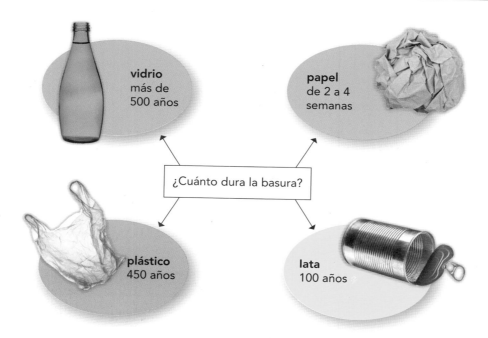

vidrio
más de
500 años

papel
de 2 a 4
semanas

¿Cuánto dura la basura?

plástico
450 años

lata
100 años

11 La relación de las mujeres con la naturaleza ha sido siempre muy especial. Ellas desempeñan un papel crucial en el bienestar y en el desarrollo de sus comunidades. Junto con un compañero, escucha lo que opinan tres mujeres sobre el medioambiente y completa cada oración con la(s) palabra(s) adecuada(s), según la información que escuches. Puedes manipular tu respuesta para expresar lo mismo con tus propias palabras.

a   Según Cristina, el problema fundamental es...

b   Ella también piensa que las mujeres indígenas son de las primeras...

c   Para Marcia, el cultivo de flores para la venta en los Estados Unidos crea nuevos riesgos medioambientales porque las cultivadoras de flores en Colombia...

d   Isadora ha decidido usar las redes sociales para...

12 Vuelve a escuchar la opinión de estas mujeres y elige las tres frases correctas de la lista según lo que escuches.

   a Los Gobiernos locales escuchan las preocupaciones de las mujeres indígenas sobre el medioambiente.

   b Las mujeres indígenas desempeñan un papel fundamental en la vida diaria de sus comunidades.

   c Las mujeres colombianas que trabajan en el campo ocupan el 25% del empleo formal.

   d En Colombia, Estados Unidos y el Reino Unido, generalmente se usan los mismos pesticidas.

   e Isadora cree que es una locura pasar tanto tiempo en la cocina.

   f Las mujeres pueden ayudar a reciclar plástico desde la cocina.

13 Decides crear un nuevo club con tus compañeros con el fin de educar a la gente sobre la conservación del medioambiente. Antes de la primera reunión con los nuevos miembros, les envías un correo electrónico.

Escribe un mensaje de 140 a 150 palabras en el que incluyas los siguientes puntos:

- dar la bienvenida a los nuevos miembros del club
- explicar los objetivos del nuevo club incluyendo tus preocupaciones fundamentales sobre el medioambiente
- mencionar las consecuencias para el futuro si no se actúa ahora
- incluir la(s) forma(s) de promover las actividades programadas.

14 Conversa con un compañero sobre el medioambiente en tu ciudad. Tú opinas que se hace lo suficiente para proteger el medioambiente en tu zona, pero tu amigo no está de acuerdo. Debéis decidir quién iniciará la conversación y dar opiniones firmes y sugerencias sobre:

- los beneficios de la conservación de la energía
- las ventajas y las desventajas del uso del transporte público
- tus sugerencias para una mejor educación medioambiental
- algunas ideas para una ciudad más ecológica.

RINCÓN CULTURAL

El Fondo Mundial para la Naturaleza

El Fondo Mundial para la Naturaleza (WWF, por sus siglas en inglés) reporta que nueve de los 24 frentes de deforestación están en América Latina: seis en la Amazonia en Brasil, Colombia, Perú, Bolivia, Venezuela/Guyana; otro en el Gran Chaco (Paraguay/Argentina); uno en el Cerrado (en Brasil); uno en Chocó-Darién Colombia/Ecuador; y otro en la Selva Maya (México/Guatemala). Estos son lugares que tienen una concentración significativa de puntos críticos de deforestación y donde grandes áreas de bosque se encuentran amenazadas.

[*Fuente: texto adaptado de: www.wwf.org.co*]

CONCEPTOS CLAVE

Conciencia cultural: la comunicación y la cultura están estrechamente entrelazadas. Entender las perspectivas de otras culturas en cuanto a la conservación del medioambiente te permitirá una mejor comprensión de textos escritos y orales, así como la participación en conversaciones sobre el tema.

¡AHORA TE TOCA A TI!

¡Transforma tu idea en realidad!

¿Tienes alguna idea en mente para contribuir al desarrollo sostenible en tu comunidad, pero no sabes cómo comenzar? El Planificador de Proyectos de la UNESCO – Claves para la Acción Juvenil te ayudará a transformar tu idea en realidad. Allí encontrarás consejos y recursos para llevar a cabo tu proyecto solo o en equipo. Comparte este recurso y lo que has aprendido sobre él con la clase o con tu escuela.

Tu comunidad te necesita. ¡Buena suerte!

¡REFLEXIONEMOS!

¿Hasta qué punto crees que has asimilado los objetivos de esta unidad? ¿Piensas que puedes explicar lo aprendido a otras personas con seguridad? ¿Qué les dirías? ¿Qué estrategias emplearás para memorizar el vocabulario nuevo? ¿Tuviste dificultades para entender el material auditivo? ¿Cómo podrías mejorar la comprensión oral?

VERIFICACIÓN DE HABILIDADES

¿En qué nivel de seguridad te sientes en lo que has aprendido y practicado en esta lección?

Puntúa del 1 (nada seguro) al 5 (muy seguro) y después demuestra lo que has aprendido.

Ahora puedo...	Nivel de seguridad (1–5)	Demuéstralo
analizar el impacto social y económico del calentamiento global, el cambio climático y la contaminación medioambiental		Explica a tu compañero de clase o a un miembro de tu familia los efectos del calentamiento global en un país hispanohablante.
intercambiar puntos de vista sobre la conservación de la biodiversidad y los ecosistemas, y la protección de los animales		En 50 palabras, da tu opinión sobre la importancia de la conservación de la biodiversidad y los ecosistemas. Compártela con un compañero.
argumentar a favor y en contra del crecimiento de la población		Haz una lista de tres ventajas y tres desventajas del crecimiento poblacional utilizando lo aprendido en la unidad sobre este tema.
diferenciar y utilizar la voz pasiva con *se*.		Escribe cuatro oraciones relacionadas con el tema del medioambiente en las que utilices el *se* pasivo.

FRASES ÚTILES

El medioambiente...

es el entorno donde se desarrolla la vida.

brinda los recursos necesarios para subsistir.

está estrechamente relacionado con la salud.

genera debates científicos, políticos, económicos y sociales.

es responsabilidad de todos.

está afectado por la actividad del hombre.

La contaminación ambiental...

es nociva para la conservación de la biodiversidad y los ecosistemas.

causa daños irreversibles.

es una de las preocupaciones fundamentales a nivel global.

demanda una respuesta urgente de los Gobiernos.

aumenta con el paso de los años.

El crecimiento de la población...

consiste en el aumento del número de individuos en una población.

se ha acelerado en los últimos años.

es un fenómeno social de interés.

está directamente relacionado con el medioambiente.

implica más consumo de recursos y mayor producción de desechos.

5.2: Estilos de vida sostenible

1   Trabaja con un compañero y comenta lo que observas en la imagen. Asegúrate de mencionar tantos elementos como te sea posible. Luego contesta a las siguientes preguntas.

   a   En otras materias has estudiado los recursos naturales. Menciona algunos.

   b   ¿Cómo usan las personas los recursos naturales?

   c   ¿Crees que podríamos sobrevivir sin ellos?

   d   ¿Piensas que puede haber escasez de recursos naturales en el futuro?

2   El techo del estacionamiento en la foto es diferente. ¡Es un estacionamiento solar!
    Observa la foto y contesta a las siguientes preguntas junto con un compañero.

a   ¿Has visto paneles solares recientemente? ¿Dónde?

b   Explica el doble uso del techo del estacionamiento.

c   ¿Cuál crees que es la función de los paneles solares?

d   ¿Cuál piensas que es una de las desventajas de los paneles solares?

3   Mide tu impacto ambiental.

a   Trabaja con un compañero y haz una lista de tres productos que tengáis en
    vuestras casas. Anota sus características, de qué están hechos, qué recursos se
    requirieron para producirlos, transportarlos y venderlos.

b   Ahora responde a las siguientes preguntas sobre los productos anteriores y
    prepárate para compartirlas con el resto de la clase.

    i   ¿Qué uso le das en tu vida diaria?

    ii   ¿Cuánto tiempo más piensas que vas a usarlos?

    iii ¿Realmente los necesitas? ¿Podrías transformar estos productos en algo
         que sí necesites tú o alguien más?

    iv   ¿Qué va a pasar con ellos cuándo los deseches?

4   Indica con qué frecuencia haces las siguientes actividades. Luego, intercambia
    datos y opiniones con un compañero sobre tus hábitos de reciclaje.

Nunca   **Raramente**   **De vez en cuando**   **Siempre**

a   Reciclar papel, plástico y cristal en contenedores separados.

b   Usar el transporte público en lugar del auto.

c   Apagar las luces cuando sales de una habitación.

d   Consumir artículos empaquetados en cartón o papel en lugar de en plástico.

e   Evitar pasar tiempo innecesario en la ducha.

f   Comprar productos locales por razones medioambientales.

Texto 1

En el texto siguiente se explican las diferencias entre la energía renovable y la energía no renovable. Mientras lo lees, anota las palabras o frases que no conoces y consúltalas con un compañero o con tu profesor.

¿De dónde proviene la energía?

Se considera energía renovable a aquella que proviene de fuentes naturales inagotables. Estas se (**a**) regeneran continuamente tanto por medios naturales como por la gran cantidad de energía que contienen.

Las siguientes son algunas de las fuentes de energía renovable:

- el sol: energía solar
- los ríos: energía hidráulica
- el viento: energía eólica
- el mar: energía mareomotriz
- el calor de la Tierra: energía geotérmica.

La energía no renovable son las fuentes de energía que encontramos en la naturaleza en cantidades limitadas y que no pueden reemplazarse una vez que se (**b**) agotan, ya que no existe un sistema para su producción o extracción.

Las fuentes de energía no renovable son:

- Combustibles fósiles: petróleo, carbón, gas natural. Estos han (**c**) generado un impulso industrial (**d**) sin precedente y suponen casi el 90% de la energía comercial (**e**) empleada en el mundo. Por muchos años la humanidad ha dependido, en gran medida, de los combustibles (**f**) provenientes del petróleo. El carbón, por ejemplo, es un mineral que se produce muy lentamente y que conlleva diversos procesos geológicos naturales que pueden tardar siglos o hasta milenios en (**g**) terminarse.

- Combustibles nucleares: provienen de la desintegración de los núcleos de algunos átomos. Su principal utilización está en la generación de energía eléctrica. Este tipo de energía también se (**h**) aplica en la medicina al usarse para destruir tejidos malignos, como los producidos por el cáncer.

PALABRAS CLAVE

(los) procesos geológicos: procesos relacionados con el origen, la formación y la evolución de la Tierra

5   ¿Qué entiendes tú por energía renovable o no renovable? Comparte tu definición con un compañero en tus propias palabras. Luego, busca sinónimos para las palabras y frases subrayadas del texo.

6   Lee las siguientes definiciones y señala a qué tipo de energía mencionada en el texto se refieren.

   a   Es un aceite mineral de color oscuro o negro con un olor característico. Se encuentra en las rocas sedimentarias.

   b   Masa de aire producida en la atmósfera por causas naturales.

   c   Sustancia fósil, sólida, de color negro, que se obtiene de la descomposición de materia leñosa a lo largo del tiempo.

   d   Corriente de agua que fluye continuamente y que desemboca generalmente en un lago o en el mar. Constituyen una fuente de energía importante.

   e   Es el centro del Sistema Solar. Su luz y calor se transforman en energía.

   f   Es una fuente de energía fósil como el carbón o el petróleo. Es el resultado de una mezcla de gases livianos de origen natural.

Texto 2

El texto siguiente habla sobre los hábitos de consumo y sus repercusiones en el medioambiente. Mientras lo lees, reflexiona sobre la forma en la que consumes los productos que se encuentran a tu alrededor.

¿Consumo o consumismo...? He aquí la cuestión

El consumo se convierte en un problema cuando lo hacemos de manera excesiva e innecesaria. A eso se le llama consumismo y es el causante del 60% de todas las emisiones globales de gases de efecto invernadero. El problema del consumismo desmedido es tan serio que se estima que, si la población mundial alcanza los 9600 millones de personas en el año 2050 como se tiene previsto, se podría necesitar el equivalente a casi tres planetas para proporcionar los recursos naturales necesarios para mantener los estilos de vida actuales.

Los plásticos contribuyen a la emisión de gases de efecto invernadero, desde la extracción de los recursos con los que se producirán (combustibles fósiles), su fabricación, su transporte, hasta su disposición final. Cuando se convierten en residuos, emiten metano y etileno por exponerse a la radiación solar en agua o aire. Pese a eso, cada año se producen en el mundo 380 millones de toneladas de plástico para diversos usos; de las cuales, 12.7 millones llegan a los océanos y dañan la vida de más de 700 especies marinas.

Según Gustavo Pérez Berlanga, director de Responsabilidad Social de la cadena mexicana de restaurantes Toks, «un consumidor responsable es aquel que investiga qué hay detrás del producto que está adquiriendo, y conoce las prácticas para su producción y quiénes están involucrados». Pérez Berlanga ofrece algunas ideas sobre cómo reducir el consumismo, entre las que se encuentran las cuatro erres (reducir, reutilizar, reparar y reciclar productos). El exitoso empresario también recalca la importancia de leer las etiquetas y consumir productos saludables, autóctonos y de temporada.

Este cambio de actitud no se produce de la noche al día, pero sería un paso de avance si desarrollamos una conciencia respecto al consumo que comience con un diálogo en el seno familiar, con amigos, compañeros de escuela y de trabajo. Las redes sociales pudieran ser un buen punto de partida. ¡Empieza ya!

7   Lee el texto nuevamente y escoge el final que mejor complete cada frase.

   a   El problema del consumo se torna grave cuando...

   b   Un alto porcentaje de todas las emisiones globales de gases de efecto invernadero es...

   c   Se necesitarán dos planetas además de la Tierra para...

   d   El reciclaje del plástico no es la única preocupación, sino también...

   e   Un alto número de especies marinas son...

   f   Al parecer, somos consumidores más responsables si...

      i   satisfacer el modo de vida de las personas hoy en día.

      ii   producirlo y transportarlo.

      iii   se adquiere más de lo que necesitamos.

      iv   causado por el exceso de consumo de bienes y servicios.

      v   compramos productos locales.

      vi   afectadas por el exceso de plástico en su hábitat.

PALABRAS CLAVE

autóctonos: locales

(el) metano y (el) etileno: son dos gases de efecto invernadero

(el) seno familiar: dentro de la familia

8   Escucha la conversación entre Víctor y Alejandra sobre la industria papelera. Luego determina qué frases son verdaderas (V) o falsas (F) según el texto.

   a   Alejandra valora positivamente los esfuerzos medioambientales de la industria papelera.

   b   Alejandra piensa que la imagen contaminadora del sector papelero es un mito.

c   Alejandra y Víctor nunca han hablado del tema anteriormente.

d   Según Víctor, pocos reconocen que la industria papelera es uno de los mayores contaminantes del agua y del aire.

e   Víctor cree que el cloro es el mejor producto químico blanqueador del papel.

f   Uno de los fines secundarios del eucalipto y el pino es la producción de papel.

g   Víctor está investigando los envases que se descomponen por un proceso natural biológico.

9   Escucha la grabación otra vez y escribe un resumen de 80 a 100 palabras sobre lo que Víctor y Alejandra opinan en cuanto a la industria papelera. Toma apuntes, pero usa tus propias palabras para expresar lo que dicen.

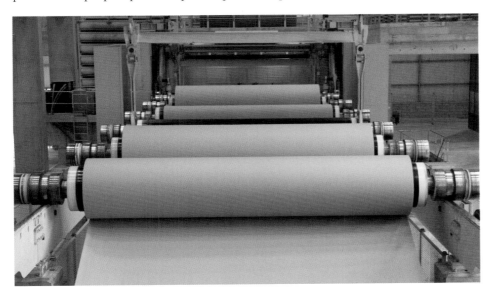

Texto 3

La alimentación es una necesidad básica del ser humano. Sin embargo, dar de comer a una población creciente sin afectar al medioambiente constituye una preocupación global. Lee el texto siguiente, a la vez que reflexionas sobre tus propios hábitos alimenticios.

¿Cómo alimentar a millones de personas protegiendo el medioambiente?

La comisión de Alimentos, Planeta, Salud EAT-Lancet aboga por alimentar a la humanidad con las tierras agrícolas existentes adoptando la estrategia llamada Media Tierra, que se propone preservar al menos el 80% de las especies preindustriales y proteger el 50% restante de la Tierra como ecosistemas intactos. EAT-Lancet, que cuenta con la participación de varias organizaciones de la ONU (Organización de las Naciones Unidas) y la colaboración de más de 30 científicos destacados en el mundo, defiende la necesidad de alimentar a la creciente población mundial con una dieta saludable y sostenible.

Según un informe presentado por dicha comisión en Nueva York, es posible alimentar a 10 000 millones de personas en el año 2050 sin perjudicar aún más el medioambiente y, al mismo tiempo, dejar la mitad del planeta en manos de la naturaleza. El mensaje del informe es claro: la mitad del planeta es suficiente. No necesitamos más **reconversión**, más expansión, más deforestación y más destrucción ambiental para alimentar al mundo.

Para el activista estadounidense Alec, esta es una de las noticias más **alentadoras**. En sus palabras, unas prácticas agrícolas más eficientes que incluyan la reducción del consumo de carne nos permitirán cumplir con el objetivo de la estrategia Media Tierra. Alec indicó que un tercio de la tierra cultivable del mundo se utiliza para alimentar al ganado, en lugar de para el cultivo de frutas, verduras y cereales integrales que necesitan las personas sanas. Su opinión coincide con las estadísticas que aseguran que, si las vacas formaran un país, sería el tercero en emisiones de gases de efecto invernadero.

Sin embargo, James Lomax, oficial de gestión de programas de sistemas alimentarios sostenibles del Fondo de la ONU para la Alimentación y la Agricultura, asegura que necesitamos ser realistas, ya que eliminar la carne de la dieta completamente no es una opción para muchas personas. Lomax resalta que la producción ganadera es una fuente realmente importante de vitaminas y proteínas, y que genera ingresos para muchas familias de bajos recursos. Asegura también que el centro de la problemática está en la forma en que se produce la carne y, más aún, en la forma en la que se consume. En su opinión, debemos explorar la manera de lograr un equilibrio ecológico. «Reducir el consumo intensivo de carne producida industrialmente es bueno para todos y para el planeta», asegura Lomax.

10 Contesta a las preguntas siguientes basadas en el texto anterior.

a ¿Cuál es el objetivo de la estrategia Media Tierra?

b Según el informe de EAT-Lancet, ¿cómo sería posible alimentar a 10 000 millones de personas en el año 2050 sin perjudicar aún más el medioambiente?

c ¿Cómo cree Alec que se puede cumplir con ese objetivo?

d ¿Qué analogía se usa en el texto para describir el efecto del ganado en el medioambiente?

e ¿Cómo defiende James Lomax el consumo de carne?

> **PALABRAS CLAVE**
>
> **alentadoras:** positivas, optimistas
>
> **(la) reconversión:** la conversión de bosques en suelos no forestales

CONCEPTOS CLAVE

Comunicación: para lograr una comunicación escrita y oral efectiva es importante comprender tanto los registros formales como los informales. Esto se logra a través de la práctica con diferentes materiales auténticos, escritos y orales, tales como artículos periodísticos, ensayos académicos, publicidad, entrevistas radiales, conversaciones sobre la vida diaria y otros temas de interés.

11   Lee el Texto 3 nuevamente y prepara una presentación de dos minutos en la que expongas tu opinión usando información extraída del texto. Investiga el tema en internet para aportar otras estadísticas que apoyen tu punto de vista. En una tarjeta, escribe los puntos clave que quieres abordar y practica con un compañero para asegurarte de que no excedes el tiempo establecido.

GRAMÁTICA

Los pronombres relativos

Los pronombres relativos, como todo pronombre, sustituyen a un nombre dentro de la oración. Se diferencian del resto de los pronombres porque enlazan oraciones, es decir, son un nexo entre la oración principal y la subordinada. El nombre en cuestión al que sustituyen los pronombres relativos se llama **antecedente**, ya que se mencionó anteriormente y por eso ahora no queremos repetirlo.

El pronombre *que* es el más frecuente. Se puede referir a personas o a cosas. Puede funcionar como sujeto o complemento del verbo. No varía ni en género ni en número:

El científico estudió la composición de las células carnívoras. El científico se graduó de una universidad prestigiosa.

El científico que estudió la composición de las células carnívoras se graduó de una universidad prestigiosa.

Como puedes ver, las dos oraciones anteriores se unen a través del pronombre relativo *que* para evitar la repetición de *el científico*.

El coche que ellos compraron funciona con electricidad.

El profesor de Ciencias Ambientales, que también enseña Biología Marina, entró en clase.

El/la/los/las que se refieren a un sustantivo ya mencionado para evitar repetirlo:

¿Tienes un coche ahorrador de gasolina? - No, el que tengo es demasiado viejo.

¿Cómo se llaman ellos? - La que ves aquí, Ana, el que ves allí, Juan...

Lo que se refiere a ideas, acciones o conceptos, nunca a sustantivos. Significa *la cosa que* o *la acción que*:

Lo que necesitamos es más tiempo.

No confundas el pronombre relativo *que* con la conjunción *que*, que introduce una cláusula subordinada nominal:

Juan quiere que su amigo sea vegetariano.

Quien/quienes se refieren solamente a seres humanos:

El presidente de la compañía, quien es periodista, publicó un artículo interesante sobre la contaminación ambiental.

Los guías de turismo ecológico, quienes están muy capacitados, son parte del ejército de cuidadores el entorno.

El/la/lo/los/las cuales también pueden ir acompañados de preposiciones:

CONTINUACIÓN

Muchos científicos acudieron al congreso, el cual fue todo un éxito.

Los escalones, por los cuales subimos, eran muy estrechos.

El empresario ganadero explicó la nueva medida medioambiental, la cual fue recibida con escepticismo.

El alcalde recibió a las señoras, las cuales le pidieron audiencia.

Armando terminó su ensayo sobre el medioambiente, lo cual enorgulleció a su profesor de ciencias.

Cuyo/a/os/as denotan posesión. Mantienen la concordancia con lo que se posee, nunca con el poseedor:

La mujer, cuyo hijo es discapacitado, pide un mejor acceso a los edificios públicos.

El hijo cuyos padres comen saludablemente comerá saludable también.

El alumno cuya materia favorita es ciencias continuará estudios universitarios en ese campo.

Esa compañía, cuyas leyes medioambientales son respetadas, goza del respaldo del consumidor.

Donde se puede sustituir por **en que** o **en el/la/los/las cual/es**:

El río donde yo me bañaba de niño ya no existe, desgraciadamente.

El río en que yo me bañaba de niño ya no existe, desgraciadamente.

El río en el cual yo me bañaba de niño ya no existe, desgraciadamente.

12 Escoge el pronombre relativo que mejor complete las oraciones siguientes.

a Traje bolsas plásticas, *quien / lo que / las que* me permitirá recoger mis desechos y los de mis amigos.

b El científico, *cuyos / cuyo / que* descubrimiento ayudará a la conservación del medioambiente, fue galardonado ayer.

c El laboratorio *que / donde / el cual* se realizan investigaciones importantes recibirá tecnología nueva.

d El presidente del club *cuyo / lo cual / quien* es estudiante de Biología Marina, abrió la sesión con un discurso muy optimista.

e La tesis, *la que / cuya / quien* autora es una mujer indígena, recibió muchos reconocimientos.

Texto 4

Aunque la carne fabricada en laboratorios está cada día más presente en nuestros platos, a muchos todavía les sigue pareciendo ciencia ficción. Lee el siguiente texto, el cual aborda la interesante temática de la carne artificial.

Carne fabricada en laboratorios: la opción del futuro

Dos de los principales productores de carne y alimentos en Alemania e Israel han alcanzado un acuerdo para un proyecto de investigación de varios millones de dólares con el objetivo de reducir el sufrimiento animal y los daños ambientales que la producción de carne acarrea. Esto definitivamente mejorará la imagen de la compañía germana, que ha sido el centro de atención y críticas por el trato animal en que han caído algunas de sus empresas subcontratas. «Entendemos nuestra inversión en la empresa israelí no como una simple inversión financiera, sino como el principio de una colaboración estratégica», dice el presidente del grupo cárnico alemán.

La carne que se produce se deriva de células extraídas de pollos vivos. Según la novedosa tecnología que se está desarrollando, sería posible producir una «carne limpia» similar en forma a los productos cárnicos procesados. «Estamos creando en el laboratorio los mismos tipos de estructuras, células y tejidos animales que encontramos en los productos procesados. Pero estamos tratando de hacerlo de la manera más eficiente posible», dice el ejecutivo israelí, quien no olvida la importancia del sabor de esta carne limpia. «Creemos que la sensación sensorial será capaz de imitar perfectamente la carne procesada», añade.

Aunque este tipo de carne será adecuado para los veganos, no es una prioridad abordar (llegar a) a ese público. «Ni los vegetarianos ni los veganos son nuestra audiencia objetivo. Nos enfocamos en las personas a quienes les gusta comer carne, porque les proporcionaremos un producto idéntico a las carnes producidas hoy en día en las granjas».

Los científicos y las organizaciones ambientales han recibido con gran entusiasmo la nueva tecnología. Según estudios de principios de esta década de la Universidad de Oxford y la Universidad de Ámsterdam, este tipo de tecnología genera un 96% menos de gases de efecto invernadero. Miembros de la organización de Personas por el Trato Ético de los Animales (PETA) en los Estados Unidos han señalado a la «carne que crece en laboratorios» como el «futuro de la comida», dada sus ventajas ambientales.

Parece que contribuir al buen cuidado del medioambiente y los animales pronto estará al alcance de nuestros platos.

PALABRAS CLAVE

acarrear: causar

(las) granjas: lugares donde se crían animales

(las) subcontratas: personas o compañías que trabajan para otras

13 Responde a las siguientes preguntas sobre el texto anterior.

a ¿Qué buscan las compañías cárnicas israelíes y alemanas con el proyecto investigativo sobre la producción de carne?

b a ¿Qué buscan las compañías cárnicas israelíes y alemanas con el proyecto investigativo sobre la producción de carne?

c ¿Qué es la carne limpia?

d ¿Qué se dice en el texto sobre el sabor de esta carne?

e   ¿Cómo contribuiría la carne limpia al mejoramiento del medioambiente?

f   ¿Cuál es la postura de los miembros de PETA en los Estados Unidos al respecto de la carne producida en laboratorios?

14 Completa las siguientes oraciones basadas en el Texto 4.

a   La compañía alemana mejorará la imagen que se tiene sobre...

b   La función de los pollos vivos en la producción de carne en laboratorios es...

c   Los vegetarianos y los veganos no son una prioridad, pues...

d   Los científicos y las organizaciones a favor del medioambiente se sienten...

RINCÓN CULTURAL

Uruguay: tierra de ganado

Uruguay, uno de los principales productores cárnicos del mundo y un país con 3.5 millones de habitantes, posee casi cuatro vacunos por habitante (alrededor de 12 millones de animales). No es de asombrar que sea el primer país del mundo en consumo de carne de res por persona. El sector ganadero es responsable del 62% de las emisiones de gases de efecto invernadero, mientras ¡el agropecuario genera el 75% del total!

15 Discute con un compañero de clase tu preocupación sobre la construcción de varias comunidades residenciales alrededor de tu vecindario, pues ya no es tan verde como antes. Tu amigo piensa que esto no es un problema, pero tú no estás de acuerdo. En tu conversación, da tu opinión sobre los peligros de la deforestación y expresa tu frustración por la falta de acción del Gobierno local.

CONSEJO

Para demostrar un mayor dominio del español deberías considerar la incorporación de expresiones idiomáticas en las conversaciones informales. Las expresiones idiomáticas son frases que se usan con frecuencia en el discurso coloquial con significados figurativos y generalmente son difíciles de traducir. Este tipo de expresiones son un reflejo de la riqueza de un idioma. Algunas de las más frecuentes son:

meter la pata: cometer un error

sin pelos en la lengua: honesto, sincero

tomarle el pelo a alguien: engañar a o burlarse de alguien

¡REFLEXIONEMOS!

¿Has logrado vencer las intenciones de aprendizaje trazadas al inicio de esta unidad? ¿Cómo lo sabes? ¿Cómo podrías mejorar la comprensión lectora, auditiva y escrita? ¿Prefieres escuchar la radio o ver vídeos didácticos en YouTube? Para desarrollar tu vocabulario, ¿te ayuda más leer materiales como noticias o textos literarios?

¡AHORA TE TOCA A TI!

¿Cómo puedes participar en el impulso de campañas a favor del medioambiente? Si usas las redes sociales puedes convertirte en un activista medioambiental o quizás puedes hasta hacerte voluntario de Greenpeace u otra organización medioambiental de tu interés. Podrías ayudar a frenar el cambio climático, preservar la salud de nuestros océanos y bosques, luchar contra el cultivo de alimentos transgénicos y crear un futuro en paz y libre de energía nuclear.

Luego, comparte todo lo aprendido con tus compañeros de clase, tus amigos y tu familia.

¡El planeta te necesita!

VERIFICACIÓN DE HABILIDADES

¿En qué nivel de seguridad te sientes en lo que has aprendido y practicado en esta lección?

Puntúa del 1 (nada seguro) al 5 (muy seguro) y después demuestra lo que has aprendido.

Ahora puedo...	Nivel de seguridad (1–5)	Demuéstralo
distinguir los tipos de energías y su impacto en el medioambiente		Escribe un borrador para una presentación sobre el medioambiente. Incluye los tipos de energía estudiados en clase y sus efectos positivos o negativos en el medioambiente.
reflexionar sobre la necesidad de transformar el modelo actual de producción y consumo		Escribe tres formas en las que puedas reducir el consumo excesivo de bienes y recursos naturales.
identificar estilos de vida sostenibles que reduzcan el impacto ambiental		Escribe un texto de alrededor de 50 palabras en el que expliques cómo podrías modificar tu estilo de vida para beneficiar el medioambiente.
usar expresiones idiomáticas en el lenguaje coloquial.		Usa dos expresiones idiomáticas estudiadas en clase en una conversación corta relacionada con el reciclaje.

FRASES ÚTILES

Algunos de los retos que enfrenta el medioambiente son...

el derroche de energía no renovable.

la crisis energética debido a la demanda creciente de petróleo, gas, agua, y electricidad.

la destrucción del ecosistema para la explotación de yacimientos minerales.

el abuso de recursos naturales por parte de las grandes empresas.

El consumo de recursos naturales...

causa un gran impacto medioambiental cuando se realiza de forma excesiva.

está estrechamente relacionado con los índices demográficos.

se puede reducir si usamos solo lo que necesitamos.

provoca deforestación, contaminación ambiental, reducción o pérdida de la biodiversidad.

se puede calcular a través de la huella ecológica.

Los estilos de vida sostenibles...

son formas de vida que reducen el impacto ambiental.

aseguran que las generaciones futuras puedan usar los recursos naturales.

están asociados con el respeto por la naturaleza y el entorno.

comienzan por los hábitos que tenemos en nuestro hogar.

se fomentan a través de campañas y activismo ambientalista.

5.3: Protejamos nuestro mundo

INTENCIONES DE APRENDIZAJE

Al final de esta unidad podrás:

- Definir las características del turismo sostenible

- Sopesar las ventajas y las desventajas de la actividad turística

- Identificar los beneficios de la cooperación internacional a favor del medioambiente

- Discernir el papel que desempeñan los individuos, los Gobiernos y los movimientos medioambientales

- Usar el verbo *haber*.

1   Observa la foto y anticipa algunos de los temas que estudiarás en esta unidad. Menciona tantas palabras como te sean posible. Usa frases como *me pregunto si..., no tengo claro..., observando mejor la foto..., pienso que...*

Texto 1

El turismo ha cobrado auge en las últimas décadas a nivel mundial, a la vez que se desarrolla una conciencia medioambiental en los individuos. Lee el texto siguiente sobre cómo ser un turista comprometido con el entorno. Trata de adivinar el significado de los términos nuevos para ti según el contexto.

Decálogo del turista responsable

El turismo sostenible o responsable busca minimizar los impactos negativos en el ecosistema, la economía, la sociedad y la cultura del lugar en el que se desarrolla la actividad turística. No solo los turistas están involucrados en reducir el impacto ambiental de los viajeros, sino también las instituciones encargadas de brindar servicios turísticos. Aquí compartimos un **decálogo** que hará de ti todo un turista responsable.

1 Empieza por ti mismo

Ser un turista responsable implica que tengas tu viaje bien organizado y planificado. Reserva con tiempo el transporte y el alojamiento. Trata de obtener toda la información que puedas sobre el lugar a visitar.

2 Usa dispositivos electrónicos

Intenta tener siempre las reservaciones, boletos, mapas, guías o facturas en formato digital en tu teléfono móvil o tableta. De esta manera reduces el consumo de papel.

3 Elige bien el transporte

Contempla el medio para desplazarte una vez que llegues a tu destino. Trata de usar el transporte público y, cuando sea posible, muévete en bicicleta o andando.

4 Quédate en alojamientos sostenibles

Alójate en una casa rural que funcione con energía solar, reserva en un hotel que se preocupe por reducir el consumo de agua o quédate en una **cabaña bioclimática**.

5 Sé considerado con la población local

Viajar implica relacionarse con la gente del lugar que visitas y respetar su carácter, hábitos, normas y costumbres. Infórmate sobre las costumbres a la hora de pagar, como el regateo o las propinas, conoce las formas de saludar o los horarios para comer, y otros detalles importantes.

6 Respeta la naturaleza de la zona

Trata de no contribuir a la degradación del ecosistema de la zona que visitas. No tires residuos y respeta los animales y las plantas. No compres objetos fabricados con materiales provenientes de la caza ilegal (marfil, pieles, etc.).

7 Contribuye con la economía local

Consume productos y servicios propios de la zona. Por ejemplo, come en restaurantes que ofrecen comidas típicas elaboradas con productos autóctonos o alójate en establecimientos gestionados por la comunidad local.

8 Modera el uso de productos

Cuando viajes, cuida el uso de agua, jabón, gel de baño y electricidad. Si permaneces en el lugar por un tiempo prolongado, lava las toallas y las sábanas una vez a la semana.

9   Familiarízate con los métodos de reciclaje del lugar

Fíjate en cómo se recicla en la ciudad o en tu propio alojamiento para que cada residuo esté en el contenedor que le corresponde.

10   Súmate y comparte tus logros

Cuando regreses de tu viaje, comparte tus logros como turista responsable con tu familia y amigos. Quizás decidan imitar tu buen comportamiento al viajar.

2   En tus propias palabras, proporciona una definición escrita del turismo sostenible e incluye ejemplos extraídos del texto. Modifica tu respuesta de forma que no copies más de tres palabras consecutivas del texto. Escríbela en tu cuaderno y luego compártela con un compañero o con la clase.

3   Trabaja con un compañero y razona cuáles piensas que son los consejos de la lista más fáciles de cumplir. Luego, ordena los diez consejos según el impacto que estos tengan en el medioambiente comenzando por el más importante.

4   Completa las siguientes oraciones usando una variación, o palabra de la misma familia, de cada palabra en negrita.

a   No solo los turistas deben estar **involucrados** en reducir el impacto ambiental de los viajeros, las instituciones también deben _____ en este esfuerzo común.

b   Cuando **reserves** tu hotel o cabaña en línea, deja la _____ en tu dispositivo electrónico. No la imprimas.

c   Protege siempre a los animales en peligro de **extinción** para que no se
_____.

d   Muchos lugares tienen un programa de **reciclaje** obligatorio. Usan camiones especiales que recogen el plástico y otros productos para ser
_____.

e   La **conservación** del medioambiente es la meta de varias organizaciones ecológicas. Quieren _____ los recursos de la Tierra para las próximas generaciones.

> **PALABRAS CLAVE**
>
> **(la) cabaña bioclimática:** casa rústica con paredes aislantes de elementos naturales o reciclados
>
> **(el) decálogo:** conjunto de diez reglas o normas

Texto 2

Reciclar debe convertirse en un hábito sin importar dónde estés o la actividad que practiques. Lee el siguiente texto sobre la iniciativa de reciclaje en el Camino de Santiago y piensa si podrías llevar a cabo una campaña similar en tu escuela o comunidad.

Una pulsera por plástico

El Camino de Santiago es una experiencia única que marca para siempre a quienes lo recorren. Recorrer el Camino se vive de maneras muy diferentes, desde disfrutar de la naturaleza hasta descubrir pueblos y gente que se convierten en amigos durante las largas caminatas.

La ruta principal del Camino consta de 760 kilómetros divididos en 33 etapas de aproximadamente 25 kilómetros cada una, y va desde Saint-Jean-Pied-de-Port, Francia, hasta Santiago de Compostela, España. Este recorrido ha sido declarado Patrimonio Cultural de la Humanidad por la UNESCO dada su relevancia cultural y natural, así como por la importancia de ser preservado para las futuras generaciones.

Aunque los miles de caminantes que se lanzan a esta vivencia de valor inestimable traen consigo un limitado equipaje, hay artículos que casi nunca faltan: los envases plásticos, y estos son precisamente los que más daño traen al medioambiente. Los amantes de la naturaleza y los activistas comprometidos con su causa se han dado a la tarea de hacer del Camino de Santiago un destino sostenible. Para ello, la agencia de viajes especializada en esta famosa ruta ha lanzado una iniciativa llamada Camino Clean, con la que se propone ofrecer una pulsera por cada plástico desechado que se les entregue. Esta es una idea atractiva para los caminantes que, como tradición, van acumulando objetos durante el trayecto. Según los creadores de este proyecto, la idea ha sido muy bien acogida entre los viajeros. Muchos quieren llevar a familiares y amigos pulseras como recuerdos del viaje, así que la recolección de plástico ha tenido éxito.

Camino Clean se ha propuesto involucrar a las empresas relacionadas con el turismo (alojamientos, transporte, restauración...) para promover un turismo sostenible de todos y para todos. Según los integrantes de esta iniciativa, la experiencia es gratificante y por eso siguen proponiendo y poniendo su granito de arena para mantener nuestro mundo lo mejor posible.

5 Para cada pregunta, indica la respuesta correcta.

a ¿Qué es el Camino de Santiago?
  i Es una ruta donde los caminantes van a comprar pulseras.
  ii Es un camino donde se regalan pulseras a todos.
  iii Es una ruta que se destaca por su naturaleza y experiencia cultural.
  iv Es un lugar donde se recicla plástico.

b La UNESCO...
  i reconoce solamente la belleza natural del Camino de Santiago.
  ii designó el Camino de Santiago como Patrimonio Cultural para todos.
  iii promueve la venta de pulseras.
  iv tiene su sede en Francia.

c Los miles de caminantes que se lanzan a esta experiencia...
  i traen mucho equipaje porque el camino es largo.
  ii siempre olvidan artículos esenciales.
  iii generalmente traen envases de plástico.
  iv viajan con muchos artículos que dañan el medioambiente.

d La organización Camino Clean...
  i intercambia plástico por pulseras.
  ii vende pulseras para llevar a familiares y amigos.
  iii regala pulseras a los que terminan la ruta.
  iv reparte amuletos y otros objetos.

PALABRAS CLAVE

(la) pulsera: brazalete

6   Vas a escuchar una entrevista con Carlos Domínguez, viajero, fotógrafo y activista medioambiental. Luego, responde a las siguientes preguntas.

   a   ¿Por qué empezó a viajar Carlos?

   b   ¿Cuándo decidió Carlos que tenía que tomar medidas?

   c   Según Carlos, ¿cuáles son los beneficios de viajar en bicicleta?

   d   ¿Qué ha aprendido con sus viajes?

   e   Si tuvieras que explicarle a alguien quién es Carlos Domínguez, ¿qué le dirías?

7   Ahora vas a leer un resumen de la entrevista. Escoge la opción que mejor complete los espacios en blanco.

En esta (**a**).........., Carlos, un reportero, fotógrafo y activista medioambiental, habla de su (**b**).......... recorriendo el mundo. Como los aviones son los (**c**).......... de una gran parte de los gases nocivos, él prefiere viajar en bicicleta. Al (**d**).......... solo le interesaba conocer lugares nuevos, pero su actitud cambió al ver las condiciones deplorables en las que se encuentra el planeta.

Desplazarse en dos ruedas le permite ejercitarse físicamente y (**e**).......... el sentido de la distancia.

   a   i   publicidad
           ii   controversia
           iii entrevista
           iv   presentación

   b   i   esperanza
           ii   experiencia
           iii alegría
           iv   cansancio

   c   i   comprometidos
           ii   interesados
           iii privilegiados
           iv   responsables

   d   i   final
           ii   principio
           iii terminar
           iv   concluir

   e   i   producir
           ii   expandir
           iii desarrollar
           iv   lograr

Texto 3

¿Te parece que muchas veces se habla mucho y se actúa poco? Lee el texto a continuación sobre el activismo de los jóvenes a favor del medioambiente y piensa en si sus reclamos serán escuchados por los Gobiernos.

Del bla, bla, bla a la acción

La Conferencia Marco de las Naciones Unidas sobre el Cambio Climático, más conocida como Conferencia de las Partes (COP), se celebra <u>anualmente</u> con la participación de los países miembros, que ya suman más de 190. El objetivo de dicha convención es la creación de programas y **convenios** internacionales en aras de reducir la contaminación ambiental. A este encuentro se unen expertos en el tema y organizaciones civiles que buscan incidir en las negociaciones y lograr que los compromisos que se asuman correspondan al nivel de urgencia de la crisis climática que tiene en riesgo a la naturaleza y a las personas.

Jóvenes de todo el mundo también levantan su voz enérgica. Aunque la juventud aplaude el hecho de que los gobernantes y los expertos se reúnan y **tracen pautas**, ellos piensan que le corresponde a la nueva generación tener un papel <u>protagónico</u> en la lucha a favor del medioambiente. Los jóvenes han decidido pasar de las reuniones y convenciones a la acción y han sido los <u>encargados</u> principales de organizar huelgas

globales por el clima, que han llevado a millones de estudiantes a manifestarse en ciudades de todo el mundo.

Las más recientes Conferencias de las Naciones Unidas sobre Cambio Climático han incluido sesiones destinadas a brindar una plataforma a las nuevas generaciones. «Los jóvenes hemos demostrado que nos estamos moviendo, que estamos trabajando y que podemos movilizarnos para <u>divulgar</u> los conocimientos que los científicos llevan más de 30 años tratando de transmitir a los Gobiernos», asegura Chiagozie Udeh, uno de los jóvenes líderes. La secretaria ejecutiva de ONU Cambio Climático, Patricia Espinosa, <u>resalta</u> la participación de las nuevas generaciones en la lucha contra el cambio climático en todo el mundo. Según Espinosa, «los jóvenes han desempeñado un papel fantástico para crear conciencia y que se comprenda la necesidad de actuar urgentemente».

Una cooperación global, <u>en lugar de</u> programas nacionales aislados, es <u>crucial</u> para enfrentar a este enemigo común: la contaminación ambiental.

8   De las frases siguientes, ¿cuál podría reemplazar el título del texto? Explica tu elección basándote en la información que se te ofrece.

a   Científicos y políticos luchan por un planeta más sano.

b   Los jóvenes toman el toro por los cuernos.

c   Las huelgas son la única solución.

d   Todos contra la contaminación ambiental.

PALABRAS CLAVE

(los) convenios: acuerdos, pactos

trazar pautas: crear guías, establecer modelos

9   Busca un sinónimo de las siguientes palabras y expresiones subrayadas en el texto.

a   anualmente

b   protagónico

c   encargados

d   divulgar

e   resalta

f   en lugar de

g   crucial

10 Vuelve a leer el Texto 3 y resúmelo en un párrafo de alrededor de 70 palabras, resaltando los puntos clave. Usa tus propias palabras, forma oraciones completas e intenta usar el registro formal.

- objetivo principal de la Conferencia Marco de las Naciones Unidas sobre el Cambio Climático
- cooperación entre diferentes entidades
- participación de los jóvenes en la convención y su opinión

Texto 4

¿Piensas que la comunidad científica internacional debe aunar esfuerzos para proteger el entorno? Lee el siguiente texto sobre uno de los programas de la UNESCO para la colaboración de los Gobiernos en favor del medioambiente.

El Hombre y la Biosfera

¿Has escuchado hablar del programa sobre el Hombre y la Biosfera (MAB)? Este programa gubernamental se inició a principios de los años 70 y fue desarrollado con el fin de fundar una base científica para improvisar la relación entre las personas y su entorno. Más de 700 sitios de excelencia en 124 países, incluidos 21 sitios transfronterizos, conforman la Red Mundial de Reservas de la Biosfera. La Secretaría Internacional del Programa MAB se encuentra en la sede de la UNESCO en París. El Consejo Internacional de Coordinación (CIC) está formado de forma rotatoria por 34 Estados miembros de la UNESCO.

Entre sus principales metas a cumplir entre el año 2015 y el 2025 se encuentran:

- promover la investigación interdisciplinaria en las ciencias naturales y sociales sobre la conservación y el uso sostenible de la biodiversidad
- fomentar el intercambio de conocimientos y experiencias entre los países miembros en cuanto a las reservas, la investigación y la educación
- desarrollar y fortalecer modelos de desarrollo sostenible a través de la Red Mundial de Reservas de la Biosfera.

Los jóvenes se han incorporado a esta iniciativa mundial y han creado el Foro de Jóvenes del MAB, compuesto por residentes de varias reservas, quienes están comprometidos con el desarrollo sostenible en sus regiones, y activistas medioambientales. Si tomamos en cuenta que las personas menores de 25 años conforman casi la mitad de la población mundial y que la mayoría vive en países en desarrollo, tiene sentido que los jóvenes se conviertan en agentes de cambio para un futuro más sostenible.

11 Contesta a las siguientes preguntas manipulando tus respuestas de forma que no utilices exactamente las mismas palabras del texto.

   a   ¿Cuándo se creó el programa sobre el Hombre y la Biosfera y en qué consiste?

   b   ¿Cuál es el plazo establecido para cumplir con las metas pautadas?

   c   ¿Cuáles son los objetivos fundamentales del programa?

12 Trabaja con un compañero y piensa en otras formas posibles de colaboración entre países en aras de fortalecer la Red Mundial de Reservas de la Biosfera. Investiga si existen reservas de la biosfera en tu país y cómo colaboran con otras naciones. Discute tus hallazgos con la clase.

GRAMÁTICA

El verbo *haber*

Es importante no confundir el verbo *haber* con los verbos *ser* y *estar*. *Haber* se emplea con mucha frecuencia en español.

Usos

Haber se usa como verbo auxiliar para formar los tiempos compuestos de los verbos:

El pretérito perfecto

Esta semana hemos hablado con varios líderes medioambientales.

El pretérito pluscuamperfecto

Él fue a la convención porque había trabajado mucho para su comunidad.

El pluscuamperfecto de subjuntivo / condicional compuesto

Si hubiera tenido tiempo, habría hablado con más estudiantes sobre los riesgos de la contaminación.

Hay, proveniente del verbo haber, es una forma impersonal que se usa siempre en el presente, en tercera persona del singular. Para los otros tiempos, usamos las otras formas del verbo *haber*:

Hay todavía mucho por hacer. (presente)

¿Cuántos estudiantes había en la huelga? (pasado, pretérito imperfecto)

Ayer hubo una reunión para definir las metas de reciclaje para el próximo mes. (pasado, pretérito indefinido)

No creo que haya muchos activistas en esta ciudad. (presente de subjuntivo)

Ojalá hubiera más comerciales en la televisión a favor de conservar el entorno. (pretérito imperfecto de subjuntivo)

Nunca se usa *hay* ante un sustantivo con el artículo determinado (*el, la, los, las*) o un posesivo (*mi, tu, su*):

En la calle donde ocurrirá la protesta hay una escuela, un banco y un supermercado. (correcto)

En la calle donde ocurrirá la protesta hay mi escuela, el banco y el supermercado. (incorrecto)

Para expresar lo anterior, el español usa el verbo *estar*:

En la calle donde ocurrirá la protesta está mi escuela, el banco y el supermercado.

Haber, cuando expresa una obligación, tiene dos formas: una personal y otra impersonal.

Personal - *haber de* + infinitivo

Hemos de luchar juntos contra la deforestación que nos deja sin aire para respirar.

Impersonal - *haber que* + infinitivo

Hay que comer sano.

13 Completa el siguiente correo electrónico con la forma correcta del verbo *haber*.

Querido Pablo:

Desde hace mucho tiempo he seguido de cerca las iniciativas que tu movimiento ambientalista **(a)** *había* / *ha* / *haya* llevado a cabo en nuestra ciudad. Pienso que los jóvenes **(b)** *habemos* / *hemos* / *hay* de unirnos en esta lucha sin cuartel por un planeta más limpio. En el pasado no **(c)** *había* / *habían* / *hubieron* muchos programas que incluyeran a la nueva generación. ¡Afortunadamente, ya nos están haciendo más caso! Por ejemplo, la semana pasada **(d)** *hubieron* / *hubo* / *habían* varios encuentros de jóvenes en diferentes partes del mundo para protestar contra el maltrato de los animales. En las manifestaciones **(e)** *había* / *habían* / *hubieron* también personas mayores apoyando nuestra causa.

(f) *Hay que* / *Hay* / *He de* comenzar a involucrarme más en los programas de limpieza de nuestra comunidad y unirme a tu grupo sería el primer paso. Por favor, dime cuándo será la próxima reunión y allí estaré.

Muchas gracias,

Ignacio

CONCEPTOS CLAVE

Uso de la lengua: aunque la función comunicativa es la esencia del aprendizaje de un idioma, el uso correcto de las estructuras gramaticales y una pronunciación clara elevan el nivel de excelencia en el dominio de la lengua. Asimismo, es necesario determinar el vocabulario a emplear en determinados contextos y situaciones.

RINCÓN CULTURAL

Agroturismo en España

Alojarse en una casa rural siempre supone un relajante contacto con la naturaleza. El agroturismo te brinda esta posibilidad y los españoles lo saben. España, uno de los países con más reservas de la biosfera en el mundo, cuenta con la *Fundación Ecoagroturismo*, que agrupa más de 100 iniciativas de turismo rural y agroturismo que garantizan la calidad y el cuidado del medioambiente. Pero ¿adónde ir y qué hacer?

Navarra

Esta zona del interior situada al norte tiene muchísimas posibilidades. Tiene paisajes de montaña fascinantes como los Pirineos y podrás visitar granjas de ovejas, caseríos tradicionales, queserías, bodegas, museos del aceite, museos de la trufa, etc.

País Vasco

Está en la costa norte de España y es una de las zonas más famosas por su tradición gastronómica. Verás que algunos de sus caseríos elaboran sidra natural y te ofrecen ver el proceso de hacerla.

Málaga (Andalucía)

En pueblos muy cercanos a la Costa del Sol, en el sur de España, se puede asistir a talleres de elaboración de productos, aliñar aceitunas, dar un paseo en burro por calles típicas y mucho más.

[*Fuente: texto adaptado de www.spain.info*]

¡REFLEXIONEMOS!

¿Qué has hecho para entender los conceptos en esta unidad? ¿Y qué tal la gramática? ¿Has logrado comprender cómo usar el verbo *haber*? Si aún no dominas completamente su uso, ¿cómo piensas incorporarlo a tu conversación en español?

¡AHORA TE TOCA A TI!

Todos podemos contribuir a tener un planeta más sostenible, y ¡tú puedes colaborar! Crea un equipo de estudiantes interesados en la protección del medioambiente e infórmate acerca de las maneras de lograr que tu escuela sea más ecológica. Averigua cuáles son las prácticas escolares en cuanto al reciclaje, la conservación de recursos y el uso de energía. Propón ideas, si es necesario, para una mayor conciencia medioambiental.

Audita las prácticas escolares en cuanto a la reducción de desechos, la conservación de recursos y el uso de energía. Infórmate acerca de las maneras de lograr que tu escuela sea más ecológica.

VERIFICACIÓN DE HABILIDADES

¿En qué nivel de seguridad te sientes en lo que has aprendido y practicado en esta lección?

Puntúa del 1 (nada seguro) al 5 (muy seguro) y después demuestra lo que has aprendido.

Ahora puedo...	Nivel de seguridad (1–5)	Demuéstralo
definir las características del turismo sostenible		Con un compañero, menciona tres ejemplos de turismo sostenible.
sopesar las ventajas y las desventajas de la actividad turística		Haz una lista de las ventajas y las desventajas de la actividad turística en tu área. Menciona al menos tres de cada una.
identificar los beneficios de la cooperación internacional a favor del medioambiente		Coméntale a tu compañero ejemplos de cooperación internacional estudiados en la unidad.
discernir el papel que desempeñan los individuos, los Gobiernos y los movimientos medioambientales		Habla de un texto estudiado en la unidad que se refiera a los programas o iniciativas internacionales a favor del medioambiente.
usar el verbo *haber*.		Escribe cuatro oraciones en las que utilices *haber* en diferentes tiempos verbales.

FRASES ÚTILES

El turismo sostenible...

satisface las necesidades de los visitantes causando poco impacto en el medioambiente.

busca concienciar a las personas sobre las acciones presentes en el futuro del entorno.

pretende disminuir el uso de los recursos naturales.

permite respetar el hábitat de los animales.

tiene un efecto positivo a largo plazo.

La actividad turística...

consiste en disfrutar de un destino turístico.

implica el uso del transporte, la construcción de instalaciones y el consumo de bienes.

presenta tantas ventajas como desventajas para el medioambiente.

permite el ocio y la relajación, y promueve el intercambio cultural.

genera empleos y aporta ingresos económicos a los países.

ha causado graves trastornos ecológicos, como el aumento de la deforestación, la contaminación ambiental y la destrucción de ecosistemas.

Los Gobiernos y los movimientos medioambientales...

crean programas y regulaciones que abogan por el respeto al entorno.

promueven esfuerzos colectivos para la cooperación internacional con el fin de resolver problemas medioambientales comunes.

se reúnen regularmente para discutir problemas concernientes a la protección del planeta.

> Unidad 5: Preguntas para practicar

Comprensión oral

Emparejar las personas con los enunciados

Vas a escuchar a **seis** personas hablando sobre el medioambiente. Vas a escuchar la grabación **dos** veces.

Para cada **persona**, elige de la lista (**A–H**) la idea que corresponde a lo que cada una de ellas dice. Indica tu respuesta con la letra correcta (**A–H**). Utiliza cada letra solo una vez. De las ocho letras hay **dos** que no necesitarás.

Ahora tienes unos segundos para leer las frases.

1	Natacha	**A**	Valora los hábitos de reciclaje.	[1]
2	Miguel	**B**	Hace campañas a favor del medioambiente.	[1]
		C	Le preocupa el aumento de la población.	
3	Sara	**D**	Piensa involucrarse en el activismo medioambiental.	[1]
4	Héctor	**E**	Aprende sobre el cambio climático por sí mismo.	[1]
		F	Habla de la pasividad de los gobernantes.	
5	Alejandra	**G**	Estudia el entorno en la escuela.	[1]
6	Jairon	**H**	Insiste en un alimento que es un peligro para el medioambiente.	[1]

[Total: 6]

Preguntas de opción múltiple (charla)

Vas a escuchar una charla con Tania, escritora de ecoficción. Vas a escuchar la charla **dos** veces. Para cada pregunta escoge la respuesta correcta (**A, B o C**).

Ahora tienes un minuto para leer las preguntas.

1 Tania nació en un pueblo...
   A fácil de encontrar en el mapa.
   B más o menos grande.
   C muy pequeño.

   [1]

2 De niña, a Tania le gustaba leer cuentos...
   A de aventuras.
   B de hadas y princesas.
   C sobre la flora y la fauna.

   [1]

3 A los 10 años Tania escribió un libro de...
   A aventuras.
   B poesía.
   C ciencia-ficción.

   [1]

4   Tania no visitaba su pueblo con frecuencia porque...

   A   tenía que estudiar mucho.

   B   era feliz en La Habana.

   C   no quería visitar a sus padres.

[1]

5   Al ver una mancha negra en el mar, Tania se sintió...

   A   decepcionada.

   B   triste.

   C   aliviada.

[1]

6   En sus libros Tania habla de...

   A   espíritus.

   B   arboles mágicos.

   C   ecoficción.

[1]

7   Tania se sorprendió...

   A   cuando ganó el premio de literatura.

   B   al llegar a México.

   C   ante el derrame de petróleo.

[1]

8   A los lectores les gustó mucho el libro en el que un pez...

   A   se convierte en alcalde.

   B   es rescatado.

   C   muere.

[1]

9   Tania invita a sus lectores...

   A   a entablar un diálogo.

   B   a la reflexión.

   C   a ser más optimistas.

[1]

10   Se interesan más por la literatura ecofantástica...

   A   los ancianos.

   B   los adultos.

   C   los jóvenes.

[1]

[Puntos: 10]

Comprensión lectora

Unir las dos partes de los enunciados

Lee la entrevista. Para cada frase **(1–6)** indica el final correspondiente **(A–H)**.
Cada letra debe ser utilizada solo una vez. De las ocho letras hay **dos** que no necesitarás.

Salvemos a nuestros niños

Periodista: Hoy hablaremos del medioambiente y la infancia con Matilde López, investigadora del Departamento de Epidemiología y Estadísticas del Centro Carlos Juan Finlay. Hola, Matilde, ¡qué gusto tenerla con nosotros!

Matilde: Hola, encantada de estar con vosotros.

P: Se dice que la salud de los niños que nacen hoy está en peligro si no se actúa ya. ¿Hasta qué punto está de acuerdo con esta afirmación?

M: Aunque el cambio climático nos afecta a todos, son los menores quienes van a sufrir más las consecuencias del calentamiento global. Desde hace mucho tiempo el mundo científico ha venido alertando a todas las autoridades sobre las enfermedades infantiles que genera el cambio climático.

P: ¿Cuáles son los problemas fundamentales que el cambio climático genera en los más pequeños?

M: Los largos periodos de sequía afectan a la producción de alimentos, lo que contribuye a la desnutrición infantil. Por otro lado, las olas de calor provocan una mayor propagación de enfermedades, sobre todo las relacionadas con los mosquitos.

P: ¿Cuál es uno de los principales desafíos a los que se enfrenta la comunidad científica?

M: Ah, esa es una buena pregunta. Pues, fíjate, que nosotros tenemos la responsabilidad de transmitirle al público el resultado de nuestros estudios basados en años de investigación y recolección de datos. Es extremadamente frustrante ver como no se nos toma en serio y muchas veces se desestiman nuestras recomendaciones sanitarias.

P: Muchísimas gracias, Matilde. Es siempre un placer escuchar la opinión de científicos como usted. Hasta pronto.

1	Las principales víctimas del cambio climático...	**A**	afecta a los derechos de los menores.	[1]
2	Las autoridades tienen conocimiento...	**B**	son los niños.	[1]
3	El problema medioambiental...	**C**	es provocado por los mosquitos.	[1]
4	La escasez de lluvia...	**D**	se tome en cuenta.	[1]
5	Los niños se enferman con mayor frecuencia...	**E**	impide la nutrición adecuada de los niños.	[1]
6	Es un reto que la opinión de los científicos...	**F**	son los periodos de sequía.	[1]
		G	del efecto del cambio climático en los niños.	[1]
		H	debido al alza de las temperaturas.	[Puntos: 6]

Preguntas de opción múltiple (texto largo)

Lee el texto. Para cada número que corresponde a los espacios en blanco, escoge la opción que mejor completa la idea (**A, B, C o D**). Elige solo una opción para cada número. La respuesta tiene que ser gramaticalmente correcta.

Por nosotros y por ellos

Una manifestación de miles de personas tuvo lugar el pasado 15 de marzo en Madrid y otras ciudades españolas (**1**).......... medidas más enérgicas contra el cambio climático. Niños y jóvenes de más de 100 países fueron los (**2**).......... de las protestas que comenzaron en Nueva York hace poco menos de un mes.

Antonio, de 83 años, (**3**).......... unírseles y dijo que lo hacía por sus cuatro hijos y sus dos nietos. «Reconozco que pertenezco a una generación que no hizo mucho para (**4**).......... la deforestación. Urge un cambio de pensamiento, dejar (**5**).......... la pasividad ante el problema», comentó el octogenario abuelo. Este componente intergeneracional ha acercado, sin duda, a personas en grupos de edades muy diferentes en una lucha (**6**)..........

La marcha que comenzó en Atocha y llegó hasta la Puerta del Sol se realizó a las 18:00 horas, (**7**).......... los estudiantes pudieran asistir sin afectar la jornada escolar. Las redes sociales desempeñaron un papel muy importante en la (**8**).......... de las personas. Facebook y Twitter han demostrado ser una herramienta (**9**).......... en la organización colectiva. En señal de solidaridad, las autoridades policiales (**10**).......... a los manifestantes protegiéndolos del caos y la violencia. Gracias a estos representantes del orden, se logró una protesta (**11**).......... Muchos dueños de negocios también mostraron su solidaridad con los activistas ofreciéndoles agua gratis. Sobre las diez de la noche las calles estaban vacías y la (**12**).......... había retornado a las calles madrileñas.

1	A	en contra de	B	con	C	a favor de	D	sin	[1]
2	A	profesionales	B	protagonistas	C	políticos	D	enemigos	[1]
3	A	decidió	B	evitó	C	evadió	D	permitió	[1]
4	A	obstaculizar	B	permitir	C	convertir	D	frenar	[1]
5	A	adelante	B	atrás	C	abajo	D	encima	[1]
6	A	común	B	desigual	C	injusta	D	diferente	[1]
7	A	en caso que	B	con que	C	sin que	D	de manera que	[1]
8	A	opción	B	combinación	C	movilización	D	denuncia	[1]
9	A	inútil	B	clave	C	final	D	controversial	[1]
10	A	abandonaron	B	sostuvieron	C	dispersaron	D	apoyaron	[1]
11	A	esencial	B	violenta	C	pacífica	D	acertada	[1]
12	A	tranquilidad	B	conmoción	C	protesta	D	emoción	[1]

[Puntos: 12]

Redacción

Escribe **en español** de 100 a 150 palabras **(como máximo)** sobre el siguiente tema.

Tus compañeros y tú deciden crear un nuevo club con el fin de educar al resto de la escuela sobre la conservación de la franja costera de la ciudad. Antes de la primera reunión con los nuevos miembros, les envías un correo electrónico.

Escribe un mensaje ofreciendo tu opinión sobre el tema. Asegúrate de incluir los siguientes puntos:

- los objetivos del nuevo club donde incluyas tus preocupaciones fundamentales sobre medioambiente
- cuáles serían las consecuencias para el futuro si no se actúa ahora
- tus propias ideas sobre cómo usar los medios sociales para promover las actividades del club
- horario de las reuniones

[Puntos: 16]

La puntuación total es de 16 puntos: un máximo de 8 puntos por el contenido y un máximo de 8 puntos por el uso de la lengua.

Expresión oral

Tarjeta 5

Vas a participar en una **conversación** con un compañero. Estudia la situación presentada en la tarjeta durante cinco minutos. Puedes escribir unos apuntes breves.

Debes discutir tus ideas y sugerencias, y justificar tus opiniones.

[Total posible: 9–10 puntos]

Situación

Vives en una ciudad con una gran actividad turística donde hay varios hoteles en construcción. Conversas con un amigo sobre las ventajas y las desventajas del desarrollo del turismo.

Con tu compañero decide quién de los dos iniciará la conversación.

Tarea

En tu conversación tienes que dar tus opiniones y sugerencias sobre:

- los beneficios del desarrollo turístico
- las desventajas de la construcción excesiva de hoteles
- lo que pueden hacer los jóvenes para promover un turismo más sostenible
- lo que el Gobierno local puede hacer para contrarrestar los efectos de la construcción excesiva.

> Unidad 6
Ciencia y tecnología

¿En qué ámbitos de la vida influye la innovación científica?

¿Cuáles son los medios de comunicación que utilizas en tu vida diaria?
¿Por qué crees que son importantes?

¿Qué aspectos de tu vida educativa dependen del uso de las tecnologías?

La ciencia y la tecnología están cambiando nuestras vidas a gran velocidad.
Muchos ámbitos, como el de la medicina, el mundo educativo o el laboral,
se están transformando. Los avances científicos y tecnológicos avanzan
día a día, y con ellos es lógico que nos hagamos una serie de preguntas
sobre su uso.

6.1: Innovación científica y tecnológica

INTENCIONES DE APRENDIZAJE

Al final de esta unidad podrás:

- Identificar y utilizar vocabulario científico y tecnológico

- Aplicar ideas y explicar el concepto de la inteligencia artificial

- Explicar los nuevos avances médicos

- Entender el concepto de la ética en la investigación científica

- Demostrar comprensión lectora relacionada con la tecnología inteligente

- Entender lo que significan la privacidad y la seguridad tecnológica

- Usar el presente de subjuntivo.

1   Observa la siguiente imagen y trabaja con un compañero para responder oralmente a las siguientes preguntas.

a   ¿Conoces el juego que aparece en la fotografía? ¿Cómo se llama? ¿Sabes cómo se juega?

b   ¿Puedes relacionar el juego de la imagen con algún tipo de avance científico reciente? ¿Cuál sería?

c   ¿Conoces a científicos hispanohablantes que hayan ganado el Premio Nobel? ¿De qué país son y qué han hecho? Busca información en internet con un compañero y preséntala en clase.

2 ¿Sabías que las supercomputadoras son ordenadores extremadamente potentes, con alta capacidad para hacer cálculos a gran velocidad? Contesta a las preguntas.

a ¿Cómo definirías con tus propias palabras una supercomputadora y cómo compararías las computadoras con los ordenadores personales?

b ¿Para qué crees que sirven las supercomputadoras?

c Con las supercomputadoras y la inteligencia artificial, ¿qué aspectos de la sociedad que te rodea piensas que van a cambiar en el mundo del trabajo o de los estudios?

d ¿Qué piensas sobre la siguiente afirmación: «Tal vez los ordenadores del mañana piensen por sí mismos»?

Texto 1

Lee el siguiente artículo sobre la visita de un grupo de alumnos mexicanos de Bioquímica del Tec de Monterrey a la supercomputadora MareNostrum de Barcelona.

Visita a la supercomputadora más fascinante del mundo

Dentro de los proyectos internacionales que el Instituto Tecnológico de Monterrey (ITESM) ofrece a los estudiantes de primer año, este pasado mes de febrero nuestro grupo de alumnos de Bioquímica del ITESM tuvo la oportunidad de viajar una semana a Barcelona. Allí tuvimos la suerte de poder visitar la hermosa ciudad catalana, además de pasar unos días con alumnos y profesores de la Universidad Autónoma de Barcelona y de la Universidad Politécnica de Cataluña con el fin de intercambiar ideas y proyectos relacionados con los nuevos avances en biotecnología. Lo más destacado del viaje —aparte de deleitarnos con la arquitectura modernista y gótica de la ciudad— fue una visita guiada a la supercomputadora MareNostrum, una de las más interesantes del mundo, ubicada en el Centro Nacional de Supercomputación de la Universidad Politécnica de Cataluña, en la zona norte de la ciudad, en un edificio del siglo XIX.

La supercomputadora MareNostrum —o superordenador, como lo llaman en España— es una de las más heterogéneas del mundo, lo que significa que puede generar conocimiento científico e innovar a la vez. Es la tercera computadora más potente de Europa y una de las treinta más importantes del mundo. Nuestro guía nos contó que la MareNostrum se dedica a distintos tipos de investigaciones de forma simultánea y sin pausa. Trabaja en investigación médica personalizada, predicciones del cambio climático, eficiencia energética, aplicaciones de *deep learning* e inteligencia artificial. Su sistema maneja enormes conjuntos de datos y modelos complejos, siendo un referente mundial en el campo de la inteligencia artificial. A pesar de la colosal potencia de la MareNostrum, su consumo energético es el más eficiente de Europa, siendo así una supercomputadora de las llamadas verdes.

Uno de los hitos de la MareNostrum fue extraer en el 2012 información del ADN en el vacío. Además, el superordenador tiene la capacidad de buscar tratamientos para el coronavirus, analizando su genoma y sus sucesivas mutaciones. También participa de manera muy eficiente en la búsqueda de vacunas y fármacos para combatirlo. Además, encontramos fascinante el proyecto MarIA, un sistema de inteligencia artificial masivo dedicado exclusivamente a comprender, resumir y generar textos en el idioma español, que tiene la capacidad de hacer traducciones automáticas casi perfectas a otros idiomas. El proyecto MarIA es parte del Plan Nacional de Tecnologías del Lenguaje, y tiene como finalidad liderar a nivel mundial el desarrollo de herramientas y aplicaciones para la proyección y el uso del idioma español. También se incluyen en el proyecto las lenguas cooficiales de España (el catalán, el gallego, el euskera y el aranés) y las variedades lingüísticas de Hispanoamérica.

Nuestro viaje resultó en un **acuerdo** de colaboración entre las dos universidades catalanas y el ITESM para un proyecto conjunto de investigación y análisis biomédico a gran escala. Se espera que participen alumnos de las tres universidades y que haya financiamiento de los Gobiernos de México y España para llevar a cabo el plan con éxito.

Autor: Antonio González

3 Después de leer el artículo, responde a las siguientes preguntas.

a ¿Por qué los estudiantes del Tec de Monterrey visitaron dos universidades catalanas durante su estancia en Barcelona?

b ¿Dónde se encuentra exactamente la supercomputadora MareNostrum?

c ¿Qué palabra se utiliza en España para el término *computadora*?

d ¿En qué tipo de investigación médica se centra la computadora MareNostrum?

e ¿Por qué se considera la MareNostrum una computadora verde?

f ¿Qué características generales tiene el proyecto MarIA de la MareNostrum?

g ¿Qué tipo de colaboración van a llevar a cabo el ITESM y las universidades catalanas?

PALABRAS CLAVE

(el) acuerdo: decisión tomada por varias personas sobre alguna cuestión en común

heterogéneas: que está formado por elementos de distinta clase o naturaleza

intercambiar: cambiar una cosa recíprocamente

manejar: usar o utilizar algo

RINCÓN CULTURAL

La América hispánica colonial

CONTINUACIÓN

¿Sabías que el estudio del ADN también sirve para tener una visión bastante fidedigna de la historia? El análisis de los genomas de los habitantes de México, por ejemplo, demuestra que las personas que llegaron en los galeones españoles al país procedían de distintos lugares y que no se documentó debidamente. Ahora, gracias a las bases de datos genéticos, tenemos un mapa visual muy claro de aquella población tan heterogénea. Podemos afirmar que, por ejemplo, el estado de Guerrero en México tiene hasta un 10% de ascendencia asiática, de migrantes filipinos esclavizados que zarpaban desde Manila al puerto de Acapulco, o de trabajadores del ferrocarril originarios de China.

Hay también una gran influencia de personas de origen africano que fueron esclavizadas por los españoles para trabajar en el antiguo territorio del virreinato de Nueva España, donde se ubica México. En total, se calcula que llegaron hasta trece millones de africanos, esclavos la mayoría, y que ahora México cuenta con una población de hasta un 4% de ascendencia africana. México es también el país latinoamericano con más población indígena, 25 millones de habitantes, que es un 20% de su población total.

4 Antes de leer la entrevista, responde oralmente a las siguientes preguntas junto con un compañero.

    a ¿Qué avances científicos piensas que han sido clave en la historia de la humanidad? Escoge como mínimo tres avances científicos.

    b ¿Cuáles crees que van a ser los avances científicos más importantes en el futuro? ¿Por qué crees que van a ser relevantes para nuestra sociedad?

Texto 2

Ahora vas a leer una entrevista a dos autores de cómic sobre su nueva novela gráfica, relacionada con el mundo de la ciencia y la bioética.

¿Y si el ADN tuviera alas?

Fragmento de la entrevista realizada por Carmen Guzmán, presentadora del programa de radio *Futuro rojo*, a dos dibujantes de cómic sobre su nueva novela gráfica titulada *¿Y si el ADN tuviera alas?* La historia trata de un grupo de superhéroes que tiene como misión principal salvar a la humanidad de los potenciales peligros de la ciencia.

Carmen: Hoy tengo el placer de presentarles en *Futuro rojo* a dos autores de cómics dedicados a la divulgación educativa, Sandra Martín y Daniel Lerroux. Sandra Martín empezó dibujando ilustraciones para libros de ciencia en importantes editoriales. Es originaria de Concepción, Chile. Daniel Lerroux es parisiense, afincado en Santiago de Chile, y es conocido por escribir guiones de vídeos educativos en América Latina. Buenos días a los dos, ¿cómo se encuentran?

Sandra: Pues muy contentos de estar aquí. Nos parece un sueño todo esto.

Carmen: Fantástico. ¿Cómo empezó este proyecto?

Daniel: Pues fue de casualidad. Sandra y yo no nos conocíamos y nos llamaron por separado de una de las ramas del Ministerio de Educación de Chile para crear una novela gráfica divulgativa sobre el tema de la ética y la ciencia en las escuelas. Teníamos toda la libertad del mundo para escribir el guion, así que nos pusimos a trabajar. Con los primeros dibujos de Sandra y la estructura de nuestra idea fuimos produciendo la trama mezclando ciencia y aventuras.

Carmen: A eso iba. Acaban de publicar la novela gráfica *¿Y si el ADN tuviera alas?* ¿De qué trata?

Sandra: Este primer ejemplar (vamos a hacer tres más) explica en un tono divulgativo, para jóvenes de doce a dieciocho años, el tema de la modificación y la edición genética. Hay que tener en cuenta que, desde el descubrimiento de la cadena de ADN en los años cincuenta, ha surgido la posibilidad de modificar su estructura, lo que ha permitido corregir hasta un 89% de las mutaciones genéticas que provocan enfermedades. Esto es un gran paso para la humanidad, ya que podemos modificar el código genético de las células para eliminar posibles fallos en su funcionamiento y las enfermedades que pudieran surgir. El problema viene cuando traspasamos la frontera de lo que es ético o justo para la sociedad. El libro *¿Y si el ADN tuviera alas?* pone sobre la mesa estas cuestiones. Pero lo hace en un tono de aventura con superhéroes, para que sea más entretenido para el público más joven.

Carmen: Y, entonces, ¿qué cuestiones se tocan?

Daniel: Hay varias. En este número hablamos de las implicaciones éticas de esta técnica. Por ejemplo, ¿podemos modificar animales y plantas con un ADN exógeno que no se encuentra en sus organismos?, ¿tenemos derecho a introducir de forma artificial una herramienta molecular para corregir el genoma de las células?, ¿debemos modificar el código genético del embrión para crear bebés más rubios o con la piel más oscura?, ¿hasta qué punto es ético decidir si una persona va a nacer o no según su código genético?, ¿es ética la clonación?

Carmen: Son muchas preguntas, algunas dan miedo y todo. ¿Y cómo lo plasman en la novela gráfica?

Sandra: La novela gráfica está dividida en varias partes y cada una tiene su propia aventura. Por ejemplo, los superhéroes tienen una misión: descubrir si en un laboratorio concreto se están rompiendo las reglas de la bioética. El grupo está dedicado exclusivamente a vigilar que no se sobrepasen los límites éticos de la investigación científica. Su misión es lograr que la ciencia y los científicos trabajen para mejorar la calidad de vida de las personas y su relación con el entorno siguiendo unos estándares de justicia e igualdad.

Daniel: Las historias son cerradas, pero tienen el punto en común de la ética en la ciencia. Nos basamos en lo que se puede hacer y en lo que no se puede hacer, siguiendo la Declaración Universal sobre el Genoma Humano o el de Bioética y Derechos Humanos de la UNESCO. Los conceptos más importantes están allí, pero en forma de novela gráfica, muy entretenida, creo yo, ya que habla de la lucha entre el bien y el mal, aspecto que engancha mucho a los adolescentes.

Carmen: Y una curiosidad sobre el título. ¿Por qué le habéis dado este nombre?: *¿Y si el ADN tuviera alas?*

Sandra: Fue una decisión conjunta, después de darle muchas vueltas, ¿verdad, Daniel? Nos preguntamos en este número de la novela gráfica qué pasaría si el

estudio del ADN se hiciera de manera descontrolada, qué pasaría si no pusiéramos límites éticos a la ciencia o si dejáramos que el estudio del genoma humano se utilizara para fines individualistas y personales, y no para el bien del conjunto de la humanidad. Las preguntas están allí, intentamos que los estudiantes reflexionen sobre ellas.

Carmen: Y para cerrar la entrevista, ¿de qué van a tratar los próximos números?

Daniel: Estamos pensando en revisar las cuestiones éticas de la tecnología inteligente. El tema de la privacidad de las personas con sus aparatos electrónicos, el poder de los algoritmos en cuestiones raciales y de género, el comportamiento y el estatus moral de las máquinas con inteligencia artificial, los derechos y los deberes del robot. Hay muchas cosas sobre las que debemos reflexionar que están muy ligadas a la sociedad en la que vivimos hoy, como la mecanización del trabajo. Nos han ofrecido hacer una serie de televisión, pero no creo que podamos empezar a trabajar en el guion hasta el año que viene.

Carmen: Muchas gracias a los dos por venir a nuestro programa. Ha sido muy ilustrativo. Y a los radioyentes de *Futuro rojo* les agradecemos que nos hayan escuchado. Hasta la semana que viene.

5 Después de leer el texto, elige la frase correcta para completar cada oración.

a Los superhéroes de la novela gráfica…

    i tienen como objetivo mantener la ciencia a salvo de la humanidad.

    ii tienen el reto de eliminar todo tipo de daño que pueda causar la ciencia a la humanidad.

       iii   tienen la misión de descubrir los potenciales riesgos que sufren
los científicos.

       iv   tienen la misión de que se puedan esquivar los avances de la ciencia para
los humanos.

b   Con las ilustraciones de Sandra…

       i   se presenta un tramo concreto de la historia de la ciencia.

       ii   se adapta la ciencia a la historia de la aventura.

       iii   se hilvana una historia de la ciencia.

       iv   se crea una historia que mezcla ciencia y aventura.

c   Sandra tiene la convicción de que la modificación del código genético…

       i   es algo positivo para la humanidad.

       ii   no es del todo positivo para la humanidad.

       iii   viene cargado de problemas para la humanidad.

       iv   es dar un paso atrás en la evolución humana.

d   La novela gráfica…

       i   se centra en explicar la ética de los superhéroes.

       ii   tiene como objetivo divulgar los beneficios de la modificación genética a
través de los superhéroes.

       iii   se basa en las cuestiones morales de la modificación genética y
sus consecuencias.

       iv   habla de la moral y la genética de los superhéroes.

e   Según Sandra, los superhéroes…

       i   se dedican a proteger la ciencia que no tiene principios éticos.

       ii   se dedican a proteger la ética de la ciencia.

       iii   se dedican a sobrepasar los límites de la ciencia.

       iv   se dedican a sobrepasar los límites de la ética.

f   Con la novela gráfica, Sandra y Daniel…

       i   sugieren que el estudio del genoma humano sea utilizado con
fines individualistas.

       ii   aconsejan que el estudio del genoma humano lo usen solo
los superhéroes.

       iii   sugieren que el estudio del genoma humano sea utilizado por toda
la sociedad.

       iv   piensan que el estudio del genoma humano se tiene que prohibir
definitivamente.

6 **a**   Vas a escuchar a cinco estudiantes de secundaria hablando sobre distintos
temas relacionados con la privacidad, la seguridad tecnológica y la
inteligencia artificial. Decide a quién pertenece cada una de las opiniones que
aparecen en el recuadro: ¿Jan, José, Laia, Luis o Rebeca?

CONSEJO

En los audios siempre suelen aparecer acentos y expresiones de distintos países de habla hispana. Es recomendable acostumbrarse a las diferentes pronunciaciones escuchando programas (de radio o pódcast) en español de diferentes países, o viendo series, películas y documentales para entrenar bien el oído.

i		El hecho de que algunos nombres se vinculen a cierto tipo de grupo de usuarios a través de los algoritmos crea sesgos importantes, tales como la desigualdad entre personas de diversa procedencia, cultura, género o religión. Aunque no lo queramos admitir, hay que poner límite al poder de los algoritmos.
ii	?	Trabajar con información centrada en datos dentro de sistemas de inteligencia artificial es una profesión muy significativa, ya que permite a las compañías presentar sus productos inteligentes sin que tengan ningún tipo de discriminación algorítmica en sus programas.
iii		Los datos de los internautas se envían a las grandes compañías, que se aprovechan para obtener información de la persona para vender sus productos de forma personalizada a través del ciberespacio, y almacenan sus datos. Es un riesgo para la privacidad de las personas. No podemos seguir así. Espero que las cosas cambien en un futuro próximo.
iv	?	Las mujeres están cada vez más presentes en los estudios dedicados a la inteligencia artificial y a la programación. Esto no es solo positivo, sino que además es un cambio necesario para la sociedad actual.
v		La inteligencia artificial tiene sus ventajas, ya que impulsa la creación de robots que pueden hacer el trabajo de los humanos con más facilidad. Es lo que se llama la automatización. El problema viene cuando muchos de estos trabajos no pueden ser reemplazados. No queremos una población desocupada y que haya sido sustituida por máquinas inteligentes.

b   Escoge una de las opiniones que aparecen en la tabla anterior y escribe un texto argumentativo de entre 90 y 120 palabras sobre las cuestiones éticas y morales que se plantean.

CONCEPTOS CLAVE

Conciencia cultural: el aprendizaje de idiomas mejora la comprensión intercultural, obteniéndose una visión de las diferentes culturas, costumbres y prácticas de la vida cotidiana en otros países a través del estudio de materiales auténticos, en este caso centrados en la innovación científica. A través de dicho aprendizaje se desarrolla una conciencia de cómo las diferencias culturales dan forma al significado del idioma y la forma en que los hablantes se comunican.

¡AHORA TE TOCA A TI!

Curso en línea sobre inteligencia artificial

El Gobierno de España ofrece el curso gratuito Elementos de IA, un proyecto educativo sobre inteligencia artificial (IA) impulsado en colaboración con la UNED (Universidad Nacional de Educación a Distancia), y diseñado en Finlandia con financiación de la Comisión Europea. En el curso, puedes poner en práctica conceptos relacionados con la IA. El curso consta de seis módulos con actividades de todo tipo y al terminar los módulos obtienes un certificado oficial. Durante el proceso de aprendizaje, puedes promover el curso en la escuela mediante un vídeo tipo diario personal sobre lo que has ido aprendiendo sobre la IA.

GRAMÁTICA

El presente de subjuntivo en verbos regulares

Usamos el presente de subjuntivo en expresiones fijas.

Formación del presente de subjuntivo

Infinitivo del verbo sin la terminación -ar, -er, o -ir y añadimos las siguientes terminaciones:

-ar	-er / -ir
-e	-a
-es	-as
-e	-a
-emos	-amos
-éis	-áis
-en	-an
Estudiar	**Vender**
yo estudie	yo venda
tu estudies	tú vendas
él/ella, usted estudie	él/ella, usted venda
nosotros/as estudiemos	nosotros/as vendamos
vosotros/as estudiéis	vosotros/as vendáis
ellos/as, ustedes estudien	ellos/as, ustedes vendan

Usos del presente regular de subjuntivo

Probabilidad: suposición negativa

no + creer/pensar/parecer/considerar + que

*También nos han ofrecido trabajar en el nuevo programa de datos, pero no creo que **podamos** empezar hasta que terminemos el proyecto sobre la biodiversidad en el que estamos involucrados.*

Detrás de las expresiones

antes de que, sin que, mientras, apenas, cuando, después (de), en cuanto, hasta que, tan pronto como:

*Mientras **podamos** seguir investigando este año sobre las posibilidades de productividad agrícola a través de la computación con inteligencia artificial, ya estamos satisfechos.*

Probabilidad con los adverbios

quizá(s), tal vez, probablemente, ojalá, posiblemente...

*Tal vez los ordenadores del mañana **piensen** por sí mismos.*

CONTINUACIÓN

Condiciones hipotéticas o consecuencias

como, a pesar de que, aunque, por más que, de modo que, cuanto:

*Aunque no lo **queramos** admitir, hay que poner límite al poder de los algoritmos.*

Expresiones de deseo

Ojalá / Ojalá que, esperar, desear, preferir, necesitar, querer:

*Espero que los problemas relativos al cambio climático **cambien** en un futuro próximo con la ayuda de las nuevas tecnologías.*

El presente de subjuntivo en verbos irregulares

Para profundizar en el presente de subjuntivo tienes que tener en cuenta que este tiempo verbal tiene muchas irregularidades:

Cambios vocálicos

emp**e**zar: **e** → **ie** *(yo empiece)*

p**o**der: **o** → **ue** *(yo pueda)*

Cambios consonánticos

organi**z**ar: **z** → **c** *(yo organice)*

lle**g**ar: **g** → **gu** *(yo llegue)*

7   Completa las oraciones con la forma correcta del presente de subjuntivo.

   a   Ojalá que _____ (tú, venir) mañana a la reunión de científicos. Hemos de decidir las nuevas líneas de investigación y tu proyecto nos puede ayudar mucho.

   b   El estudio está muy avanzado. Espero que hoy _____ (ustedes/vosotros, tener) más tiempo para hablar conmigo.

   c   Posiblemente no _____ (yo, poder) seguir trabajando en este proyecto más tiempo. Voy a entrar en otro grupo de investigación de inteligencia artificial.

   d   Aunque no _____ (tú, practicar) para tu examen de Biología Molecular, considero que estás bien preparado.

   e   Por más que _____ (tú, seguir) hablando de lo difícil que es programar, si practicas cada día, verás que no es tan complicado.

8   Trabaja con un compañero e inventa oraciones usando las siguientes frases con la forma correcta del presente de subjuntivo.

   a   Es posible que…

   b   Tal vez…

   c   Ojalá que…

   d   No creo que…

   e   Espero que…

   f   Quiero que…

¡REFLEXIONEMOS!

Después de leer los textos de la unidad. ¿Cuál es tu opinión sobre el proceso que has seguido para pensar en los retos de la inteligencia artificial?
¿Cuál es el método que has seguido para aprender el vocabulario de la unidad? ¿Crees que es eficiente?, ¿por qué?

VERIFICACIÓN DE HABILIDADES

¿En qué nivel de seguridad te sientes en lo que has aprendido y practicado en esta lección?

Puntúa del 1 (nada seguro) al 5 (muy seguro) y después demuestra lo que has aprendido.

Ahora puedo...	Nivel de seguridad (1–5)	Demuéstralo
identificar y utilizar el vocabulario relacionado con conceptos de tecnología y ciencia		Escribe diez frases en las que uses vocabulario científico y tecnológico.
explicar el concepto de inteligencia artificial		Explica a tu compañero cuáles son los aspectos positivos y los negativos de la inteligencia artificial y la tecnología inteligente.
comprender la importancia de los nuevos avances médicos		Haz una lista de cinco avances médicos que conozcas.
demostrar comprensión lectora sobre la ética en la investigación científica		Con un compañero busca cinco ideas relacionadas con la ética en la investigación científica.
entender el concepto de privacidad y seguridad tecnológica		Escribe tres ejemplos sobre privacidad en tecnología.
utilizar el presente de subjuntivo.		Crea diez frases donde uses el presente de subjuntivo.

FRASES ÚTILES

Los avances científicos engloban varios aspectos destacados, como por ejemplo...

la robótica, la inteligencia artificial, la educación o la medicina, entre otros.

Con las supercomputadoras tenemos la ventaja de...

generar conocimiento científico.

innovar en muchos aspectos de la ciencia.

trabajar con un gran número de datos e información.

activar la potencialidad de la inteligencia artificial en la sociedad actual.

avanzar en temas científicos y tecnológicos.

La bioética se centra en...

pensar sobre los aspectos éticos de las ciencias de la vida.

mejorar la calidad de vida de las personas siguiendo estándares de justicia e igualdad.

los valores humanos relacionados con el campo de las ciencias biológicas y de la atención a la salud.

CONTINUACIÓN

Las cuestiones éticas de la tecnología inteligente incluyen...

la privacidad de las personas, las cuestiones raciales y de género, el comportamiento y estatus moral de las máquinas, o los derechos y deberes del robot.

La ciencia ha de tener unos principios éticos...

para que no se use con fines individualistas y personales.

para que no sea solo el centro de un sistema de compra-venta para las grandes empresas.

para que el conjunto de la humanidad se pueda beneficiar de ella.

El uso de algoritmos puede crear sesgos relacionados con la discriminación tales como...

la desigualdad entre personas de diversa procedencia, cultura, género o religión.

Algunas grandes empresas tecnológicas buscan...

almacenar en el ciberespacio los datos de sus usuarios.

observar el comportamiento de los usuarios para después venderles sus productos.

entender los gustos y preferencias de los usuarios para enviarles publicidad personalizada.

Con la inteligencia artificial...

hay una automatización del trabajo que puede dejar a muchos ciudadanos sin trabajo.

hay una creciente automatización del transporte, por lo que en el futuro los vehículos serán totalmente autónomos y no se necesitarán conductores.

vemos cómo las máquinas pueden desplazar al ser humano en muchos aspectos de la vida.

El papel de las mujeres en el mundo de la ciencia...

es cada vez mayor.

ha cobrado mucha fuerza en estos últimos años.

se está potenciando desde las instituciones y los Gobiernos.

6.2: Medios de comunicación digitales

1   Observa la siguiente imagen y responde a las preguntas con un compañero.

a   ¿Qué tipo de iconos aparecen en la foto?

b   ¿Para qué crees que sirven los medios de comunicación digitales?

c   ¿Cuántos dispositivos electrónicos relacionados con los medios de comunicación digital puedes nombrar? Haz una lista.

Texto 1

Si lees los titulares de las noticias, sabes que, si bien las redes sociales nos ayudan a diario, también crean problemas. ¿Piensas que los jóvenes corren riesgos por usarlas? Lee el artículo a continuación y descubre si las estás manejando con suficiente cautela.

Beneficios y riesgos de las redes sociales para los jóvenes

Las redes sociales pertenecen a la vida diaria de los adolescentes, que construyen su identidad digital a través de ellas, además de utilizarlas para poder comunicarse con un gran número de gente. Las redes sociales abren las puertas a una comunicación rápida y efectiva, así como al consumo y la creación de contenidos y espacios activos de socialización en la red. La **diversión** y el ocio son parte de las redes sociales, con las que los jóvenes pueden **chatear**, enviar vídeos, emojis o mensajes de audio. Los beneficios de usar las redes sociales son muchos, aunque también existen algunos **riesgos**, por lo que se han de utilizar con **prudencia**.

Lee las siguientes preguntas sobre los beneficios y riesgos del uso de las redes sociales entre los jóvenes. Si tu respuesta es afirmativa, añade un punto. Si es negativa, tienes cero puntos. Cuando cuentes todos los puntos (un máximo de diez) verás si tu uso de las redes sociales **entraña** un peligro o estás haciendo un uso positivo de las redes. Te proponemos también cambiar algunos hábitos negativos si has contestado afirmativamente a algunas de las preguntas de la parte correspondiente a los riesgos.

Beneficios ☺	Riesgos ☹
Te comunicas con amigos y familiares.	Te comunicas con extraños y aceptas invitaciones de personas que no conoces.
Escribes mensajes constructivos que aportan ideas y contenido.	Escribes mensajes dañinos para otras personas o grupos de personas.
Antes de publicar algo, compruebas que el contenido es verdadero.	Compartes publicaciones sin comprobar si el contenido es verdadero.
Cuidas la publicación de tu imagen en las redes.	Eres descuidado cuando publicas imágenes personales en la red.
Utilizas las redes sociales de forma creativa.	Utilizas las redes sociales de forma pasiva, solo para consumir contenidos.
Las redes sociales complementan tu forma de ser en el mundo real.	Las redes sociales son una excusa para presentarte como la persona que no eres en la vida real.
Eres muy cuidadoso cuando publicas algo sobre tu vida íntima y personal.	Publicas todo tipo de sentimientos y detalles de tu vida íntima y personal.
No das detalles de dónde vives, a qué escuela vas, o tu número de teléfono en las redes sociales.	Subes fotos sobre los espacios de tu casa, de tu vecindario, la escuela donde estudias y hasta has publicado tu número de teléfono.
Eres respetuoso con las personas que compartes la red social, y evitas enviar mensajes a su espacio privado.	Estás constantemente enviando mensajes privados a tus contactos de la red social sin que te lo pidan.
Evitas explicar detalles sobre tu salud de forma pública en las redes sociales.	Publicas informes médicos sobre tu salud o el estado de salud en el que te encuentras.

PALABRAS CLAVE

chatear: mantener una conversación mediante chats

(la) diversión: acción de divertir o de pasárselo bien

entrañar: implicar o llevar dentro de sí algo que resulta problemático, dificultoso o negativo

(la) prudencia: capacidad de ser precavido, ante ciertos acontecimientos o actividades, sobre los riesgos posibles que estos conllevan

(los) riesgos: posibilidad de que se produzca un contratiempo o una desgracia, de que alguien o algo sufra perjuicio o daño

2   A continuación, se te da una lista de beneficios y riesgos relacionados con los medios de comunicación social. Busca sus sinónimos en el texto.

Beneficios	**Riesgos**
proporcionar	gente
comunicado	perjudicial
considerado	internet
comentar	imagen
ingenioso	privada

3   Después de leer el texto, debate con un compañero sobre los beneficios y los riesgos del uso de las redes sociales, ¿qué hábitos del uso de las redes sociales crees que tienes que cambiar?

4   Basándote en el Texto 1, crea un póster con el título *Consejos del uso de las redes sociales para evitar riesgos*. Escribe ocho frases con ilustraciones representativas sobre el tema utilizando el imperativo. Sigue el ejemplo: ¡No te comuniques con extraños!

RINCÓN CULTURAL

Museos virtuales

¿Sabías que la mayoría de los museos se pueden visitar de forma virtual sin moverte de casa? Así es, ahora puedes entrar en colecciones de pintura, escultura, fotografía o arquitectura sin pisar un museo. Internet se ha convertido en una poderosa fuente de información con recursos gratuitos que han llegado a los museos para estudiantes, profesionales y aficionados de todo tipo.

Las obras de arte más destacadas de los museos se pueden observar y admirar desde todos los ángulos, con la posibilidad de copiar las imágenes para presentaciones en la escuela o para hacer estudios de arte. ¿Quieres conocer los tesoros de oro y joyas de la América prehispánica? Visita el sitio del Museo de Oro de Bogotá. ¿Prefieres visualizar el arte de Frida Kahlo entrando en su casa y observándolo todo en 360 grados? Entra en el sitio del Museo Virtual Frida Kahlo. También puedes admirar las pinturas y los retratos más destacados de Argentina en el sitio del Museo Nacional de Bellas Artes de Buenos Aires o admirar la colección gratuita de las obras artísticas más representativas de las antiguas civilizaciones ecuatorianas en el sitio del Museo Casa del Alabado de Ecuador.

5   Antes de leer, habla con tu compañero sobre las comunidades virtuales contestando a las siguientes preguntas.

   a   ¿A qué tipo de comunidades virtuales perteneces?

   b   ¿Por qué perteneces a ellas?

   c   ¿Las encuentras útiles? ¿En qué sentido?

Texto 2

Las comunidades virtuales juegan un papel cada vez más importante en los sistemas educativos. Sin embargo, los avances tecnológicos conllevan ciertos aspectos negativos. El artículo a continuación menciona tanto los beneficios como los riesgos de dichas comunidades.

Ventajas y beneficios en la educación de las comunidades virtuales

Con los grandes avances tecnológicos, los humanos hemos revolucionado la manera en la que nos comunicamos, aprendemos y trabajamos. La implementación de plataformas digitales y tiendas en línea ha originado nuevas palabras que son importantes en cualquier ámbito de la vida: *e-commerce*, *e-banking* o *e-shopping*, por ejemplo. En el ámbito educativo y laboral ha surgido un concepto muy importante que es conocido como comunidad virtual, que es un conjunto de personas que trabajan de manera coordinada para ordenar los datos que han sido procesados en internet.

En otras palabras, una comunidad virtual está conformada por un grupo de personas que unen sus esfuerzos para trabajar y comunicarse con intereses comunes. Esto con el objetivo de recolectar y ordenar información que se obtiene a partir de servicios en línea o a través de una página web. La gran ventaja de las comunidades virtuales es que los miembros del equipo pueden encontrarse en cualquier parte del mundo y, de esta manera, pueden trabajar, vender productos o estudiar. La única condición es que estén conectados a una plataforma digital por medio de internet.

¿Cuáles son las ventajas de una comunidad virtual?

Al estar conectados a internet, podemos interactuar con personas de todas partes del mundo y dar rienda suelta a nuestra creatividad. De esta manera, practicamos otros idiomas y adquirimos experiencias culturales e internacionales. El contacto con personas de todo el mundo permite que tengamos perspectivas distintas sobre un mismo tema, al tener contacto con usuarios que tienen intereses afines. Esto enriquece nuestra manera de interpretar un hecho desde diferentes puntos de vista. Dentro de una comunidad virtual, podemos compartir experiencias personales o conocimientos académicos que pueden ser útiles para otros compañeros.

Si contamos con un negocio, no hay nada mejor que utilizar las comunidades virtuales para hacerlo crecer en línea. Cuando aprendemos un idioma, podemos recibir retroalimentación de personas que hablan perfectamente su lengua nativa, y mejorar nuestras

habilidades lingüísticas y sociales. Si tenemos un negocio virtual y utilizamos estas comunidades para crecer como emprendedores, podemos recibir comentarios, consejos o ayuda para mejorar los servicios de nuestra compañía.

Estas son algunas de las ventajas que ofrece una comunidad virtual de forma general. Sin embargo, en casos específicos como la educación podemos encontrar beneficios concretos que pueden ayudarnos a comprender a fondo qué es una comunidad virtual, y, lo más importante, para qué sirve.

Comunidades virtuales en la educación

En las comunidades virtuales en la educación podemos intercambiar información, archivos y documentos que nos permiten continuar con el aprendizaje de manera eficiente. Al estar conectados en internet, podemos acceder a las nuevas teorías de diversas áreas que se publican en revistas especializadas. Además, practicamos e incrementamos nuestro nivel de inglés o de cualquier otro idioma, y si tenemos alguna duda sobre cualquier tema, podemos consultar a la comunidad virtual para que nos ayuden a resolverla.

El beneficio más importante de las comunidades virtuales es que podemos estudiar dónde y cuándo queramos, ya que no necesitamos estar presentes en una institución de forma presencial. Hay muchas universidades inscritas en plataformas en línea que ofrecen todo tipo de cursos, incluso hay algunos cursos que se ofrecen de manera gratuita.

Ciertamente, la cuestión es tener las ganas y ¡comenzar a estudiar! Así, podremos conocer nuevos amigos, aprender mucho más y, sobre todo, cumplir todos nuestros sueños.

6 Después de leer el texto, contesta a las siguientes preguntas junto con un compañero.

   a ¿Qué tipo de nuevas palabras han aparecido con la implementación de plataformas digitales?

   b ¿Cómo definirías una comunidad virtual?

   c ¿Por qué es tan importante que en las comunidades virtuales se tengan perspectivas distintas sobre un mismo tema?

   d ¿Qué se puede hacer en las comunidades virtuales del mundo educativo con el tema de la información?

   e ¿Cuál es la ventaja más destacada en las comunidades virtuales educativas según el autor del texto?

7 Escucha atentamente lo que dice Enrique Nebot sobre su pasión por la arquitectura digital y contesta a las siguientes preguntas.

   a ¿Desde hace cuánto tiempo que Enrique forma parte de comunidades virtuales de creación de contenidos digitales?

   b ¿En qué área de conocimiento se ha especializado Enrique en el mundo digital?

   c ¿Cuál es la verdadera pasión de Enrique?

   d ¿Cuál es la primera regla del mundo virtual donde juega Enrique?

   e ¿Cómo llama Enrique al mundo virtual en el que está?

   f ¿Cuánto tiempo pasa Enrique con su juego virtual de lunes a viernes?, ¿y durante los fines de semana?

   g ¿Qué es lo que le permite a Enrique su trabajo virtual?

CONSEJO

Al final de cada unidad, ¡no te pierdas la sección de «Frases útiles»! Las puedes utilizar en tus escritos o explicaciones orales en clase. Es importante que uses las frases en contexto para así recordarlas más fácilmente. Un buen método para memorizar palabras es hacer una presentación con el vocabulario clave de la unidad, creando frases y siguiendo tu propio estilo. También puedes utilizar las expresiones que aprendes cuando vas de viaje a un país de habla hispana. ¡Atrévete!

CONCEPTOS CLAVE

Uso de la lengua: la comprensión de cómo funciona el lenguaje mejora la comunicación y es intelectualmente estimulante. A través del aprendizaje de los idiomas se explora cómo se puede usar el vocabulario en diferentes contextos, y cómo el dominio de la gramática y la pronunciación clara pueden mejorar la comunicación. Los medios digitales de comunicación pueden ser una gran herramienta para lograrlo.

¡AHORA TE TOCA A TI!

La importancia de los neologismos en español

Con la rápida evolución de la tecnología en el mundo actual, cada año aparecen nuevas palabras que se incorporan al español de forma casi inmediata. El diccionario de la lengua española de la Real Academia Española (RAE) investiga si los hablantes emplean las palabras de manera frecuente, e incorporan los nuevos términos en su diccionario. En los últimos años, se han añadido palabras como *tableta*, *hipervínculo*, *cíborg*, *dron*, *tuit*, *tuitear* o *bloguero*. La RAE tiene una versión gratuita y bastante completa de su diccionario en la red. La puedes consultar para conocer la definición de las palabras en español que no conoces. Busca en internet las palabras nuevas que la RAE ha incorporado en el último año y haz una selección de las más destacadas. Puedes presentar los neologismos a las otras clases de idiomas, para que así ellos piensen en hacer una actividad similar.

GRAMÁTICA

El imperfecto de subjuntivo y las preposiciones *por* y *para*

El imperfecto de subjuntivo

El imperfecto de subjuntivo se forma a partir de la tercera persona del plural del pretérito indefinido, incluyendo los cambios en la raíz de los verbos irregulares.

comunicaron (verbo regular)

fueron, volvieron (verbos irregulares)

Importante: el imperfecto de subjuntivo tiene dos formas en todas las conjugaciones que se pueden intercambiar sin alterar su significado.

Comunicar		
yo	comunicara	comunicase
tú	comunicaras	comunicases
él/ella/usted	comunicara	comunicase
nosotros/as	comunicáramos	comunicásemos
vosotros/as	comunicarais	comunicaseis
ellos/ellas/ustedes	comunicaran	comunicasen

CONTINUACIÓN

Algunos verbos irregulares ocurren con mucha frecuencia en este tiempo verbal, entre ellos:

	Ser	Haber	Tener
yo	fuera/fuese	hubiera/hubiese	tuviera/tuviese
tú	fueras/fueses	hubieras/hubieses	tuvieras/tuvieses
él/ella/usted	fuera/fuese	hubiera/hubiese	tuviera/tuviese
nosotros/as	fuéramos/fuésemos	hubiéramos/hubiésemos	tuviéramos/tuviésemos
vosotros/as	fuerais/fueseis	hubierais/hubieseis	tuvierais/tuvieseis
ellos/ellas/ustedes	fueran/fuesen	hubieran/hubiesen	tuvieran/tuviesen

Usos del imperfecto de subjuntivo

Expresar un deseo

Me gustaría que fueras / fueses más cuidadoso cuando das tu opinión en las redes sociales.

Expresar una opinión en forma negativa

No sabía que tuviera / tuviese tantos seguidores en su cuenta de Instagram.

Después de *como si*

Has escrito las reglas del grupo de trabajo en línea como si fueras / fueses un verdadero experto.

Expresar el condicional hipotético

Si tuviera / tuviese más tiempo, me pondría a estudiar una carrera universitaria en línea.

Preposiciones *por* y *para*

Para entender el uso de *por* y *para*, piensa en el significado de esta oración:

*Como estudiantes, hacemos las cosas **por** una causa **para** conseguir una finalidad.*

Utilizamos *por* para señalar la causa, el motivo de una acción o el porqué de esta.

También utilizamos *por* para dar el tiempo o lugar aproximado, y con frases pasivas.

Utilizamos *para* cuando señalamos la finalidad de la acción expresada, cuando señalamos un plazo de tiempo, o para dar nuestra opinión.

CONTINUACIÓN

Por	Para
Te felicito *por* tu trabajo en la empresa de videojuegos.	Llevo gafas *para* ver mejor la pantalla.
La empresa de informática está *por* el centro.	Necesito ir al centro *para* comprarme unos nuevos auriculares.
Estudio mandarín en línea una vez *por* semana.	El documento tiene que estar redactado *para* el viernes.
Este programa informático fue creado *por* nuestro grupo de expertos.	Esta clave de entrada *para* el programa de edición es *para* ti.
Me llamaron *por* teléfono esta mañana cuando estaba durmiendo.	*Para* mí, trabajar desde casa con mi ordenador es muy cómodo.

8   Completa las oraciones con la forma correcta del imperfecto de subjuntivo.

   a   Preferiría que_____ (tú, dedicar) menos tiempo a las redes sociales y que salieras más con tus amigos.

   b   Me gustaría que _____ (tú, escribir) hoy a tus estudiantes para aclarar las dudas que tienen sobre la asignatura de Competencias Tecnológicas.

   c   No tenía ni idea de que _____ (yo, tener) tantos seguidores en Instagram.

   d   Utiliza las redes sociales como si _____ (ella, ser) una experta. Está empezando a ganar dinero con esto.

   e   Si _____ (tú, pasar) menos tiempo frente a la pantalla, mejorarías tu estado de salud.

   f   Me gustaría que _____ (haber) más clases de ciudadanía digital en los colegios, así los alumnos tendrían más conocimiento de cómo comportarse en las redes sociales.

9   Completa las oraciones con las preposiciones *por* o *para*.

   a   El barrio de la ciudad donde la gente trabaja en temas de programación está *para / por* el centro, cerca del mar. Es muy agradable.

   b   *Para / Por* cien euros más de lo que vale el portátil, vale la pena comprarlo y usarlo en mis proyectos de diseño.

   c   Este curso de *e-commerce* es *para / por* ti. Puedes hacerlo a tu propio ritmo, y asistir a clase desde casa sin problema.

   d   Me he puesto los auriculares *para / por* escuchar mejor al profesor desde el ordenador de mi habitación.

   e   Si te conectas regularmente tres veces *para / por* semana, puedes seguir la asignatura sin problema.

   f   Me han propuesto presentar un *webinar para / por* profesores de lengua. Se trata de cómo combinar tecnología con la enseñanza del español.

10 Trabaja con un compañero. Piensa en un proyecto digital creativo que sea de tu interés. Puede ser una empresa, un curso sobre un tema concreto o una tienda en línea, entre otros ejemplos. Tienes que incluir el nombre del proyecto, lo que ofrece el proyecto, los potenciales clientes o usuarios y el objetivo final del proyecto digital. Después presenta tu idea al resto de los compañeros de la clase.

¡REFLEXIONEMOS!

¿Qué actividad has preferido hacer del tema de los medios de comunicación digitales? ¿Por qué? ¿Cómo crees que puedes mejorar los resultados de las actividades gramaticales 8 y 9? ¿Qué estrategias vas a implementar para la práctica del subjuntivo en español?

VERIFICACIÓN DE HABILIDADES

¿En qué nivel de seguridad te sientes en lo que has aprendido y practicado en esta lección?

Puntúa del 1 (nada seguro) al 5 (muy seguro) y después demuestra lo que has aprendido.

Ahora puedo...	Nivel de seguridad (1–5)	Demuéstralo
identificar y utilizar el vocabulario relacionado con los medios de comunicación digitales		Escribe diez frases en las que uses vocabulario relacionado con los medios de comunicación digitales.
discernir entre los beneficios y los peligros de las redes sociales		En tres minutos, convence a tu compañero de que los aspectos positivos de las redes sociales superan a los riesgos e inconvenientes (o al revés).
comprender la importancia de la tecnología de la comunicación		Haz una lista de cinco aspectos relacionados con la tecnología de la comunicación.
demostrar comprensión lectora sobre las comunidades en línea		Busca dos ejemplos exitosos de comunidades en línea que mejoren la vida de sus usuarios. Preséntaselos a tu compañero.
utilizar el imperfecto de subjuntivo y las preposiciones *por* y *para*.		Inventa ocho oraciones donde uses el imperfecto de subjuntivo y ocho más con las preposiciones *por* y *para*.

FRASES ÚTILES

Para hablar de los medios de comunicación digitales...

utilizamos dispositivos electrónicos conectándonos a internet.

entramos en páginas web para contrastar información.

interactuamos con otras personas en las redes sociales.

Los dispositivos electrónicos incluyen...

teléfonos móviles, portátiles, ordenadores de mesa, consolas de videojuegos, tabletas, micrófonos, cámaras de foto y de vídeo, reproductores de audio, audífonos, relojes y televisores inteligentes.

Con los dispositivos electrónicos podemos enviar...

mensajes, vídeos, animaciones, documentos de texto, música, presentaciones, efectos de sonido, imágenes y archivos digitales.

CONTINUACIÓN

Gracias a internet tenemos la posibilidad de...

subir o bajar documentos.

ver vídeos o escuchar música y pódcasts.

jugar en línea o chatear.

ver páginas web y buscar la información que nos interese.

leer cientos de libros electrónicos y cómics, o escuchar audiolibros.

trabajar desde casa sin necesidad de desplazarse a la oficina.

estudiar nuevos idiomas a través de la pantalla o hacer cursos de diseño o de programación.

Con internet...

tenemos la posibilidad de montar nuestro propio negocio y trabajar desde casa, y ampliar nuestra red de contactos.

podemos dar rienda suelta a nuestra creatividad a través de mensajes de vídeo, pódcast, fotografías o texto publicando nuestra primera novela o filmando nuestra primera película.

nos podemos convertir en profesores en línea para enseñar un tema del que somos expertos.

Con las redes sociales...

podemos comunicarnos con mucha gente de todos los rincones del mundo.

tenemos la ventaja de poder divertirnos y entretenernos.

interaccionamos dentro de comunidades virtuales con gustos e intereses afines.

hay que ser respetuoso con los demás y evitar riesgos como comunicarte con desconocidos.

Cuando hablamos de comunidades virtuales, podemos...

hacer todo tipo de negocios, buscar trabajo o estudiar en línea.

crear nuevas amistades con internautas que tienen las mismas aficiones que nosotros.

interactuar con otros usuarios para dar nuestra opinión sobre un tema que nos interese.

compartir experiencias personales o conocimientos académicos con otros usuarios.

6.3: Tecnología

1   Imagina que de repente tu acceso a internet está vigilado y controlado, limitando tu libertad de expresión. ¿Crees que sería injusto en la sociedad en la que vives? ¿Por qué? Puedes tomar inspiración en la siguiente imagen para expresar tu opinión.

Texto 1

Las redes sociales son excelentes recursos que tenemos al alcance de la mano para buscar empleo. ¿Cómo dominas las herramientas digitales que necesitas para encontrar el trabajo al que aspiras? Lee el texto y ¡comprueba que estás en ello!

La presencia en línea para buscar empleo

¿Sabes cómo cuidar y mantener tus redes para tener una presencia en línea que te ayude a encontrar trabajo de forma eficiente?

Usa las redes sociales a tu favor

Cuida siempre tus redes sociales profesionales y privadas, incluyendo tus cuentas de usuario. En general, las empresas buscan tipos de perfil que tengan una buena presencia social en la red. LinkedIn es el lugar ideal para publicar tu *curriculum vitae*, incluyendo tu experiencia laboral y las conexiones profesionales que has tenido a lo largo de tu vida profesional. Puedes incluir, por ejemplo, los idiomas que hablas, los proyectos en los que has estado involucrado, los reconocimientos que has obtenido, los diplomas que tienes o las organizaciones a las que perteneces. Es importante completar todas las partes que se te piden en el perfil profesional de LinkedIn. Optimízalo y mantenlo actualizado. Un perfil incompleto se ve siempre como poco profesional.

Activa Twitter

Twitter es una excelente herramienta en línea que te permite participar en conversaciones sobre tus áreas de interés. En Twitter puedes seguir a muchos profesionales de tu sector e interactuar con ellos sobre temas relacionados con tu futuro laboral. En Twitter se pueden hacer preguntas, crear cuestionarios, compartir recursos útiles con enlaces o sugerencias y retuitear otros tuits que consideres interesantes. Los comentarios y aportaciones en Twitter tienen que ser siempre constructivos y tener un tono positivo.

Cuida tus redes sociales privadas

Recuerda que muchas empresas suelen revisar tus redes sociales privadas y la forma cómo las usas, incluyendo las publicaciones que subes. Es importante crear una marca personal de aquellas publicaciones relacionadas con tu ocio o con tus gustos personales, con fotografías apropiadas y escritos bien elaborados. Si no quieres que tus publicaciones sean vistas por las empresas, lo mejor que puedes hacer es bloquear el acceso a tus contenidos a quienes no son amigos ni familiares.

Diseña tu portafolio digital

Un portafolio digital es una excelente manera de desarrollar tu presencia en línea y tu marca personal. Con un portafolio puedes difundir un campo de interés concreto relacionado con tu profesión, o utilizarlo como una presentación de tu trabajo, incluyendo aquellas actividades, publicaciones o documentos relacionados con campos creativos en medios digitales. Puedes también enlazar el portafolio a tus redes sociales y promoverlo en la red con páginas de seguidores. Cuantos más seguidores en la red, mejor, así tu presencia en línea será más activa y enlazarás tu experiencia y actividades laborales con las plataformas digitales de forma mucho más efectiva.

Crea tu plataforma de vídeo en la red

Si el vídeo es lo tuyo y quieres promover tu trabajo como si tuvieras tu propio canal de televisión, hay muchas plataformas en la red que te lo permiten. Recuerda que es clave ordenar tus vídeos por temas, y crear imágenes con una portada atrayente. Se recomienda no grabar vídeos de más de cinco minutos para atraer la atención del espectador. Los temas de los vídeos deben ser claros, variados y concisos. Es importante también cuidar mucho tu presencia poniendo atención al vocabulario que utilizas. Un plus es también intercalar varios tipos de imágenes para que la edición sea atrayente para el espectador.

Cuida tu huella digital

Para concluir, recuerda que tienes que cuidar tu huella digital. Cuando entras en una red social y dejas un comentario o das tu opinión sobre un tema concreto, estás dejando un rastro de tu información y la manera que te comportas en internet. Siempre tienes que tener en cuenta tu marca personal, cuidando de manera efectiva tu presencia en línea. De esta forma, cuando haya otras personas que busquen información sobre ti, tendrán una buena impresión sobre tu identidad digital. Recomendamos que cuides tus comentarios, evitando publicar cualquier cosa ofensiva o discriminatoria. También es bueno que repases tu huella digital cada tres o seis meses para ver cómo te presentas en las redes y, si hace falta, intenta suprimir aquellas cosas que no te gustan para evitar contratiempos en el futuro.

PALABRAS CLAVE

difundir: hacer que algo llegue al conocimiento de muchas personas

(la) huella digital: señal que queda de una persona

interactuar: actuar de forma recíproca, interaccionar

involucrado: implicado o comprometido

(la) marca personal: concepto de desarrollo personal que consiste en considerarse uno mismo como una marca, al igual que las marcas comerciales

(el) perfil: cualidades de una persona

(la) portada: página de inicio en la que se ponen los datos del autor

(el) rastro: huella que queda de una persona o cosa

(los) seguidores: personas que siguen a una persona o a un grupo de gente

suprimir: eliminar

2   Responde a las preguntas junto con un compañero, de acuerdo a la información del texto.

   a   ¿Qué se puede incluir en un perfil profesional de LinkedIn?

   b   ¿Cómo deben ser los comentarios y aportaciones que se publican en Twitter?

   c   ¿Qué es lo que puedes hacer para proteger tu privacidad en las redes sociales?

   d   ¿Por qué dice el autor que la presencia en línea es importante que esté activa?

   e   ¿Cómo se deberían ordenar los vídeos según el autor?

   f   ¿Cada cuándo sugiere el autor que las personas repasen su huella digital?

Figura 6.1: ¿Arriesgarías tu reputación por un selfi?

3   Vuelve a leer el texto y, junto con un compañero, completa las siguientes partes de la actividad.

   a   Enumera los diez consejos sobre la presencia en línea para buscar empleo.

   b   ¿Por qué crees que son relevantes los puntos que has escogido?

   c   ¿Crees que te van a ser útiles en tu futura vida laboral? Justifica tu respuesta.

RINCÓN CULTURAL

Educación universitaria en línea

Las tecnologías de la comunicación han abierto nuevas oportunidades en educación a la sociedad, tanto para hombres como para mujeres. Ahora, si una persona trabaja y quiere ampliar sus conocimientos para mejorar su nivel educativo o su futuro laboral, lo puede hacer apuntándose como estudiante en una universidad a distancia. En España hay muchas universidades en línea, de las cuales la UOC (Universitat Oberta de Catalunya) y la UNIR (Universidad Internacional de La Rioja) son las más destacadas. En América Latina, la UNAM (Universidad Nacional Autónoma de México) o la Universidad Nacional de la Plata en Argentina son grandes referentes en el mundo educativo. Las universidades en línea ofrecen cursos cuyos contenidos se actualizan subiendo vídeos o textos que puedes descargar a tu computadora de forma automática, además de tener contacto directo con un profesor en todo momento.

4   Antes de leer la entrevista, trabaja con un compañero y reflexiona sobre la siguiente afirmación. ¿Estás de acuerdo?

El sistema educativo actual no tiene nada que ver con el de nuestros padres.

Texto 2

Para los menores de veinticinco años, es imposible imaginar lecciones que no incorporen la tecnología. ¿Has pensado en cómo impacta tu forma de aprender o qué significará para las futuras generaciones? A continuación, te presentamos una entrevista que aborda este tema.

Más que tecnología, la educación necesita líderes de cambio

Anthony Salcito, vicepresidente de Microsoft Education, habló con *Semana Educación* sobre la importancia de llevar la tecnología a las escuelas e incentivar a los docentes para que la usen de forma constructiva.

Semana Educación (S. E.): ¿Cuál es el papel de la tecnología en la educación en la actualidad?

Anthony Salcito (A. S.): Necesitamos la tecnología en las clases. En el mundo en que vivimos, la tecnología debería, sin duda, ser parte de todos los espacios de aprendizaje de los niños. Pero la verdadera transformación que hace falta en la educación debe entender que la tecnología es un elemento, no el componente principal. La tecnología facilita esa transformación, pero no es el vehículo. La idea es que la tecnología se convierta en la respuesta para mejorar los resultados de aprendizaje, no es para llevar la tecnología a los colegios por el hecho de llevar la tecnología en sí.

S. E.: ¿Qué habilidades necesitan los estudiantes hoy en día y cómo les ayuda la tecnología a obtenerlas?

A. S.: Hay una amplia gama de habilidades que los empleadores están demandando, pero en particular se buscan mucho «las cinco ces»: colaboración, creatividad, comunicación, pensamiento crítico y pensamiento computacional. Estos son cada vez más solicitados en un espacio laboral colaborativo, global y diverso. Esas son las cosas que tenemos que promover en las clases.

S. E.: ¿En qué consiste el pensamiento computacional?

A. S.: Este es probablemente el más nuevo y el menos entendido. Se trata no solo de usar computadores, sino de entender cómo pensar diferente con la tecnología. Esto es una cosa muy poderosa que los estudiantes tendrán que desarrollar en las clases para prepararlos para su futuro.

S. E.: En Colombia vemos escuelas donde llegan los computadores, pero carecen de conectividad o los maestros no tienen los conocimientos para explotarlos. ¿Cómo se afrontan estos retos?

A. S.: Lo que tenemos que hacer es poner la tecnología dentro del plan de transformación educativa. Cuando traes un computador a la clase, lo que pasa típicamente es que entra el profesor a preguntarse: «¿Cómo conecto mis libros y mis lecciones? ¿Cómo lo arreglo cuando se rompe? ¿Cómo consigo más para los estudiantes?». Son preguntas técnicas. Lo que yo quiero es que se vaya más allá de la tecnología, pensar cómo obtenemos mejores resultados de aprendizaje, cómo ampliamos el interés de los estudiantes por un tema, cómo expandimos sus horizontes más allá de Colombia y pensamos globalmente.

Todas esas preguntas se pueden resolver con la tecnología. Pero toca empezar por hacérselas. Porque lo que pasa cuando se empieza por la integración tecnológica, que es la parte fácil, es que los profesores dejan de plantearse estas cuestiones. Cuando los computadores van por delante, los profesores son reticentes a usarlos. En el mejor de los casos, los maestros que los usan solo están automatizando el mundo físico que tenían antes. Entonces, están haciendo lo mismo, solo que con un computador.

S. E.: ¿Qué tan difícil es capacitar a los profesores?

A. S.: El reto no es entrenarlos a usar computadores. La mayoría de los profesores hoy usan *smartphones* y otros dispositivos tecnológicos para hacer un montón de cosas en su vida personal, y saben cómo usarlos. El reto es darles la confianza de que su papel se expande, no disminuye, con la tecnología.

Muchos profesores se resisten a la tecnología porque sienten que les resta su valor. En nuestra experiencia, es todo lo contrario: la tecnología valoriza al profesor. Hoy en día ellos pueden orquestar un aprendizaje que existe más allá de la clase, más allá del horario escolar; pueden inspirar a los estudiantes a aprender y a indagar más a fondo sobre los temas que están explorando. Los profesores pueden hacer muchas cosas ahora con la tecnología. Pero tienes que darles la confianza de que se enseña y se aprende de un modo diferente que antes.

S. E.: ¿Y en qué tiene que cambiar el papel de los docentes?

A. S.: Ahora un maestro está acostumbrado a ver su papel como un transmisor del contenido. En muchos sentidos, ahora eso se puede hacer con la tecnología y el papel del profesor se vuelve más el de inspirar a los estudiantes, crear un camino personal para cada uno, usar lo que aprenden los alumnos fuera de la clase y aplicarlo con proyectos colaborativos dentro del aula. Ese rol requiere más innovación y liderazgo en los maestros. Por eso, lo que nosotros hacemos con Microsoft no es solo instruir a los educadores sobre cómo usar Office 365, sino cómo pensar diferente dentro y fuera del aula.

S. E.: ¿Qué es la educación para usted y cómo debería ser la educación del futuro?

A. S.: Pienso que la educación siempre ha sido sobre ayudar a la gente a obtener más de su futuro, ayudar a la gente a sacar a sus familias de la pobreza, inspirar pasión por resolver los problemas con los que el mundo se enfrenta. Un sistema educativo diseñado perfectamente no deja afuera a ningún estudiante, prioriza los resultados educativos y trata el futuro de cada aprendiz como el motivo primordial del cambio. Además, un buen modelo educativo celebra las experiencias de aprendizaje. Importa más cómo se sienten los estudiantes en clase que lo que les ponen a hacer.

5 Las oraciones a continuación no son fieles al sentido expresado en el texto. Corrígelas utilizando tus propias palabras.

a Según Anthony Salcito, la tecnología ha de estar ausente en algunas partes del proceso educativo.

b Anthony Salcito cree que el componente principal de la educación es la tecnología.

c Actualmente, «las cinco ces» son destrezas poco prácticas, por lo que no se requiere su conocimiento en el mundo laboral.

d Según Anthony, pensar fuera de lo que se considera típico de la tecnología es una dificultad que impide al profesor trabajar con normalidad en clase.

e Los profesores deben seguir siendo transmisores de conocimiento, sin cambiar este rol en la enseñanza.

f El diseño de un buen sistema educativo no ha de tener en cuenta siempre todos los resultados de todos los estudiantes.

PALABRAS CLAVE

(el) aprendiz: persona que aprende algo

incentivar: estimular a alguien o algo mediante un incentivo

orquestar: organizar, planear

CONSEJO

Los textos que se presentan suelen estar cargados de ideas sobre el tema de la unidad. Es recomendable hacer un resumen de los textos y utilizar estas notas en una presentación o en un debate en clase, no solo para aprender vocabulario y nuevas expresiones del español, sino también para ampliar tus conocimientos culturales.

6   Escucha lo que dice Luis López sobre su experiencia laboral y escoge las cinco frases verdaderas entre las siguientes.

a   A Luis López le encanta trabajar desde la oficina.

b   Al acabar la carrera de Matemáticas, Luis se matriculó en un curso de programación.

c   Luis es una persona a quien le gusta madrugar.

d   A Luis no le interesa para nada el deporte.

e   Luis trabaja para varias empresas.

f   Por la tarde Luis se dedica a disfrutar de su tiempo libre, además de hacer las tareas de casa o la compra.

g   Luis considera que su trabajo le da mucha flexibilidad, tanto en su vida laboral como en la personal.

h   Si tuviera que empezar de nuevo, Luis habría escogido otros estudios para cambiar de trabajo.

CONCEPTOS CLAVE

Comunicación: comprender el lenguaje escrito y hablado en el tema de la tecnología, y ser capaz de hablarlo y escribirlo, es fundamental para hacerse entender en otro idioma. Se pueden desarrollar métodos para poder acceder al lenguaje en una gama de contextos formales e informales que nos ayuden a ampliar el vocabulario tecnológico y así poder comunicarnos de manera más eficiente.

¡AHORA TE TOCA A TI!

Practica idiomas en las comunidades virtuales

¿Sabías que el español es la lengua que más se utiliza en internet después del inglés y el mandarín? La red ha impulsado la mejora del conocimiento de idiomas mediante comunidades virtuales, donde los usuarios pueden practicar sus conocimientos orales, auditivos, de lectura y escritos. Esto gracias a los profesores en línea o mediante la práctica del idioma con otros estudiantes, incluso con otros hablantes nativos. Internet también tiene numerosos periódicos, revistas y cadenas de televisión y de radio abiertas para practicar idiomas. Vídeos, textos a tu medida o animaciones son solo algunas de las herramientas que se ofrecen, muchas gratuitas, por lo que se te aconseja aprovechar toda esta oferta.

Trabaja con un compañero y busca por internet tres cadenas de televisión y tres canales de radio en español. Preséntalos a tus compañeros con información de relevancia.

GRAMÁTICA

El pretérito perfecto de subjuntivo y el pretérito pluscuamperfecto de subjuntivo

Pretérito perfecto de subjuntivo

Es un tiempo verbal compuesto que expresa una acción pasada cuyos efectos permanecen en el presente. También marca la anterioridad entre varias acciones cuando se refiere al futuro. Se forma con el auxiliar *haber* en presente del subjuntivo (*haya, hayas, haya*) seguido del participio.

Usos

- **acción pasada terminada, con consecuencias en el presente**

  *Me encanta que me **haya dicho** que el documento que he enviado está perfectamente formateado.*

- **acción acabada en el futuro**

  *Cuando **hayamos ordenado** la oficina, nos pondremos a trabajar con el nuevo proyecto.*

- **juicios de valor en negativo**

  *No creo que **haya salido** todavía de la reunión de trabajo. Muchas veces se alarga hasta las seis de la tarde.*

Pretérito pluscuamperfecto de subjuntivo

Es un tiempo verbal compuesto que se utiliza para referirse a una acción del pasado que tuvo lugar antes de otra acción en el pasado. Se forma con el auxiliar *haber* en pretérito imperfecto del modo subjuntivo con dos formas intercambiables (*hubiera / hubiese, hubieras / hubieses*) *hubiera / hubiese*) seguido del participio.

Usos

- **acciones terminadas que tuvieron lugar en el pasado, anteriores a otra acción también pasada**

  *A mi hermano le extrañó que mi padre no le **hubiera / hubiese felicitado** por su nuevo trabajo como operador de datos. Simplemente no lo sabía.*

- **acciones hipotéticas en el pasado**

  *Supón que **hubieras / hubieses cargado** la batería de tu portátil a tiempo. De esta manera ahora podrías haber terminado tu trabajo en el tren a tiempo.*

CONTINUACIÓN

- **juicios de valor en negativo**

  *No creía que **hubiera / hubiese** llegado tan lejos con lo poco que se había esforzado en los estudios cuando era joven.*

- **oraciones condicionales**

  *Si lo **hubiera / hubiese** sabido antes, te habría dicho que te me ayudaras a crear la portada para el libro con tus conocimientos digitales.*

7 Completa las oraciones con la forma completa del pretérito perfecto de subjuntivo.

    a   Cuando _____ (tú, limpiar) la habitación, iremos todos juntos a ver la exposición sobre tecnología digital.

    b   No creo que _____ (él, terminar) de trabajar. Si te fijas en el monitor, todavía está encendido.

    c   Me encanta ver que _____ (ella, pensar) hoy en mí. Me ha enviado una postal digital bien bonita esta mañana.

    d   No creo que _____ (ser) mala suerte. Trata tan mal a su teléfono móvil que al final lo ha roto.

8 Completa las oraciones con la forma completa del pretérito pluscuamperfecto de subjuntivo.

    a   Si _____ (tú, traer) tu ordenador, no tendrías ahora los problemas que tienes.

    b   La verdad es que nunca _____ (yo, pensar) que iba a ser tan famoso ahora con su canal de YouTube.

    c   Me sorprendió un poco que no me _____ (ella, saludar) al salir de la convención con aquella gente tan importante. Es posible que no me viera.

    d   Supón que _____ (tú, llegar) a tiempo a la reunión. No te habría servido de nada. No tenías tu presentación preparada.

9   Has recibido una oferta de una empresa de videojuegos para trabajar como traductor especializado. Escribe una carta formal de alrededor de 250 palabras indicando tu interés y experiencia laboral y educativa.

¡REFLEXIONEMOS!

¿Cuáles son las actividades que has encontrado más complicadas al completar esta unidad? ¿Qué método has elegido para repasar las actividades con las que has tenido más dificultad? ¿Crees que hay otras formas de aprender los conceptos que te han sido más difíciles? ¿Cuáles son?

VERIFICACIÓN DE HABILIDADES

¿En qué nivel de seguridad te sientes en lo que has aprendido y practicado en esta lección?

Puntúa del 1 (nada seguro) al 5 (muy seguro) y después demuestra lo que has aprendido.

Ahora puedo...	Nivel de seguridad (1–5)	Demuéstralo
utilizar vocabulario relacionado con el acceso a la tecnología		Escribe diez frases con huecos en las que falte el vocabulario de acceso a la tecnología. Intercámbialos con tu compañero. ¡A ver quién las completa primero!
explicar los usos y beneficios de la tecnología en el mundo laboral		Explica a tu compañero cuáles son los aspectos más destacados del papel de la tecnología en el mundo laboral.

CONTINUACIÓN

Ahora puedo...	Nivel de seguridad (1–5)	Demuéstralo
comprender la importancia de la tecnología en el mundo de la educación		Haz una lista de cinco aspectos relacionados con la tecnología en el mundo de la educación.
utilizar el pretérito perfecto de subjuntivo y el pretérito pluscuamperfecto de subjuntivo.		Escribe una breve anécdota personal sobre algo que desearas que hubiera sucedido, pero que nunca pasó.

FRASES ÚTILES

Cuando hablamos de educación con las nuevas tecnologías...

potenciamos la creatividad y la imaginación del alumno.

consideramos al profesor como un guía para los estudiantes.

abrimos el mundo de la clase hacia otros lugares a través de las pantallas de nuestros dispositivos.

fomentamos la curiosidad por el conocimiento.

promovemos proyectos colaborativos que estén relacionados con la sociedad actual.

innovamos e inventamos nuevas maneras de dar clase.

potenciamos el talento de los estudiantes.

Para ser más eficiente en tus estudios en línea tienes que...

tener una rutina fija que te ayude a cumplir con los plazos de las entregas a los profesores.

conectarte de forma regular, al menos tres veces por semana.

tener curiosidad por seguir aprendiendo.

saber trabajar de forma colaborativa con personas de todo el mundo.

buscar contenidos relacionados con lo que estás estudiando fuera del ámbito del aula.

leer mucho, saber comparar y analizar textos de todo tipo.

saber contrastar fuentes de información.

En el mundo laboral actual se piden destrezas relacionadas con la tecnología tales como...

la colaboración, la creatividad, la comunicación, el pensamiento crítico y el pensamiento computacional.

CONTINUACIÓN

Para cuidar tu presencia profesional en línea hay que…

revisar lo que ha dejado tu huella digital en internet.

eliminar fotografías, vídeos o textos comprometidos que pueden malinterpretarse.

cuidar tus redes sociales y cómo te relacionas con otras personas en la red.

ser creativo en canales digitales, presentándote siempre de manera positiva.

escribir un buen currículum digital y pensar en publicarlo en la red.

tener en cuenta incluir en tu currículum digital los idiomas que hablas, los proyectos en los que has estado involucrado, los reconocimientos que has obtenido, los diplomas que tienes o las organizaciones a las que perteneces.

optimizar tu currículum digital y mantenerlo actualizado. Un perfil incompleto se ve siempre como poco profesional.

dar un paso más, creando un portafolio personal relacionado con tu profesión e inquietudes.

Cuando hablamos de huella digital…

tienes que cuidar el rastro que dejas reflexionando siempre sobre lo que publicas y cómo lo publicas.

has de pensar en tu marca personal, cuidando tu presencia en línea, para que cuando otras personas te busquen en internet tengan una buena impresión de ti.

es importante que revises su identidad digital, y suprimas aquellas publicaciones sobre ti que no te gusten.

has de evitar publicar cualquier cosa que sea ofensiva o discriminatoria.

> Unidad 6: Preguntas para practicar

Comprensión oral

🎧 Resumen con palabras que faltan

Vas a escuchar una noticia y a leer un resumen de la misma. Vas a escuchar la grabación **dos** veces.

Para cada número que corresponde a los espacios en blanco, escoge la opción que mejor completa la idea (**A, B o C**). Elige solo una opción para cada número. La respuesta tiene que ser gramaticalmente correcta.

Ahora tienes un minuto para leer el resumen y las opciones.

Resumen

La noticia trata de la publicación de un vídeo de un chico que se puso a **(1)**.......... en el patio de la escuela. El vídeo se hizo viral a los pocos **(2)**.......... aunque se había hecho sin el consentimiento del **(3)**.........., que apareció en las redes sin saberlo, viéndose su rostro, además del rostro de **(4)**.......... alumnos más. Además, los derechos de la **(5)**.........., sujetos a *copyright*, añadía leña al fuego, por lo que siempre se ha de ser muy cuidadoso y no filmar sin el **(6)**.......... de las personas.

1	A	cantar	B	bailar	C	correr	[1]
2	A	días	B	segundos	C	minutos	[1]
3	A	menor	B	padre	C	hermano	[1]
4	A	dieciséis	B	seis	C	diez	[1]
5	A	música	B	imagen	C	escuela	[1]
6	A	consentimiento	B	estilo	C	rostro	[1]

[Puntos: 6]

Preguntas de opción múltiple (diálogos)

🎧

Vas a escuchar una entrevista con Bárbara, una mujer que habla de su trabajo como creativa en una compañía digital. Vas a escuchar la entrevista dos veces. Para cada oración escoge la repuesta correcta (**A, B, o C**).

Ahora tienes un minuto para leer las preguntas.

1 Bárbara acaba de terminar los estudios...
   A en el instituto de Diseño y Creación Digital.
   B universitarios de Diseño y Creación Digital.
   C diseñados para estudiantes que trabajan. [1]

2 Bárbara ya está trabajando en...

   A   la universidad como profesora.

   B   la escuela de diseño.

   C   una empresa de diseño web.   **[1]**

3 En sus estudios, a Bárbara le han interesado...

   A   las asignaturas de creatividad.

   B   prácticamente todas las asignaturas.

   C   las asignaturas de diseño.   **[1]**

4 En los estudios de Diseño y Creación Digital...

   A   no hay asignaturas de teoría del diseño digital.

   B   se evita la teoría para fomentar la creatividad.

   C   los conceptos teóricos son también importantes.   **[1]**

5 En la profesión de diseño digital...

   A   muchos profesionales montan su empresa.

   B   todos intentan trabajar para otras empresas.

   C   no es buena idea crear tu empresa.   **[1]**

6 El distrito Arroba 22 está...

   A   entre la Vila Olímpica y la Plaza de las Glorias.

   B   entre la Vila Olímpica y el centro.

   C   lejos de la Vila Olímpica.   **[1]**

7 Antes, el distrito Arroba 22...

   A   estaba deshabitado.

   B   era un lugar agrario.

   C   era un centro industrial importante.   **[1]**

8 La zona del distrito Arroba 22...

   A   se creó en los años 80.

   B   se puso en marcha a partir del año 2000.

   C   ya se llamaba así desde principios del siglo XX.   **[1]**

9 El lugar de trabajo de Bárbara se ubica en...

   A   una antigua fábrica del siglo XX.

   B   un edificio moderno de color blanco.

   C   unos despachos de los años 80.   **[1]**

10 El trabajo de Bárbara se centra en...

   A   los colores de la página web.

   B   la programación de la página web.

   C   la estructura visual de la página web.   **[1]**

[Puntos: 10]

Comprensión lectora

Emparejar los diálogos con los enunciados

Lee este texto.

Empareja la opinión de los cuatro estudiantes argentinos que están estudiando en España (Antonio, Marcela, Susana y Alejandro) con el resumen correspondiente.
Para cada pregunta elige una sola respuesta (**A, B, C** o **D**).

Seguridad tecnológica

Antonio: Necesitamos un debate serio sobre los beneficios y los problemas sobre la coyuntura actual y futura de los nuevos sistemas de la inteligencia artificial, o IA. Hay que poner sobre la mesa una evaluación sobre las nuevas políticas y estrategias nacionales de la inteligencia artificial y reforzar la cooperación y las alianzas internacionales en el campo de la IA.

Marcela: La protección de datos es un tema muy importante. Las empresas no pueden almacenar los datos de los usuarios sin su permiso explícito, y tienen que estar bien claros y enumerados en documentos oficiales que han de firmar los usuarios. Los usuarios deciden entonces qué nivel de datos puede recabar la empresa sobre su persona. Toda empresa dentro de la Unión Europea tiene que seguir el Reglamento General de Protección de Datos (GDPR).

Susana: Creo que estamos entrando en una época muy peligrosa para la humanidad en estos momentos. Piensen que los nuevos robots se están creando para luchar como soldados en la guerra y son invencibles en todos los sentidos. Diseñar este tipo de máquinas para los ejércitos cruza el límite de lo que es aceptable en ética. Creo que este tipo de avances se tendrían que parar.

Alejandro: Observen el tema de los algoritmos. Cuando hacemos una búsqueda, por ejemplo, de personas de compañías con éxito, suelen salir grandes cantidades de fotos de hombres y no de mujeres. Es cierto que hay más hombres en este campo, pero, si nos fijamos, los algoritmos suelen poner en los primeros puestos a hombres y no a mujeres, a pesar de que muchas de ellas han alcanzado el éxito igual o más que ellos. Los algoritmos son como el ADN, se ha de poner dentro información con principios en la igualdad y la equidad.

¿Quién dice?

1 Los usuarios pueden optar por el nivel de uso de privacidad con la firma de documentos.

    A Antonio   **B** Marcela   **C** Susana   **D** Alejandro   **[1]**

2 La conferencia se centra tanto en los aspectos positivos como en los negativos de IA.

    A Antonio   **B** Marcela   **C** Susana   **D** Alejandro   **[1]**

3 Los algoritmos de búsqueda suelen potenciar al hombre frente a la figura de la mujer.

    A Antonio   **B** Marcela   **C** Susana   **D** Alejandro   **[1]**

4 La peligrosidad en el diseño de los nuevos robots es un tema muy serio.

    A Antonio   **B** Marcela   **C** Susana   **D** Alejandro   **[1]**

5 Se han cruzado líneas éticas importantes con la creación de ejércitos automatizados.

    A Antonio   **B** Marcela   **C** Susana   **D** Alejandro   **[1]**

6 Los documentos sobre datos personales deben estar siempre escritos y ofrecérselos a los usuarios para su lectura.

    A Antonio   **B** Marcela   **C** Susana   **D** Alejandro   **[1]**

7 La colaboración entre países es clave para diseñar un plan estratégico internacional sobre la IA.

    A Antonio   **B** Marcela   **C** Susana   **D** Alejandro   **[1]**

8 Dentro de los algoritmos hay información clave sobre el género, el sexo y la procedencia de las personas.

    A Antonio   **B** Marcela   **C** Susana   **D** Alejandro   **[1]**

[Puntos: 8]

Preguntas de opción múltiple (texto largo)

Lee el texto en el cuadernillo de lectura. Para cada pregunta indica tu respuesta (**A, B, C o D**). Indica **una** sola letra para cada pregunta.

1 ¿Qué tipo de dependencia tiene el chico que ha ingresado en la clínica?

    A A jugar sin el teléfono móvil.

    B A la movilidad de los juegos.

    C A las informaciones que hay por internet.

    D Al teléfono móvil y a los juegos.   **[1]**

2 El caso es público porque...

    A los padres contactaron con los medios de comunicación.

    B los medios de comunicación contactaron con los padres.

    C el chico envió un mensaje a los medios de comunicación.

    D el colegio contactó con los medios de comunicación.   **[1]**

3 El chico se había apartado...

    A de algunos amigos.

    B tanto de los amigos como de la familia.

    C más de los amigos que de la familia.

    D principalmente de los amigos.   **[1]**

4 Después de que los padres le cortaran temporalmente la conexión a internet...

    A el chico se habría enfurecido.

    B el chico se habría escapado de casa.

    C los psicólogos lo habrían llamado.

    D las autoridades se habrían quejado.   **[1]**

5 Los centros de desconexión...

    A tienen espacios donde los jóvenes se conectan a internet.

    B están equipados con red de conexión para los jóvenes.

    C se centran en quitar la adicción a internet a los jóvenes.

    D están prohibidos en Estados Unidos.   **[1]**

6 La Comisión Europea calcula que potencialmente...

    A hay hasta un cuarto de jóvenes adictos a internet.

    B existe hasta un tercio de jóvenes adictos a internet.

    C casi todos los jóvenes son adictos a internet.

    D casi no hay jóvenes adictos a internet.   **[1]**

7 La asignatura de Ciudadanía Digital...
  A no debería ser parte del currículo de las escuelas.
  B tendría que centrarse en la salud mental de las personas.
  C debería estar solo en los estamentos públicos.
  D tendría que fomentarse más en las instituciones educativas. [1]

8 Se ha de educar a las personas para que...
  A descarten el uso de internet.
  B utilicen internet con moderación.
  C usen internet fuera del ámbito laboral.
  D usen internet solo para estudiar. [1]

[Puntos: 8]

Adicción a las redes sociales, un problema creciente

Hace una semana apareció en las noticias la información de un chico de 16 años que se encuentra ingresado en una clínica para adictos a internet por su adicción al móvil y a los juegos en línea. El caso habría pasado desapercibido si los padres no hubieran enviado un mensaje a la cadena de televisión local y también un mensaje de alerta a la escuela del joven. Había pasado casi un mes desde que el chico no quería salir de su habitación. Su único interés era el de estar frente a la pantalla, dejó completamente los estudios y las tareas del colegio e inventaba excusas para no asistir a la escuela, debido a su prolongado mal de cabeza y dolor de estómago. Su aislamiento incluía no solo a la familia, sino también a los amigos. Por mucho que los padres quisieran, casi no había comunicación con el chico. La situación era grave.

Los padres, ante la alarmante situación, intentaron cortarle la conexión de internet, aunque esto provocó que su hijo tuviera ataques de enfado y se pusiera nervioso, llegando incluso a enfrentarse verbalmente con sus padres. Los progenitores, muy preocupados, habrían llevado el caso a las autoridades correspondientes, dando un paso más para contactar con un gabinete de psicólogos centrados en adicción a las redes sociales. Después de un tratamiento enfocado en la adicción a los juegos en línea para jóvenes, el chico ha vuelto a casa y ha retomado su interés por los estudios. Ahora compagina su afición por los juegos con el deporte, su formación en el instituto, y una mejora en la calidad de la relación con su familia y sus amigos.

En España y en otros países europeos cada año se están detectando numerosos casos de este tipo entre los adolescentes. En Estados Unidos y Corea del Sur, por ejemplo, hay centros de desconexión donde se envía a los jóvenes que tienen problemas con la adicción al móvil y a los juegos en línea, para frenar una adicción que se convierte muchas veces en ansiedad con la ausencia de un móvil o un ordenador. Estos centros no tienen conexión a las redes, los jóvenes tienen la oportunidad de aprender a cocinar, a hacer trabajos manuales o a explorar sus aficiones personales sin el uso de artefactos tecnológicos.

Según varios estudios sobre las conductas patológicas en el uso del internet, la Comisión Europea estima que hay hasta un 25% de jóvenes que está en riesgo de convertirse en adicto a las nuevas tecnologías, y cada año este porcentaje va creciendo de forma alarmante. El problema se agrava cuando ya se considera que hay hasta un 30% de menores que ha tenido contactos virtuales con personas desconocidas, lo que agrava el riesgo de vulnerabilidad. Los niños y adolescentes han crecido en un mundo donde lo virtual es tan importante o más que la vida real, por lo que desde la escuela y los institutos públicos y privados se ha de fomentar una educación basada en la ciudadanía digital, que no es más que educar para la alfabetización en línea y el desarrollo de competencias digitales en la escuela, incluyendo los aspectos de salud mental y física. Tener un control en el tiempo de navegación en la red, utilizándola solo en casos necesarios (en el trabajo, en educación y en casos puntuales para conectarte con amigos o jugar de forma limitada), es un aspecto a tener en cuenta para evitar este tipo de adicciones.

Redacción

Ensayo

Escribe un artículo o respuesta.

Escribe **en español** una redacción de 200 a 250 palabras (**como máximo**) sobre una de las tareas siguientes.

1   El periódico de la escuela está haciendo un monográfico sobre el uso de las redes sociales. Te han invitado a contribuir con un artículo de opinión sobre las ventajas y las desventajas del uso de las redes sociales entre los estudiantes de la escuela. Escribe el artículo.   [24]

2   Un profesor universitario ha dicho en su blog que las ganas por seguir estudiando y formándose en el futuro están disminuyendo entre los jóvenes. Da una respuesta en tu propio blog para dar tu opinión sobre las afirmaciones del profesor universitario. Escribe tu respuesta.   [24]

La puntuación total es de 24 puntos: un máximo de 10 puntos por el contenido y un máximo de 14 puntos por el uso de la lengua.

Expresión oral

Tarjeta 6

Vas a participar en una conversación con un compañero. Estudia la situación presentada en la tarjeta durante cinco minutos.

Puedes escribir unos apuntes breves.

Debes discutir tus ideas y sugerencias, y justificar tus opiniones.   **[Total posible: 9–10 puntos]**

Situación

En tu escuela te han pedido que argumentes las ventajas y las desventajas de la inteligencia artificial en la sociedad actual. Prepara tu presentación.

Junto con tu compañero, elige quién de los dos iniciará la conversación.

Tarea

En tu presentación tienes que dar tus opiniones sobre:

- los beneficios de la inteligencia artificial en la sociedad actual

- los problemas y los riesgos que conlleva la inteligencia artificial en la sociedad actual

- las posibles soluciones que se pueden dar para que haya un equilibrio con el uso de las nuevas tecnologías y la inteligencia artificial

- cómo esperas que tu sociedad sea en el futuro con el uso de la inteligencia artificial.

❯ Glosario

Unidad 1

a mares, mucho, en abundancia
la acepción
el acrónimo
las actividades deportivas
los admiradores
el afán
los aliados
el ambiente
el ámbito
amenizar (las veladas)
los amigos, las amistades
los aromas
la arquitectura
el arte rupreste
la audiencia
la belleza
el cante
el cauce
las celebraciones
chévere
la chispa
el cine
el clamor
los climas
la colección
la comida
la composición
la comunidad
los conciertos
la conexión
congregarse
las conmemoraciones
la coreografía
cosechadas, recogidas, recolectadas
crear

la creatividad
la crítica
el cuadro
la cuna
la danza
dar vueltas a algo
de lujo
las degustaciones
el derroche
el derrumbe
desatar, provocar
devorar
la difusión
el disfrute
dispares
la distracción
distraerse
la diversión
divertirse
la dramaturgia
el edificio
el estallido, la explosión
las embarcaciones
emocionar
el encargo
entretenerse
envolver
el escenario
la escultura
esquivar
estremecer, hacer vibrar, emocionar
la experiencia individual
las experiencias colectivas
experimentar
expresar

la fama
la familia
los famosos
las fiestas
la forma de vestir
la fotografía
los galardones
las galas
la galería de arte
la gama
ganarse la vida
hacer turismo
hacerse famoso
los herederos
la historia
los hornillos
inagotable
los incendios
la inspiración
los juegos
el junco
los legados
las lenguas, los idiomas
la literatura
el lugar de origen
el mecenas
las mentalidades
el mestizaje
el monumento
el museo
la música
la obra de arte
la obra de teatro
los paisajes
la partitura
la película
la pertenencia
la pintura
el poema
por amor al arte
por todo lo alto
portuaria

los premios
los presentadores
las puristas
la raíz
el rechazo
los recintos
el recital
el reconocimiento
recrear
las redes sociales
los representantes
reventar
la sala de conciertos
la sala de exposiciones
los seguidores
seguridad emocional
el sentimiento de pertenencia
las series
el talento
tangible
el teatro
la televisión
las tradiciones
el traje de charro
las vestimentas
los videojuegos
vivir del aire

Unidad 2

a largo plazo
abaratar
los accidentes
el aceite
    de aceituna o de oliva
acrecentarse
la agricultura ecológica
agudo
las agujetas
al alza
alimentarse
los alimentos procesados

la amenaza
amenazantes
la ansiedad
los antioxidantes
apaciguar
asequibles
el asunto
el aumento de la esperanza de vida
el ausentismo
la ayuda a regular el estrés
los azúcares
el balance/el equilibrio: mental, emocional
beber
los beneficios para la salud
el bienestar
la bollería
los calambres
las calorías
los campeonatos
el cansancio
los carbohidratos
carnívora
la caza
los cereales
el cerebro
la cesta básica
los clubs
cocinar
comer
la comida rápida
el comienzo
las competiciones
la composición de los alimentos
la conciencia plena
los conciudadanos
el cortisol
costoso
crónico
crudo
cuidarse
dar la bienvenida
dejar atrás

la denominación
depilarse
la depresión
desarrollar nuevos hábitos de vida
desconectar
el desgaste
desmesurados
devoradas
la digestión
disfrutar
la disponibilidad
la diversión
el dolor
la educación emocional
el día a día
elegir, seleccionar alimentos
emocionales
el envase
la epidemia
episódico
los equipos
espantoso
estar quemado
las exigencias
la fatiga
fatigado
la fibra
físicas
el flujo sanguíneo
forjar
las frutas
gestionar bien el tiempo
las grasas saturadas, monoinsaturadas
hacer las compras
hidratar, hidratarse
la huella
la incidencia
el infarto de miocardio
la información nutricional
ingerir alimentos
los ingresos
el juego en equipo

los juegos: olímpicos, mundiales, regionales…

los jugos, los zumos

las lesiones

limitar la jornada laboral

llevar una vida equilibrada

las macrogranjas

el malestar

el maltrato animal

la meditación

la mejor calidad del sueño

mejorar

mentales

las metas

los minerales

mostrar gratitud, practicar el agradecimiento

los niveles de estrés

no poder concentrarse

nociva

nulos

la nutrición, la malnutrición

los nutrientes

el ocio

omnívora

el paradigma

los pasatiempos

los pensamientos

el perfeccionismo

perjudicados

la pesca

potenciar

precolombina

los premios

la preocupación

prescindibles

priorizar

procesados

los productos frescos

las proteínas

las pruebas

psicológicas

quemadas

ralentizarse

los refrescos, las sodas

la relajación

el riesgo

el sabor

la sal

la salud física

la salud mental

sanar interiormente

significativa

sobrepasa

el sobrepeso

sobresalientes

el sobresfuerzo

superar

la supervivencia

surgir

las tasas

tener apetito

tener hambre

tener sed

tener tiempo

triunfar

los trofeos

los valores nutricionales

vegana

vegetariana

las verduras

las vitaminas

Unidad 3

a raíz de

el abanico

acuciantes

acudir

agregar, añadir

el alumnado

el ámbito

el aprendiz

el aprendizaje

arrojar

asimismo

el autodidacta

castigar

el colega

el comportamiento

conseguir

contratar

la convocatoria

corroer

el crecimiento personal

decantarse

la demanda

desdeñable

desentenderse

la deserción

la desigualdad

deslindarse

destacar

las destrezas

los días hábiles

dotar

egresar

el paradigma

en pos de

enriquecer

el ente

entrenar, capacitar

el fracaso

el hiato

impartir

el impedimento

ingresar

laica

el logro

marcar el paso

la matrícula

matutino

ocuparse de

el oficio

las oleadas

otrora

paliar

el paro

la pensión de jubilación

el plazo

polivalentes

poner de relieve

postergar

precario

los préstamos estudiantiles

primordial

el puesto de trabajo

el pupilo

el refugio

la remuneración

resaltar

el revuelo

la sede

el sobresalto

solicitar

el sueldo

superar

el tinte

vespertino

vincular

Unidad 4

aclarar

el acoso

adivinar

la admisión

agobiante

la amistad

apoyar a los más necesitados

el aumento de las desigualdades sociales

aventurero

las baldosas

el banco

bohemio

la burla

la calzada

el cambio climático

el canopy

el comercio global

el compañerismo

la compasión

complaciente

comportarse fraternalmente con el prójimo

la comprensión

el compromiso

consumir de forma responsable

la convivencia

creativo

la cuesta

cuidar el medioambiente

las cuerdas

cumplir las leyes

el cupo

curiosa

la curiosidad

de inferioridad

defender la democracia

el derecho a

    la educación

    la igualdad ante la ley

    la información

    la libertad de conciencia

    la propiedad

    la protección de la vida privada

    la reunión

    la salud

    la vida

    vivir en un ambiente libre de contaminación

la desigualdad de género

la desigualdad digital

la desigualdad económica

la desigualdad educativa

la desigualdad étnica

el diálogo

difundir

digna

la disciplina

el docente

ecológico

el edificio

educar a los hijos y darles sustento

ejercer el voto

el entorno

el entendimiento

equilibrar la economía y los recursos naturales

las escaleras

la estancia

los estereotipos

la expansión del sufragio universal

física

la gratitud

el hogar

la honestidad

la honradez

la humildad

humildes

el impedimento

la inclusión

la independencia

individualista

la innovación tecnológica

la integración

integrarse

intelectual

los invidentes

justo

el lavaplatos

la lealtad

lejana

la mejora en las condiciones de vida

la modestia

la multiculturalidad

pagar impuestos

el papel

perseverante

el peso

los prejuicios

    por el uso de la lengua materna

    por la apariencia física de las personas

por la edad

por su condición de salud, social o su etnicidad

por su discapacidad física o intelectual

por su orientación sexual

por sus creencias religiosas

la rampa

la rapidez del transporte

reforzar

el reposo

respetar la propia intimidad, la familiar y la del prójimo

respetar la propiedad privada

el respeto

la responsabilidad

rural

saludable

sedentario

los semáforos

la sociedad agrícola

la sociedad cazadora y recolectora

la sociedad de la información

la sociedad del conocimiento

la sociedad industrial

la sociedad posindustrial

la soledad

la tolerancia

los transeúntes

vivir en armonía con la naturaleza

Unidad 5

acarrear

el acuerdo

el agroturismo

alentadoras

aunar (esfuerzos)

autóctonos

el bosque

la cabaña bioclimática

el calentamiento global

el cambio climático

campestre

el carbón

caudaloso

el combustible

concienciar

la contaminación

los convenios

el decálogo

el derrame

el derroche

desarrollar

el desarrollo sostenible

desechar

destacar

la entidad

el entorno

la escasez

esforzarse

el etileno

fomentar

el fósil

las fuentes de energía

la ganadería

las granjas

el hábitat

la huelga

el humo

inagotable

intergubernamental

involucrar

llevarse a cabo

la madera

el medioambiente

el metano

mitigar

pautar (una meta)

las pautas

el plazo

poner tu granito de arena

los procesos geológicos

la pulsera

el reciclaje

la reconversión

renovable

la res
la selva
el seno familiar
la sequía
sostenible
subcontratar
subrayar
trazar pautas
vigentes

Unidad 6

el acuerdo
afines
las animaciones
el aparato
el aprendiz
los archivos digitales
los audífonos
la automatización del trabajo
bajar y subir documentos
la búsqueda de información en internet
las cámaras de foto o vídeo
los canales digitales
la casualidad
chatear
la colaboración
la comparación y el análisis de textos
la comunicación
la consolas de videojuegos
el contraste en diversas fuentes de información
la creatividad
dar rienda suelta
la defensa de los valores humanos
los derechos y los deberes de los robots
difundir
la diversión
los documentos de texto
la educación
los efectos de sonido
enriquecer
entrañar

los esfuerzos
el estatus moral de las máquinas
exógeno
los fallos
la gama
heterogéneo
la huella digital
la identidad digital
las imágenes
el impulso en innovación
incentivar
la inteligencia artificial
interactuar
intercambiar
involucrado
la justicia y la igualdad en ciencia y tecnología
manejar
la marca personal
la mecanización
la mecanización del trabajo
la medicina
los mensajes
los micrófonos
montar un negocio
la música
los ordenadores de mesa
orquestrar
el pensamiento computacional
el pensamiento crítico
el perfil
el perfil digital
la portada
el portafolio personal
los portátiles
la potenciación de la creatividad
la preparación de proyectos colaborativos
las presentaciones digitales
procesados
la protección de la privacidad de las personas
la prudencia
las publicaciones digitales
publicar contenido

el rastro
las redes sociales
los relojes inteligentes
los reproductores de audio
la retroalimentación
el riesgo
la robótica

los seguidores
suprimir
las tabletas
los teléfonos móviles
los televisores inteligentes
el uso de algoritmos